RESEARCH ON
THE GOVERNANCE STRUCTURE OF
AMERICAN PUBLIC COMMUNITY COLLEGES

美国公立社区学院治理结构研究

杨旭辉 —— 著

上海社会科学院出版社
SHANGHAI ACADEMY OF SOCIAL SCIENCES PRESS

图书在版编目(CIP)数据

美国公立社区学院治理结构研究 / 杨旭辉著. — 上海：上海社会科学院出版社，2021
ISBN 978-7-5520-3445-5

Ⅰ.①美… Ⅱ.①杨… Ⅲ.①社区学院—学校管理—研究—美国 Ⅳ.①G648.6

中国版本图书馆 CIP 数据核字(2021)第 072467 号

美国公立社区学院治理结构研究

著　　者：杨旭辉
责任编辑：刘欢欣
封面设计：夏艺堂艺术设计＋夏商 xytang@vip.sina.com
出版发行：上海社会科学院出版社
　　　　　上海顺昌路 622 号　邮编 200025
　　　　　电话总机 021-63315947　销售热线 021-53063735
　　　　　http://www.sassp.cn　E-mail:sassp@sassp.cn
排　　版：南京展望文化发展有限公司
印　　刷：上海巅辉印刷厂有限公司
开　　本：890 毫米×1240 毫米　1/32
印　　张：11.875
字　　数：266 千
版　　次：2021 年 7 月第 1 版　2021 年 7 月第 1 次印刷

ISBN 978-7-5520-3445-5/G·1084　　定价：78.00 元

版权所有　翻印必究

前　言

社区学院是美国高等教育的重要形式，公立社区学院是美国社区学院的主力军。美国公立社区学院堪称转型发展的杰出样本。从最初的转学教育到后来的职业教育、社区教育职能，美国公立社区学院通过不断转型实现了创新发展。良好的治理结构，是推动美国公立社区学院转型发展的关键原因。研究美国公立社区学院的治理结构，对于推动中国地方本科院校转型发展、加强中国高职院校治理体系和治理能力现代化建设具有重要意义。

美国公立社区学院，是一种特殊的高等教育组织系统、典型的利益相关者组织。新制度主义理论，对美国公立社区学院治理主体的交往关系，有较强的解释力。政府组织是一种预期性利益相关者，非政府组织是一种潜在性利益相关者，受托人委员会是一种确定性利益相关者。美国公立社区学院治理结构的内核是"外—中—内"，受托人委员会作为桥梁，密切沟通起了社区学院内外环境。通过三者的博弈和互动，形成了和谐高效的发展生态。

政府组织和非政府组织是美国公立社区学院的外部治理主体。在政府组织中，联邦、州、地方三级政府组织对公立社区学院发展改革各司其职、相互配合，形成了治理合力。非政府组织中，群体性组织、认证组织、基金会组织根据各自定位也对公立社区学院发展起到了关键作用。受托人委员会是连接外部治理和内部治理的关键桥梁，也是社区学院主动、高效地服务社会的根本原因。选举机制和强调法治，是受托人委员会高效运行的制度基础。社区学院的内部治理，是管理层、教师群体以及教育工会组织的博弈过程。

政府组织为美国公立社区学院提供了规范性，认证组织为美国公立社区学院提供了发展性，社区学院群体性组织为美国公立社区学院提供了先进性，受托人委员会为美国公立社区学院提供了随动性，内部协商治理为美国公立社区学院提供了凝聚力。美国公立社区学院的转型发展，正是这五个方面综合作用的结果。

研究美国公立社区学院治理结构，对中国高职院校治理体系和治理能力现代化建设的重要启示是：治理结构更多的不是结构性的，而是组织性的；应该加强高职院校的绩效评估，并强化结果运用；完善职业教育标准体系，做优职业教育质量评价组织。

目 录

前言 ··· 1

第一章 绪论 ··· 1
第一节 选题缘由 ·· 1
第二节 研究综述 ·· 6
第三节 概念界定 ·· 33
第四节 研究设计 ·· 42

第二章 美国公立社区学院治理结构的理论分析 ············ 48
第一节 美国公立社区学院治理结构的理论基础 ········ 48
第二节 美国公立社区学院治理结构中的利益博弈 ······ 68
第三节 美国公立社区学院治理主体的协调整合 ········ 72

第三章 美国公立社区学院治理结构的历史演进 ············ 75
第一节 美国公立社区学院治理结构演进的历史分期
·· 75
第二节 美国公立社区学院外部治理主体的历史考察
·· 77
第三节 美国公立社区学院内部治理主体的历史考察
·· 95

第四节　美国公立社区学院的职能拓展与治理结构沿革 …………………………………………………… 103

第四章　预期型利益相关者：政府组织 …………… 110
　第一节　联邦政府 ………………………………… 110
　第二节　州政府 …………………………………… 122
　第三节　地方政府 ………………………………… 157
　结束语：政府组织的利益及其对美国公立社区学院规范性的促进 …………………………………… 171

第五章　潜在型利益相关者：非政府组织 ………… 173
　第一节　非政府组织概况 ………………………… 173
　第二节　群体性组织对美国公立社区学院发展方向的治理性影响：以 AACC 为例 ……………… 177
　第三节　认证组织对美国公立社区学院教育质量的治理性影响 …………………………………… 192
　第四节　基金会组织对美国公立社区学院的治理性影响 …………………………………………… 201
　结束语：非政府组织的利益及其对美国公立社区学院先进性的促进 …………………………………… 212

第六章　确定型利益相关者：受托人委员会 ……… 215
　第一节　社区学院受托人委员会的起源与构成 … 215
　第二节　社区学院受托人委员会的职责与运行 … 232
　第三节　社区学院受托人委员会的案例与分析 … 263
　第四节　社区学院受托人委员会的特点与评价 … 281

**结束语：受托人委员会的利益及其对美国公立社区学院
　　　　　　随动性的影响** …………………………… 289

第七章　美国公立社区学院的内部治理结构 …………… 292
　　第一节　美国公立社区学院内部治理的主体与互动 …… 292
　　第二节　美国公立社区学院内部治理过程 ……………… 305
　　第三节　美国公立社区学院内部协商治理的评价 ……… 310
　　结束语：内部利益博弈及其对美国公立社区学院凝聚力的
　　　　　　促进 …………………………………………… 317

第八章　美国公立社区学院治理结构的特点与启示 …… 320
　　第一节　美国公立社区学院治理结构的特点 …………… 320
　　第二节　美国公立社区学院治理结构的启示 …………… 325
　　结束语：贯彻以人民为中心的发展思想，完善高职院校
　　　　　　治理体系 ……………………………………… 335

参考文献 …………………………………………………… 337

后记 ………………………………………………………… 370

第一章 绪 论

世界各国普遍地建有社区学院这样的高校形态,但不管是理论层面还是实践层面,人们提及社区学院时,往往首先想到的是美国社区学院。从某种程度上说,美国为社区学院提供了一种优秀样板,社区学院成为美国和美国高等教育的靓丽名片。美国社区学院的实力和影响力不断壮大,得益于转型发展。不断转型实现创新发展,是美国社区学院从小到大、从弱到强、从少数州探索到全美遍地开花直至走向全世界的根本原因。公立社区学院是美国社区学院的主流。根据美国社区学院协会的最新统计[①],截至2019年1月,美国共有社区学院1 051所,其中公立社区学院941所,占比高达89.5%。本书对美国社区学院治理结构的研究,主要针对公立社区学院。

第一节 选题缘由

一、对美国社区学院的早期兴趣:学术教育的种子缘何能结出职业教育的果实?

从创办初衷来看,社区学院的前身初级学院是为了学习德

---

① AACC. AACC 2019Facts [DB/OL]. (2019-01-01) [2019-05-20] https://www.aacc.nche.edu/wp-content/uploads/2019/05/AACC 2019FactSheet_rev.pdf.

国，通过提高大学生源的学术素质来提升美国大学的学术质量。但经过1个多世纪的发展，美国社区学院几乎变得无所不能，在转学教育、职业教育、补偿教育、社区教育、成人教育等领域都做出了重要贡献。美国社区学院成为美国高等教育体系中，对社会需求最为敏感，同时应对最为高效的部分。社区学院作为一颗学术性高等教育的种子，为什么最终会能结出职业性高等教育的果实？这是一个耐人寻味、引人入胜的问题。从中美比较的角度看，这个问题可能更加值得探讨。对美国社区学院来说，是由一颗学术性的种子，结出了职业教育的果实。而中国的情况却恰恰相反，中国的高职教育，种子是职业性的，但却表现出一定程度的谋求学术性的升本动机。中国的高职教育，源自"三改一补"。所谓"三改"，是对高等专科学校、短期职业大学和独立设置的成人高校进行改革、改组和改制。所谓"一补"，是把条件较好的中专作为补充。中国高职教育的肇端，依托的是这四类学校。从性质上看，这四类学校无一例外都是职业性的。但是，在后来的发展过程中，有的高职院校表现出了与兴办高职教育初衷相违背的学术性动机。徐国庆先生认为，学问化是高职教育课程的主要问题，具体体现在6个方面：以理论知识为课程内容主体；按学科分类划分课程门类；以理论知识为学习起点；按知识本身的逻辑组织课程内容；以课堂学习为主要的学习形式；以书面形式评价学生的学习结果。耐人寻味的是，不光中国的高职院校有学问化倾向，英国的多科技术学院也出现了学术漂移（academic drift）问题。值得追问的是，同属西方世界，甚至英国传统构成了美国高等教育的初始基因，为什么英国像中国一样出现了学问化问题，美国却没有？

二、对于美国社区学院的感性认识：社区学院何以打败研究型大学？

美国社区学院是世界范围内高职教育的成功模式和优秀代表。我第一次被美国社区学院的优秀直观地震撼，是在 2015 年的 9 月。当时，我带着研究美国合作教育的任务，去位于费城的德瑞克斯大学（Drexel University）调研。调研分为两个部分，一是德瑞克斯大学的主要经验，主要是 coops 人才培养模式；二是其发展过程中存在的问题。问题之一是萨克拉门托分校区的失败原因分析。萨克拉门托是加州的首府，为了开拓市场，德瑞克斯大学决定在此开辟新校区。德瑞克斯大学 2012—2017 年战略计划把萨克拉门托校区的建设作为一项重大成就来展示，但到了 2015 年，德瑞克斯大学宣布关闭萨克拉门托校区，尚未完成学业的学生转入另外一所当地大学就读。用中国人的话说，这叫折腾。为了搞清楚这一事件的来龙去脉，调研的后半程专门去了萨克拉门托，进行了访谈和调研。萨克拉门托校区已经人去楼空，经过查阅当地报纸得知，原因很可能是加州尤其是萨克拉门托发达的社区学院体系。后来，专程赶赴 Cosumnes River College（CRC）进行了实地考察。在 CRC，参观了学生资源中心（Learning Resource Center，LRC），并在校园内进行了随机的学生采访。让我印象深刻的是几点：第一，很多学生不知道德瑞克斯大学在萨克拉门托有分校；第二，即使有个别学生知道这所大学，他们的反应也通常是："我为什么要上这样一所收费高又没有多大实际用处的所谓大学？"第三，"CRC 才是我的菜，这是我要读的高等教育"。在美国学生看来，自己作选择是基于自己的实际情况，而不是所谓"大学比社区学院层次高"的幻想。

在调研过程中，还有一个场景至今在脑海中萦绕。CRC 和大多数美国高校一样，没有围墙，居民可以随便出入。当时看到了祖孙三代（一个约 70 岁的老太太，一个中年男性和他的女儿）来到了 CRC。当时我的第一反应是他们是来参观的，或者来享受图书馆的冷空调的。但是意外的是，他们径直走进了 LRC，老太太和中年男性在两台电脑前熟练地坐下，开始了学习。显然，他们来的目的不是参观，而是学习。据介绍，CRC 其实还有专门帮忙带小孩子的机构，如果需要，这祖孙三代其实也可以把小孩寄托在这个机构。

如果说以前对于美国社区学院优秀的认识更多的是靠数据，那么这次参访则使我多了很多感性认识，而且，也使我真切地体会到伯顿克拉克所言：美国的社区学院不管是从平等意义上，还是在优秀意义上都堪称典范。此言不虚。此行的研究任务，主要是研究德瑞克斯大学，更多的不是描述现象，而是分析原因，探寻规律。提交研究报告后，我感觉对德瑞克斯大学算是基本清楚了。但回国后，美国社区学院为什么优秀的问题我一直在思索且没有让自己满意的答案。结合以前的"种子—结果"的问题，我感觉对美国社区学院更加感兴趣了，相应地查阅了一些资料，但真的是"你更多地学习，却感觉懂得更少"。对美国社区学院的问题，似乎越来越多了。

幸运的是，带着这些问题，我在 2016 年 8 月获得了第二次去美国的机会。这次是赴美专门研究社区学院，去了美国佛罗里达州的布劳沃德学院（BROWARD COLLEGE，BC）进行为期 2 周的专题调研。这是一所在全美范围内都堪称顶尖的社区学院。在 BC，我访谈了校长办公室、社区关系部、国际交流部的职员，参观了实训设施，旁听了课程（一个是护师实训的；另一个是管理学导论），查阅了图书馆中大量关于美国社区学院的外文资料。

国内有一种观点认为，美国社区学院的优秀是因为教师敬业，工作积极努力。经过与 BC 的一些职员推心置腹的长谈，我发现情况并非如此。美国社区学院的教师或职工，并不天然敬业。也许是他们对待工作的规范态度，在中国访问者心中造成了敬业的印象。但其实，和中国教师相比，他们并不天然地敬业，或者在敬业度上没有显著差异。

我在平时的工作实践中，对治理问题渐渐产生了浓厚的兴趣，对于"好的治理能让坏人变好人"有了更多直观和第一手的认识。因为在学校治理层面，有太多人因为某种政策层面的原因而影响到了工作积极性。这使我逐渐认识到，也许从治理的视角出发，是对美国社区学院的转型发展进行归因的合适方法。遗憾的是，国内并没有发现足够多的研究成果。于是，一种基于无知的无畏开始在内心升腾：是否可以对美国公立社区学院的治理结构进行研究？

2017 年上半年，我获得了机会访问加拿大和美国高校。在访谈中，对美国和加拿大社区学院的异同有了一些了解。在调研过程中还偶然了解到，之所以各类基金会组织于美国大量存在，是因为美国的遗产税率非常之高，最高甚至高达 77%。为了避免不把大部分遗产交给政府，很多人的处理方式是成立基金会。因为公益性的基金会，可以少纳税或不纳税。这从一个侧面说明了治理的重要。通过这次美加之行，我进一步认识到了美国社区学院的优秀与卓越，以及从治理的视角出发对美国社区学院进行研究是必要且可能的。但无奈，一则此课题研究难度太大、现有成果匮乏而自己手上又一片空白；二则工作繁忙，研究时间和精力实在无法保证。所幸的是，尽管艰难，我内心深处一直并未放弃对美国社区学院治理结构的研究兴趣。

第二节 研究综述

一、关于政府组织对美国公立社区学院的治理性影响

尽管治理理论创始人之一詹姆士·N. 罗西瑙（James N. Rosenau）提出了"没有政府的治理"的概念，认为治理"既包括政府机制，同时也包含非正式、非政府的机制"，而且借用一位愤怒的分析家所言"治理的位置已经被政府所侵占"[①]，但无论从历史还是从逻辑的角度看，政府都是世界各国高等教育治理的不可或缺的重要力量，美国也不例外。

事实上，美国公立社区学院治理实践中也大量地存在非政府治理现象。但这不构成否认政府组织重要性的充分证据。詹姆士·N. 罗西瑙的贡献在于拓展人们对于治理问题的研究视野，而并非否定政府组织的重要作用。研究美国公立社区学院的治理主体，政府组织始终是不可回避的重要方面。中外很多对美国公立社区学院治理主体的研究，正是从政府组织开始的。

（一）国内研究

国内相关的研究基本上可以归为两类。

第一类，关于美国高等教育治理结构的研究。这些研究不直接针对公立社区学院，而是把美国高等教育作为一个整体进行考

[①] 詹姆士·N. 罗西瑙主编. 没有政府的治理［M］. 张胜军，刘小林，等. 译. 南昌：江西人民出版社，2001：5.

量，探讨政府组织在高等教育治理中的地位和作用。比如，左崇良、潘懋元（2016）[①]认为，美国高等教育治理按照"团体格局"的图式来运转，包括联邦、州、高等院校等3个层面。所谓团体格局是基于制度而成的"机械团结"和基于文化而成的"有机团结"。袁利平（2017）[②]认为，美国高等教育外部治理的主体主要有政府、市场和中介组织。关于政府治理，他认为联邦政府负责宏观调控、州政府负责资助资金和治理高校、地方政府负责社区学院治理。吴越（2017）[③]认为美国州级高等教育治理的历史演进脉络是由分权趋于集权、集权分权相互演替以及以绩效为导向的多元治理，州政府角色经历了由高等教育资源提供者与高等教育期望的调节者、规制者以及消费者支持者向掌舵者角色的转变。这类研究数量较多，对解析美国社区学院治理结构提供了很好的基础。

第二类研究是针对社区学院治理的，主要研究焦点是社区学院治理模式的理论基础、演进方向、主要特点等。国内较早对社区学院进行系统研究的是毛澹然，其专著《美国社区学院》(1989)[④]专门辟出第9章讨论美国社区学院的行政管理问题，主要包括州层面和社区层面。王廷芳（1995）[⑤]简要介绍了州、学区的行政管理。这些研究多笼统涉及美国社区学院面上的情况为研究，多为专著的相关章节。研究成果较为粗线条，有时仅为几

[①] 左崇良，潘懋元. 美国高等教育治理的核心要义与内外格局［J］. 江苏高教，2016（6）：24.
[②] 袁利平. 美国高等教育外部治理结构分析［J］. 现代大学教育，2017（3）：27.
[③] 吴越. 美国州级高等教育治理的权力结构演变与政府角色定位［J］. 高等教育研究，2017（4）：101.
[④] 毛澹然. 美国社区学院［M］. 北京：高等教育出版社，1989.
[⑤] 王廷芳. 美国高等教育史［M］. 福州：福建教育出版社，1995：232.

句话。进入21世纪以来,关于美国社区学院治理结构的专门研究逐渐增多。卢洁莹的成果相对较多。卢洁莹(2011)[1]在分析美国社区学院神学渊源和宪政保障的基础上,从联邦政府、州政府和地方政府等3个层面讨论治理结构问题,认为美国社区学院治理的基本要素是:合法性、法治和多方参与。卢洁莹(2011)[2]认为美国社区学院治理结构是精巧、科学和高效的。其主要特点是联邦、州以及社区的教育权力分立与制衡。卢洁莹、马庆发(2012)[3]从社区学院与政府和社会关系的视角,分析了美国公立社区学院治理的基本特征。邢广陆(2012)[4]从主体的角度研究了美国社区学院的治理结构,认为联邦和州对社区学院的治理方式是运用间接方式对社区学院进行支持、引导和调控,另外,还分析了非营利性组织、认证组织等的作用。朱子君(2015)[5]在其硕士学位论文中认为美国联邦政府对社区学院没有直接干涉权、直接管辖社区学院的是州政府、所在社区对社区学院进行自治。加利福尼亚州是全美社区学院规模最大的州,全州有社区学院110余所,学生规模超过200万人。甘永涛(2008)[6]对其治理结构进行了研究,认为基本脉络是从"政府时代"走向"平民时代",其全新治理模式具有"无可比拟的优势"。

---

[1] 卢洁莹. 美国社区学院治理及其理论基础[M]. 合肥:安徽教育出版社,2011.
[2] 卢洁莹. 美国社区学院的治理模式初探[J]. 职教论坛,2011(15):89.
[3] 卢洁莹,马庆发. 美国公立社区学院治理的基本特征——基于社区学院与政府和社会关系的视角[J]. 职教论坛,2012(16).
[4] 邢广陆. 美国社区学院的治理结构及启示:"高职院校领导海外培训项目"赴美研修报告[J]. 青岛职业技术学院学报,2012(2):71.
[5] 朱子君. 美国社区学院治理结构研究——以加州圣莫尼卡社区学院为例[D]. 石河子大学,2015.
[6] 甘永涛. 美国加州社区学院治理结构的模式转换:从"政府时代"走向"平民时代"[J]. 职业技术教育,2008(19):86.

(二) 国外研究

国外关于社区学院治理中政府力量的研究主题性非常强。国外研究者多选择切入点很小的问题进行研究，表现出和中国研究者较为不同的研究习惯。概括起来，国外研究有两类。第一，是关于具体问题的研究，比如社区学院转学职能中的政府因素、政府对社区学院的绩效考评体系、政府对社区学院的经费资助模式、政府对社区学院劳动力培养职能的影响等。第二，是相对宏观的研究。这种研究把美国社区学院作为一个整体，考察美国社区学院治理的面上情况。比如，政府因素在美国社区学院治理中的地位与职能演变、全美各州的社区学院治理结构等。

关于第一类研究，代表性的人物是 Randy W. Peebles、Betheny Gross、Mario Martinez、Steven Brint、M. Cohen、John S. Levin 等人。Nancy Joan Edwards（1982）[1] 在其博士学位论文中探讨了社区学院的经费问题。Randy W. Peebles（1995）[2] 的博士学位论文以加州为案例，说明了州政府对社区学院资助政策的演变过程。就经费资助主题开展研究的还有 M. Cohen，Florence B. Brawer，Carrie B. Kisker（2014）[3]。在专著 *The American Community College*（*6th Edition*）中，作者辟出专门章节讨论社区学院的经费资助问题，分析了联邦政府、州政府和地方政府的经费承担比

---

[1] Nancy Joan Edwards. The public community college in America: Its history, present condition, and future outlook with special reference to finance [D]. Claremont Graduate School, 1982.
[2] Randy W. Peebles. Interpretive Analysis of California Community College System Finance and Funding 1975–76 to 1992–93 [D]. Pepperdine University, 1995.
[3] M. Cohen, Florence B. Brawer, Carrie B. Kisker. The American Community College 6th Edition [M]. Jossey-Bass, 2014.

例。Jim Palmer（2013）[1] 研究了州层面对社区学院的资助政策。Betheny Gross 和 Dan Goldhaber（2009）[2] 考察了影响社区学院转学职能的政策因素。关于这一主题的研究，还有 Kisker，C. B.，Wagoner，R. L.，Cohen，A. M.（2011）[3] 等。关于社区学院绩效评估的研究有，Kevin J. Dougherty、Rachel Hare、Rebecca S. Natow（2009）[4]，Kevin J. Dougherty、Esther Hong（2005）[5] 等。

第二类研究成果中，有代表性的是 Mario Martinez、Steven Brint、Arthur M. Cohen、Community College League of California 等。Mario Martinez（2013）[6] 详细列出了全美 50 个州的社区学院治理结构和社区学院概况。Steven Brint、Jerome Karabel（1989）[7] 在其专著 *The Diverted Dream: Community Colleges and Promise of Educational Opportunity in America 1900 – 1985* 中以马萨诸

---

[1] John S. Levin, Susan T. Kater. Understanding community colleges [M]. Taylor & Francis, 2013.

[2] Betheny Gross, Dan Goldhaber. Community College Transfer and Articulation Policies: Looking Beneath the Surface [R]. ERIC, ED504665, (2009 – 01 – 01) [2019 – 10 – 20]. https: // eric. ed. gov/? q = ED504665&id = ED504665.

[3] Kisker, C. B., Wagoner, R. L., Cohen, A. M.. Implementing statewide transfer and articulation reform: An analysis of transfer associate degrees in four states [R]. Los Angeles, CA: Center for the Study of Community Colleges, 2011.

[4] Kevin J. Dougherty, Rachel Hare, Rebecca S. Natow. Performance Accountability Systems for Community Colleges: Lessons for the Voluntary Framework of Accountability for Community. Colleges [R/OL]. (2009 – 01 – 01) [2016 – 09 – 17] http: // ccrc. tc. columbia. edu/ media/ k2/ attachments/ performance-accountability-systems. pdf.

[5] Kevin J. Dougherty, Esther Hong. State Systems of Performance Accountability for Community Colleges: Impacts and Lessons for Policymakers [R/OL]. (2005 – 01 – 01) [2016 – 09 – 17] http: // achievingthedream. org/ sites/ default/ files/ resources/ Policy_brief-PerfAccountibility. pdf.

[6] Mario Martinez. Community College Governance in Nevada: An Evidence-Based Approach for Discussion [R/OL]. (2013 – 01 – 01) [2016 – 09 – 17] https: // www. unlv. edu/ sites/ default/ files/ 24/ Lincy-CollegeGovernance-MartinezReport-CCGovernance. pdf.

[7] Steven Brint, Jerome Karabel. The Diverted Dream: Community Colleges and Promise of Educational Opportunity in America 1900 – 1985 [M]. Oxford University Press, 1989.

塞州为案例，分析了社区学院职业化进程中的政策影响。Arthur M. Cohen 是美国甚至世界范围内关于美国社区学院研究的泰斗性人物，治理问题也是他的重要研究领域。在 Barbara K. Townsend 及 Susan B. Twombly 主编的专著 Community Colleges Policy in the Future Context 中，Arthur M. Cohen 专门用了一章 (Governmental Policies Affecting Community Colleges: A Historical Perspective)[1] 的篇幅来论述治理问题。其主要观点是：已有研究对美国社区学院发展演变过程的解释，更多的是基于经济学视角，为更好地认识这一过程，需要具体的立法和组织发展视角；美国社区学院的产生早于州政府的授权和规划；联邦政府负责学生，州政府负责管理学校。另外，Cohen 还提供了很多美国社区学院外部治理结构演变的细部信息，比如马里兰州允许发行债券，密歇根在州宪法里明确提到社区学院以及各州设置社区学院的最小学生规模等。加利福尼亚州是美国社区学院的重镇，可谓开风气之先。加州建有社区学院联盟（Community College League of California）。在其主持下，1998 年发表了一份重要的研究报告 Toward a State of Learning Community College Governance — an Effective Bilateral Structure for a Diverse System[2]。这个报告有两章（"Governance: A Brief History Governance" "Studies and Criticisms: A Historic View"）论述加州社区学院治理结构的历史演变。这个报告提供了很多加州社区学院外部治理结构演变的

---

[1] Barbara K. Townsend, Susan B. Twombly. Community Colleges Policy in the Future Context [M]. Ablex publishing, 2001, p19 - p42.
[2] Community College League of California. Toward A State Of Learning: Community College Governance — An Effective Bilateral Structure For A Diverse System [R/OL]. [2015 - 07 - 08] http://www.ccleague.org/files/public/Publications/TowardStateLrng.pdf.

细部信息，比如 Prop. 13、AB 1725 的通过对治理结构的决定性影响、受托人委员会（boards of trustees）的选举情况、工会力量对社区学校发展的消极影响以及直到 1959 年加州社区学院仍有权调节税率等。另外，关于外部治理结构历史进程的研究散见于其他著作。比如，Thomas J. Nussbaum（1995）[①] 在论述协商治理的背景时，作为铺垫用第一章梳理了协商治理从 1907 年至 1994 年的政策环境演变轨迹。

（三）研究总结

现有研究很好地回答了美国公立社区学院治理中的政府组织的基本问题，为本研究的开展提供了很好的基础，但也存在一些不足。国内研究向我们展示的是治理美国公立社区学院的政府力量由哪些机构组成，而缺乏一些必要的案例信息来佐证这些机构的职能。国内研究的重点多为对美国社区学院治理结构的优势的解释，缺乏对其不足的认识；国内研究较多地指向现状研究，而对社区学院治理的历史演进信息关注不够。即使是对历史信息有所涉及的几篇文献，研究深度也相对有限。关于美国社区学院治理从历史到现状的演进，多是一些粗线条、笼统的描述。概括起来，国内研究的不足是"四多四少"：机构性信息多，过程性信息少；成绩类信息多，弊端类研究少；现状性信息多，历史性信息少；联邦和州治理关注的多，而对地方政府对社区学院的治理关注较少。

相较于国内研究，国外研究在很多方面都构成了很好的补

[①] Thomas J. Nussbaum. Evolving Community College Shared Governance to Better Serve the Public Interest [R/OL]. ERIC, (1995-01-01) [2018-09-15] https://eric.ed.gov/?q=ED397922&id=ED397922.

充。国外研究多为公立社区学院治理的细部信息，选题切入点较小，通常为围绕某一具体选题深入展开，研究成果多有一定深度。而且，国外研究对于美国公立社区学院治理结构的弊端也有比国内研究者更清醒的认识。和国内研究对美国公立社区学院治理一边倒的夸赞不同，国外研究在探讨美国社区学院治理结构先进性的同时，也有不少研究指出了其先天不足。比如，有研究者指出美国现有治理结构的主要问题是弱设计与弱执行[1]、国会的立法是零碎且古怪的[2]、社区学院的州级治理中立法机构和行政机构存在权力争斗现象[3]、州政府和社区学院的关系的单行道性质、州政府可能会成为计算机化的怪兽（computerized monster）[4]等。

对于美国社区学院治理结构这样一个相同的研究对象，国内研究和国外研究截然不同的原因，很符合刘海峰教授所做过的一个比喻性解释[5]。他在科举学研究中发现，国内外对科举制的评价也存在强烈反差。至于原因，刘海峰教授认为是视角不同——赞美者多用望远镜来观察科举，而否定者多用显微镜在近处观察。由于视角不同，结论自然存在诸多差异。对于美国公立社区学院治理结构的研究也是如此。国内研究者也多为望远镜式研究，由于研究资料所限，更容易看到美国社区学院治理机构的先

---

[1] Davis G.. Issues in Community College Governance[M]. Washington D. C.: American Association of Community colleges, 2000, p1.
[2] Richardson, Richard C., Jr., Clyde E. Blocker, Louis W. Bender. Governance for the two-year college [M]. Prentice Hall, Inc., Englewood Cliffs, New Jersey, 1972, p8.
[3] Richardson, Richard C., Jr., Clyde E. Blocker, Louis W. Bender. Governance for the two-year college [M]. Prentice Hall, Inc., Englewood Cliffs, New Jersey, 1972, p20.
[4] Zoglin, Mary Lou. Power and Politics in the Community College [M]. California: ETC Publications Palm Springs, 1976, p17.
[5] 刘海峰. 科举考试的教育视角 [M]. 武汉：湖北教育出版社，1996：2.

进性特征，而对其弊端缺乏深刻认识；美国本土研究者由于身处其中，多对其弊端有切肤之痛，而对于其成就则有不一样的体验。说国外研究对国内研究成果构成了重要补充，不意味着国外研究就没有不足。如果说国内研究的不足是失之空泛的话，那么国外研究的不足则主要是太过琐细。从国外研究成果中，可以很清楚地看到某一具体研究问题的争论与结论，但缺乏某种理论性、普遍性概括。

二、关于非政府组织对美国公立社区学院的治理性影响

在20世纪60年代之前的美国社区学院发展历史上，美国政府组织对其要么是不管不问的态度，要么是有意无意地阻抑其发展。尤其是在美国社区学院的萌生阶段，政府组织的这种态度表现得尤其明显。美国学者 Arthur M. Cohen 和美国社区学院协会的早期主席（American Association of Junior Colleges，AAJC）Bogue J. P 认为，早期美国社区学院的发展和政府组织无关，不管是在州政府层面还是在联邦层面，几乎都看不到任何治理行为。

可贵的是，美国社区学院并没有因为各级政府的消极态度而放缓了发展的步伐，相反，他们坚强地存活了下来、发展了起来。在竞争非常激烈的美国高等教育市场，这不能不说是一个奇迹。事实上，20世纪中期正是美国社区学院由稚嫩走向成熟的关键时期。不管是从对自己发展方向的认知，还是独立地位的达致，都是以此为起点的。所以，从治理的角度需要追问的问题是：在美国社区学院的初创阶段，政府不是促进性或决定性力量，那么美国社区学院发展背后的治理性力量究竟是谁？答案是美国

社会大量存在的各种非政府组织。而且，这些非政府组织与政府组织的关系并不是此消彼长的。从二十世纪五六十年代美国政府组织逐渐加入美国公立社区学院治理场域中之后，各种非政府组织并没有因为政府组织的加入而退场，而是积极注重与政府组织博弈和互动，构成了一幅鲜活、高效的治理图景。探讨美国公立社区学院发展背后的非政府组织的作用和实现途径，对于解析美国社区学院的成功与卓越具有重要意义。

(一) 政府失灵、市场失灵与公民社会

美国是一个公民社会非常发达的国家。公民社会是一个非常古老的概念，很多思想家都有过论述。比如，西方马克思主义理论家安东尼奥·葛兰西在《狱中札记》提出国家是公民社会和政治社会的总和，公民社会不仅不会削弱国家，反而在更多层面上保障了统治阶层对国家的控制。公民社会的基本理念包括：个人主义、多元化、公开、强调法治等。这些理念为非政府组织的产生、运作与经费自给提供了重要的政治文化基础。而基于公民社会的非政府组织的兴起与繁荣，为纠正政府失灵与市场失灵提供了重要的契机。

政府未必对美国社区学院的发展起良性作用。这主要是因为美国各级政府成员是政治上的利己主义者，他们首先考虑的是自身的政治利益而非教育发展。即使客观上推动了社区学院的发展，那也是因为社区学院的发展和自己的政治利益取得了一致。这就不可避免地会产生政府失灵的现象。在社区学院的发展早期，政府是对社区学院发展持消极态度的。原因是，选民群体普遍认为社区学院是在浪费纳税人宝贵的财政资源。即使后来由于普通民众的认知改变，社区学院的发展具备了更好的民意基础，各级政府也并非可以为所欲为。即使贵为美国联邦政府总统，对于社区学院发展，也只能提出倡议而已，最后是否真正落地、落实还有很多后续工作要做。比如，奥巴马总统很多推动社区学院发展的倡议最后并没有获得参议院批准，也就无法落实。事实上，直到今天很多美国私立社区学院依然独立于美国各级政府的政策企图之外。只要这些社区学院在经费上能够自给自足，美国政府的各种治理性影响变成了一厢情愿或空中楼阁。

市场失灵的现象，在美国社区学院发展历史中也有体现。市场天然地具有信息不确定、不完全、不对称性。这对社区学院发展来说，直接造成了盲目性。从总体上看，美国社区学院的质量较高，具有较高的世界声誉，但具体到每一所院校，水平却不尽如人意。有些社区学院不仅规模非常小，而且水平也很令人担忧。这些学校之所以能够维持生计，根本原因在于它们能满足某些生源市场的特定需求。比如，有些社区学院就具有文凭工厂的不良社会形象。在社区学院发展初期，"大学摇摆的尾巴"和"荣耀高中"对于一些过于看重市场的社区学院来说，是有吸引力的。但这些华而不实的定位终究没有成为美国社区学院的主流。从另外的角度来说，市场永远是追求效率的，总是鼓励以最低的成本投入，换取最大化的受益和回报。从长远来看，这对社区学院的发展很可能是不利的。

政府失灵，容易造成美国社区学院的战略迷茫。市场失灵，容易造成美国社区学院的秩序混乱。可贵的是，这些现象都没有大面积发生。这不能不归功于美国社区学院治理场域中的非政府组织。比如，从20世纪60年代开始逐渐登上历史舞台的美国社区学院认证协会，正是通过为美国社区学院提供秩序而获得了自身的大发展。

(二)发展方向、经费拓展与质量保障

治理不是一个纯粹的理论概念。推动社区学院的发展，外部治理主体需要解决经费从哪里来、如何分配，社区学院应该走向何处、如何实现，社区学院应该树立什么样的质量观、如何改进质量等关键问题。这些治理任务，对于普通民众和政府自身都高度共识的"有限政府"理念来说，是不可能完成的，准确地说，是不可能单独完成的。政府组织必须找到合适的治理伙伴，也就是各种非政府组织。

非政府组织在美国数量非常多，进行细致准确的分类是一项有难度的研究课题。粗线条地说，和美国社区学院治理有关的非政府组织主要是认证组织、院校或特殊群体集合性组织、基金会组织。社区学院的认证组织有很多，而且认证程序公开、严格、注重实效，对于保证美国社区学院的质量起到了不可替代的重要作用。第二类院校或特殊群体组织的作用也不容小觑。它们或者起到了同业行会的作用，为社区学院群体制定各类职业标准或道德准则，或以抱团取暖的方式为社区学院的发展战略奔走呼号、建言献策，对于美国社区学院的健康发展、长远发展产生了重要影响。美国社区学院的发展和卓越，正是这些组织与政府组织共同发挥作用的结果。

(三)现有研究综述

非政府组织作为一种重要的治理力量很早就引起了中外公立社区学院治理问题研究者的注意。从不同的研究立场、研究习惯出发，得出了一些重要的结论。这些为本研究的开展提供了重要基础，也提出了重要命题。

非政府组织，只是一个笼统的描述性定义。在不同的研究者这里，有不同的说法。比如，有的研究者称"社会组织""民间组织"，有的研究者称"协会组织"，还有的研究者称"第三部门"或"志愿者组织"。考虑到内涵所指区别不大，或者说明确其区别不是本研究的重点任务，本研究采用包容性更强的"非政府组织"。需要说明的是，这一描述中需要把纯经济组织剔除掉，比如企业组织。企业因素也会对美国公立社区学院治理产生重要影响，但这些组织更多的是通过一些代言性的协会组织起作用，故不对纯粹意义上的经济组织过多涉及。

相较于非政府组织的内涵，对美国公立社区学院治理来说，学者们更容易达成一致的是非政府组织的重要性。Richardson, Richard C., Jr. Clyde, E. Blocker, Louis W. Bender (1976)[1] 评价认证组织的作用时，认为是弥散性影响（pervasive）。牛蒙刚（2006）[2] 认为美国初级学院协会对于初级学院从新生幼儿到发展成熟的作用，是决定性的。滕大春（1994）[3] 认为教育专业组织在推动教育发展方面是极有权威的，很多学校对美国教育协会的建议奉为圭臬。这是美国和德、法等国的情况不同。卢洁莹（2011）[4] 认为民间团体和政府构成了权力分立与制衡关系，避免了政府既掌舵又划桨以及由此而带来的隐患。综合而论，中外研究者对于非政府组织的重要性和关键作用有高度共识。相对而言，国外研究者从面上直接论述重要性者不及国内研究多，原因

---

[1] Richardson, Richard C., Jr., Clyde E. Blocker, Louis W. Bender. Governance for the two-year college [M]. Prentice Hall, Inc., Englewood Cliffs, New Jersey, 1972, p.11.
[2] 牛蒙刚. 美国社区学院发展的政策因素研究 [D]. 山东师范大学, 2006: 64.
[3] 滕大春. 美国教育史 [M]. 北京: 人民教育出版社, 1994: 386.
[4] 卢洁莹. 美国社区学院的治理模式初探 [J]. 职教论坛, 2011 (15): 93.

很可能是在他们看来这已经是一个不言而喻、无需过多论述的真理性命题。和对政府组织的相关研究类似，国内研究和国外研究在非政府组织研究方面也表现出重要区别。这种区别体现在，国外研究非常具体，而国内研究注重整体性、系统性和普遍性，更倾向于论述面上情况。而且，国内研究对于美国社区学院治理的针对性也不足。比较常见的研究口径是美国高等教育，而比较少见针对美国公立社区学院治理场域中的非政府组织。

总体上看，关于美国公立社区学院治理中的非政府组织，基本问题已经明确。比如，非政府组织的大致情况与主要职能、关键组织的运作方式与管理体制等。这些为本研究的开展打下了扎实的基础。从治理的角度看，还有些具体问题的研究还需要进一步推进。包括：非政府组织对美国公立社区学院发展方向的重要影响、非政府组织（尤其是认证组织）对社区学院教育教学质量保障的基本做法以及基金会对于社区学院发展的重要意义等。本书将在对非政府组织面上情况进行梳理归纳的基础上，对上述3个方面做进一步的探讨。

三、现有关于受托人委员会研究综述

限于研究精力和篇幅，也出于研究必要考虑，本章对现有研究的综述主要从中文研究和美国研究的角度进行。相对而言，中文研究人员对于受托人委员会的研究相对粗线条些，而美国本土的相关研究则相对详尽和具体。国内研究者对受托人委员会多持积极态度，正面阐述其优势或特色的成果较多，而揭示其不足或局限的成果较少。而美国本土研究者中，对受托人委员会的认识相对客观、理性和全面，值得我们深入思考。总体而言，中外研

究者有一点是一致的，就是认为受托人委员会对美国公立社区学院至关重要。

（一）关于 board of trustees 的译法

关于 board of trustees 的重要作用，可以从一个侧面来认识。在美国高等教育史上具有重要地位的达特茅斯学院案，其全称正是：Trustees of Dartmouth College v. Woodward。本质上讲，这是一个受托人委员会作为当事方之一的著名官司。

总体而言，美国社区学院 board of trustees 有两种译法，即董事会和受托人委员会。比如，罗尧成、肖纲领（2016）[①] 就把 board of trustees 翻译为董事会，并提出了对我国高职院校理事会的相关借鉴价值。刘爱生（2016）[②] 也把 board of trustees 翻译为董事会。其他还有：李漫红、苏明飞（2008）[③]，于守海、李漫红（2007）[④] 等。从数量上看，持"董事会"译法的研究者居多。但从法理角度分析，这种译法并不准确。大陆法系国家有财团法人，board of trustees 才可以相应地翻译为董事会。而美国属于英美法系，没有所谓的财团法人，发挥大陆法系财团法人功能的是信托法。信托法属于财产法，非法律主体制度[⑤]。卢洁莹（2011）[⑥] 不同意"董事会"的译法，提出准确的译法是：受托人委员会。

---

① 罗尧成、肖纲领. 高职院校理事会的职能定位与运行机制——美国社区学院董事会的经验借鉴[J]. 高等教育管理，2016（1）.
② 刘爱生. 美国大学董事会的法律地位、结构属性与中国的误读[J]. 高等教育研究，2016（6）.
③ 李漫红、苏明飞. 美国社区学院董事会的管理模式及其借鉴[J]. 北京市经济管理干部学院，2008（4）.
④ 于守海、李漫红. 美国社区学院董事会的权力均衡及其启示[J]. 沈阳师范大学学报（社会科学版），2007（3）.
⑤ 详见朱玉苗.《哈佛大学特许状（1650）》法理解析[J]. 法治研究，2011（11）.
⑥ 卢洁莹. 美国社区学院治理及其理论基础[M]. 合肥：安徽教育出版社，2011：10.

刘爱生（2016）[①]也持这种观点，且认为：在法律地位上，它是美国大学的法人，而不是法人代表机构；在结构属性上，它是外部治理结构，而不是内部治理结构，中国学者存在误读。综合各方面观点，考虑到英文的文化差异，从更准确的角度出发，本文取这种译法。board of trustees 应该从字面意思理解，准确翻译为受托人委员会。

(二) 受托人委员会的性质

从本质上说，受托人委员会和董事会性质不同。两者性质的根本不同在于，是内部治理结构、外部治理结构，抑或是某种中间地带。参考企业治理的相关概念，当把 board of trustees 翻译为董事会，潜隐的推定是这是一种内部治理结构。国内的很多研究都把董事会理解为一种内部治理结构。比如，余承海、崔高鹏的博士学位论文《美国州立大学治理结构研究》《董事会权力变迁与密歇根大学转型研究》中，均持此种观点[②]。事实上，美国社区学院受托人委员会，无论是从成员构成、职责特点还是运行机制来看，都与企业的董事会不同。尽管两者都享有最高权威，但还是有很多不同。比如，成员构成上美国很多高校尤其是研究性高校的校内人员不得进入受托人委员会的。尽管受托人委员会是作为一个集体而发生作用，但既当运动员又当裁判员的现象，无论是从美国文化还是治理实践的角度看，都是不合适的，所以很难确信地认为受托人委员会是一种内部治理结构。考虑到美国社

[①] 刘爱生. 美国大学董事会的法律地位、结构属性与中国的误读 [J]. 高等教育研究，2016 (6).
[②] 刘爱生. 美国大学董事会的法律地位、结构属性与中国的误读 [J]. 高等教育研究，2016 (6)：102.

区学院和研究型大学受托人委员会的差异（比如人数更少、任期更短），不宜把受托人委员会理解为内部治理结构。国外研究者通常把受托人委员会理解为外部治理结构。比如，在罗纳德·埃伦伯格的《美国的大学治理》中，美国大学董事会和州政府一同被视为外部治理结构，在沃伦费尔特的《美国高等教育：大众的服务者还是特殊利益的保护者》中，美国大学董事会也被视为外部治理结构①。

刘爱生（2016）② 认为董事会和大学的关系，是并列关系而非包含关系。本书同意这样的观点。就美国社区学院而言，由于其与社区的天然联系和互动关系，再加上协商治理（shared governance）理念越来越被接受，受托人委员会越来越多地具有外部治理力量和内部治理力量的"中间地带"和"关键桥梁"的作用。本人在查阅相关文献的过程中发现，这种观点得到了很多美国学者的支持。比如，Cohen（2014）③ 认为，受托人委员会是社区和学院之间的桥梁，发挥着中间人的作用，主要任务是把社区的需求变成社区学院的政策以及保护社区学院免受外界不必要的干扰。Cohen 是美国社区学院研究的重要代表性人物，其观点有重要影响力。除此之外，在更早的 Mary Lou Zoglin（1976）④ 的专著中，也提到了类似观点。Mary Lou Zoglin 认为，受托人委

---

① 刘爱生. 美国大学董事会的法律地位、结构属性与中国的误读 [J]. 高等教育研究，2016（6）：102.
② 刘爱生. 美国大学董事会的法律地位、结构属性与中国的误读 [J]. 高等教育研究，2016（6）.
③ M. Cohen, Florence B. Brawer, Carrie B. Kisker. The American Community College 6th Edition, Jossey-Bass, 2014, p. 140.
④ Mary Lou Zoglin. Power and Politics in the Community College [M]. California: ETC Publications Palm Springs, 1976, p. 81.

员会是市镇和高校的桥梁（Bridge between town and gown, gown 的原意是袍子，此处引申为师生）。Mary Lou Zoglin 进一步指出，社区学院受托人委员会和研究型大学的根本不同在于，研究型大学的受托人委员会总是在考虑是代表高校还是代表社区，而这个问题在社区学院是不存在的，因为社区学院一只脚在校园里；另外一只脚在社区，既会说社区的语言又会说学院的语言。在实践层面，作为美国社区学院体量最大的州加利福尼亚州在受托人培训手册上也是把受托人的职责定位与作用方式以及内部治理的内容并列成集，便于受托人学习使用。这个培训手册，既有外部治理的内容，也有大量关于内部治理的内容。这从一个侧面说明了受托人委员会的中介性质。

美国公立社区学院受托人委员会的中介性质，得到了诸多美国社区学院研究者的赞同，但这不是本人认为受托人委员会性质的唯一原因。本人之所以坚定地认为受托人委员会是中介和桥梁，既不是外部治理结构也不是内部治理结构，根本原因是受托人委员会的特殊性。受托人委员会不同于政府组织、认证组织等外部治理力量，受托人委员会的治理行为是有明确甚至可以认为是唯一指向性的。也就是说，政府组织除了对社区学院有治理性影响，还对公立大学，甚至教育之外的系统有影响，而受托人委员会除了对特定社区学院学区有影响外，对学区内的其他事务（如经济事务）并没有影响力。

此外，受托人委员会的中介性质，还体现在它与社区学院管理层的紧密联系。从某种程度上说，受托人委员会治理的是一个管理层比受托人委员会更加熟悉的组织。作为权力链条上管理层的上级部门，受托人委员会的发挥作用有赖于管理层的信息支持。离开这一点，以外行控制（lay board）为核心特征的美国受托人委员会是无法发挥自己制度优越性的。事实上，在美国的很多公立社区学院，校长在学校运行中的地位非常重要。尤其是在那些受托人委员会为州长任命的州，表现得更加明显。比如，本人曾经于2016年8月实地调研的佛罗里达州 Broward College 的校长 Armstrong 在该学院的地位就十分重要。Broward College 的受托人委员会政策规定中明确：学院校长是受托人委员会的首席执行官和合作秘书，和受托人委员会主席一起拟定受托人委员会议程，受托人委员会对社区学院的所有治理都要以学院校长为中介。

另外，从社区学院与州立大学或研究型大学比较的角度看，美国公立社区学院受托人委员会的来源相对单一，对居住地和居住年限有严格限制。应该说，这与美国公立社区学院的"中学拓展机构"基因有很大关系。而州立大学和研究型大学的受托人委员会来源多样，多以经费筹措能力为重要考量。在研究型大学或州立大学，"给予金钱，收获金钱或付出金钱"的氛围比社区学院要重得多。

综上所述，本书认为受托人委员会是外部治理和内部治理的中间地带和关键桥梁。受托人委员会是对美国公立社区学院成功与卓越进行归因分析的重要视角。

（三）中外关于受托人委员会研究的共性与差异

关于受托人委员会的重要性，中外研究者有高度共识。尤以国内研究者为甚。比如，上面提到的刘爱生就认为：董事会是美国最富特色的高等教育治理制度[1]。王绽蕊也认为：董事会制度

---

① 刘爱生. 美国大学董事会的法律地位、结构属性与中国的误读［J］. 高等教育研究，2016（6）：101.

是美国最具特色的高等教育治理制度安排，是高校治理体系的核心，具有节约交易和协调成本的功能[①]。美国学者杜尔益认为，法人董事会制度对美国大学治理具有不可替代的作用。著名高等教育学家克拉克·克尔（Clark Kerr）指出，美国高校董事会制度对于维护大学自治以及使高等教育对社会需求做出及时灵活的反应具有十分重要的意义，是促使美国高等教育体系成为世界上最成功的高等教育体系的重要原因[②]。克拉克·克尔（Clark Kerr）和玛丽安·盖德（Marian L. Gade）将董事会制度看作是促使美国形成当今世界上最为成功的高等教育体系的六要素之一[③]。Adam A. Morris 和 Michael T. Miller（2014）[④] 认为美国的高等教育之所发达，很大程度上是因为所有的利益相关方的理念和诉求在决策过程中得到了考虑，而受托人委员会是这一过程中的核心要素。

中外关于受托人委员会研究的差异，主要体现在研究的侧重点上。总体而言，国内研究者多以粗线条、经验介绍性质为主，对受托人委员会的优势与特色阐述较多，而对于其运作的细部特征和制度弊端和实施效果涉及较少。国外研究成果呈现出与国内研究不同的特点。与国内研究重视整体性、系统性研究不同，美国本土研究更注重细部特征和实证研究。比如，JoAnna Downey-

---

[①] 王绽蕊. 美国高校董事会制度的功能与效率研究 [D]. 北京师范大学，2005.
[②] 辛艳慧. 美国高校董事会特征研究 [D]. 吉林大学，2007.
[③] 王绽蕊. 系统性：美国高校董事会制度的基本特征 [J]. 比较教育研究，2010（8）.
[④] Adam A. Morris, Michael T. Miller. A Comparison of Community and State College Leader Perceptions of Trustee Involvement in Decision-Making [DB/OL] (2014-08-15) [2016-09-20] http://files.eric.ed.gov/fulltext/ED546888.pdf, 9.

Schilling (2012)[①] 在其博士学位论文中，专门聚焦社区学院中政府任命的类型和社区选举的类型，对他们的治理方面的差异性进行研究。Wheelan Belle Louise Smith (1984)[②] 在其博士学位论文中，专门聚焦得克萨斯州社区学院学区 CEO 和受托人的角色认知进行研究。

除了研究侧重点的不同，美国本土研究者还对受托人委员会的制度不足进行了阐述。有意思的是，不光是教育研究者对此有所涉及，小说家也有不少对受托人委员会的揶揄之词。比如，马克·吐温说：上帝首先在傻子身上做了试验，然后创立了受托人委员会。还有人批评受托人是无聊政客[③]，对受托人委员会运作的低效提出了批评。这些批评看似尖刻，但从另外一个侧面提醒我们，要对受托人委员会做更加全面和客观理性的认识，不宜一边倒地对其盲目崇拜，更不能简单地照搬引用。

关于外行控制的具体弊端，Hermalin(2004) 的观点颇有代表性。他认为外行控制会带来如下问题：缺乏专门经验，从而造成过度依靠校长和其他管理人员、时间不足、日程过多和多样化、酬报选民的倾向等[④]。

[①] JoAnna Downey-Schilling. How Governing Boards Provide Oversight for Community Colleges: Understanding the Differences Between State-Appointed and Elected Boards [D]. Oregon State University, 2012.
[②] Wheelan Belle Louise Smith. An Analysis Of The Role Perceptions Of Chief Executive Officers And Trustees In Texas Community College Districts [D]. The University Of Texas at Austin, 1984.
[③] Mary Lou Zoglin. Power and Politics in the Community College [M]. California: ETC Publications Palm Springs, 1976, p. 51.
[④] 转引自 JoAnna Downey-Schilling. How Governing Boards Provide Oversight for Community Colleges: Understanding the Differences Between State-Appointed and Elected Boards [D]. Oregon State University, 2012, p. 32.

四、现有关于公立社区学院内部治理研究综述

一般而论,治理结构分为外部治理结构和内部治理结构。对美国公立社区学院来说,治理结构的特殊性还在于受托人委员会是居于内外治理结构之间的中间地带。对治理结构研究现状的梳理,会有一个有意思的发现,即:总体上看,国外研究者(限于篇幅和研究经历,此处仅涉及美国研究者)更重视内部治理结构研究,而国内研究者更重视外部治理结构。这也许反映了这样一种倾向:国内研究者的研究是基于整体的,而国外研究者的研究是基于问题的。国内研究者多从系统的角度,更加重视美国公立社区学院治理结构的宏观图景,而国外研究者多从问题出发,更加注重美国公立社区学院治理结构的微观机理和实施细节。具体到内部治理结构而言,国内研究者多对美国公立社区学院的内部治理结构持褒扬态度[比如,甘永涛(2008)[①]认为美国加州社区学院治理结构演变的基本脉络是从"政府时代"走向"平民时代",其全新治理模式在理论和现实中具有"无可比拟的优势"],而国外研究者的研究结论则是褒抑参半。下面作具体展开。

(一)国内研究

国内关于美国社区学院的研究以整体性手法居多,大多是粗线条呈现,专门针对美国社区学院内部治理问题的研究很是少见。关于美国社区学院内部治理模式的基本情况,多散见于一些宏观地探讨美国社区学院问题的成果中。最早涉及的是毛澹然

---

① 甘永涛. 美国加州社区学院治理结构的模式转换:从"政府时代"走向"平民时代"[J]. 职业技术教育, 2008(19): 86.

(1989)[①]，在其专著《美国社区学院》第九章中，详细论述了美国社区学院的行政管理问题。在说明联邦、州政府、地方政府对社区学院的治理模式后，又说明了社区学院的内部治理模式问题。他指出，"美国的社区学院都由管理委员会或称董事会直接负责领导，院长由管理委员会聘请任命，院长的一切工作必须对管理委员会负责"。在其后的案例分析部分，结合具体学校的特点，又给出了组织结构图。其他相关论述美国社区学院其他问题的硕士论文、博士论文，也会程度不同地涉及内部治理问题。代表性的是李亚（2007）[②]在其硕士学位论文《美国社区学院的探析与启示》中指出："在具体的社区学院内部，各个社区学院都设有董事会，通常实行董事会领导下的院长负责制，而董事会成员是由社区居民选出的各行业的代表，因而具有一定的广泛性。""学院董事会主要负责决定学院的大政方针、批准学院的预算以及选拔院长，但不直接掌管教务。学院董事会主要由院外人士组成，这其中有一部分还是该社区的普通居民，这些院外人士以代表广大社会利益的名义对学院的长远发展进行指导。学院董事会不是一个政府组织，也不属于任何党派，这在社区学院的发展过程中，能够做到比较客观公正，让社区学院稳定健康地发展"。鄢烈洲、李晓波、曹艳峰（2009）[③]在其专著《我国独立学院治理研究》中，为我国独立学院治理提供比较研究素材，概略性地涉及了美国社区学院的治理模式，认为美国社区学院的内部治理模式是董事会领导下的院长负责制，并介绍了美国明尼苏达州、

---

① 毛澹然. 美国社区学院［M］. 北京：高等教育出版社，1989：160.
② 李亚. 美国社区学院的探析与启示［D］. 苏州大学，2007：17、25.
③ 鄢烈洲、李晓波、曹艳峰. 我国独立学院治理研究［M］. 武汉：武汉出版社，2009.

特拉华州、康涅狄格州的社区学院治理情况，同时，也介绍了肯塔基、夏威夷、阿拉斯加等地的社区学院外部治理模式。

国内深入美国社区学院内部治理模式的研究成果，主要是为数不多的期刊论文和学位论文（以硕士学位论文居多）。代表性的专著是卢洁莹（2011）[①] 的《美国社区学院治理及其理论基础》。代表性的论文是刘文华（2011）[②] 发表于《现代教育科学》杂志上的《美国社区学院内部决策的影响因素》论文。刘文分析了教师、学生、行政人员、董事委员会及其他特定团体在决策过程中的影响，认为"美国社区学院的内部管理属于典型的官僚式管理"。刘文提到了"联合管理"，结合其整篇文章的主旨，有理由相信对应的英文应该同样是"shared governance"，与本研究所翻译的协商治理同义。朱子君（2015）[③] 在其硕士学位论文《美国社区学院治理结构研究——以加州圣莫尼卡社区学院为例》中概略性地介绍了外部治理结构之后，又结合案例对内部治理过程中校长职责及其权力制衡、学术评议会的运行模式进行了分析。其他相关的期刊论文有邢广陆（2012）[④]，程晋宽、朱子君（2014）[⑤] 等。邢广陆（2012）介绍了州政府层面对社区学院的治理情况，并以常青藤技术社区学院（IVY）为例，介绍了学区受托人委员会的组成情况。程晋宽、朱子君（2014）主要探讨了社

[①] 卢洁莹. 美国社区学院治理及其理论基础［M］. 合肥：安徽教育出版社，2011.
[②] 刘文华. 美国社区学院内部决策的影响因素［J］. 现代教育科学，2011（4）.
[③] 朱子君. 美国社区学院治理结构研究——以加州圣莫尼卡社区学院为例［D］. 石河子大学，2015.
[④] 邢广陆. 美国社区学院的治理结构及启示——"高职院校领导海外培训项目"赴美研修报告［J］. 青岛职业技术学院学报，2012（4）.
[⑤] 程晋宽，朱子君. 美国社区学院治理结构中校长权力的制衡及启示［J］. 职业技术教育，2014（11）.

区学院内部治理模式，认为管理机构的相互制衡是美国社区学院中并没有出现校长权力扩张以及滥用权力的现象的主要原因。美国社区学院校长权力行使有科学性和有效性的特点，对我国高职院校治理结构中校长权力的有效运用具有借鉴意义。

(二) 国外研究

国外对社区学院内部治理的研究多以案例研究的方式呈现。其中代表性的是 Gordon Dossett（2008）[1] 所著 *An Act of Trust or a Great Big Old Amoebae: Shared Governance at Two Community Colleges*。这本专著，主要从文化视角分析了社区学院内部协商治理的实施要点。Dossett 选择了两所被认为高效治理和低效治理的社区学院，依据 Tierney[2] 提出的文化模型，进行了有针对性的分析，认为信任（trust）对于成功的协商治理非常重要。Pamela L. Eddy（2010）[3] 在其专著 *College Leadership: A Multidimensional Model for Leading Change* 中，聚焦社区学院领导力问题，提出了多维模型。Kenneth B. White（2003）[4] 在其代表性论文 "shared governance in California" 中用案例分析的方式，探讨了社区学院内部治理模式实施要点。Stanley Olin Vittetoe（2001）[5] 在其博士学位论文 "The outstanding community college president: a case study of four presidents" 专门聚焦社区学院内部治理中的校长进行了深入研究。

---

[1] Gordon Dossett. An Act of Trust or a Great Big Old Amoebae: Shared Governance at Two Community Colleges [M]. VDM Verlag, 2008.
[2] Tierney. Challenges for Governance: A National Report, ERIC, 2003.
[3] Pamela L. Eddy. Community College Leadership: A Multidimensional Model for Leading Change [M]. Stylus Publishing, LLC, 2010.
[4] Kenneth B. White. Shared Governance In California [C//] NEW DIRECTIONS FOR COMMUNITY COLLEGES no. 102, Summer 1998 © Jossey-Bass Publishers, 19-32.
[5] Stanley Olin Vittetoe. The Outstanding Community College President: A Case Study of Four Presidents [D]. Iowa State University, 2001.

早前的研究还有 Lewis, M. D. (1989)[①] "The role of the community college president: A review of the literature from 1969-1989"等。

值得注意的是，美国有很多社区学院协会组织，在其网站上也有不少有价值的资料。比如加利福尼亚州社区学院协会（community college league of california）上提供的《受托人手册》。这本手册一共有166页。这些资料对于分析美国社区学院的内部治理模式具有重要参考价值。还有，很多美国教师协会的网站上也会列出一些为教师会员谋其合法利益的资料。这些资料会从一个侧面反映出美国社区学院内部治理模式的重要信息。

除了直接针对美国社区学院内部治理模式的研究资料，还有一些有价值的外围资料。其中的主要著作有：GORGER A 主编的 *A Handbook on the Community College in America Its History, Mission, and Management*[②] 以及 JOHN S. LEVIN（2013）所著 *Understanding Community Colleges*[③] 等。GORGER A 的著作长达683页，开辟专门章节论述的社区学院的治理问题。JOHN S. LEVIN 的 *Understanding Community Colleges* 是目前可看到的全景式地描述美国社区学院的鸿篇巨制，长达461页。第8章由 Pam Eddy 以 "Managing Today's Community Colleges: A New Era?" 为题，从后现代的视角提供了社区学院治理的重要历史资料。

[①] Lewis, M. D.. The role of the community college president: A review of the literature from 1969-89 [R/OL]. (2009-01-01) [2015-06-25] CA: Long Beach City College. (ERIC Document Reproduction Service No. ED 307 947) https://eric.ed.gov/?q=ED 307 947.

[②] GORGER A. A Handbook on the Community College in America Its History, Mission, and Management [M]. GREENWOOD PRESS, 1989.

[③] JOHN S. LEVIN. Understanding Community Colleges [M]. Routledge, New York, NY 100172013.

在国外研究成果中，也有一些整体性表述。比如，Robert C. Cloud 和 Susan T. Kater 合编的《美国社区学院治理》（Governance in the Community College）[①]。此著提出了诸多重要观点。比如，第一部分关于影响社区学院治理的内部因素分析、社区学院内部治理的基本模式、美国澳大利亚和加拿大社区学院内部治理模式的比较等。在此书的 79 页，Richard L. Alfred 提出的战略背景（strategic context）下的治理问题。Richard L. Alfred 是社区学院治理领域的重要学者，长期致力于美国社区学院治理的研究与实践，其研究框架与学术观点都非常值得参考借鉴。William G. Tierney 也是领域内的重要学者。他的观点主要集中在用文化视角对社区学院治理模式进行分析。代表作是"A Curtural Analysis Of Shared Governance: The Challenges Ahead"（2004）[②]。该文在分析既往的结构视角、历史视角、选民视角和研究视角的基础上（historical, structural, constituency-focused and research-based）提出文化视角分析社区学院内部治理模式的下一代（next generation）视角，并详细分析了数据、沟通、背景等多方面的重要性。其他一些代表性的学者还有 Robert Birnbaum（2004）[③]、John S. Levin（2000）[④]、Sue Kater（2003）[⑤] 等。

[①] Robert C. Cloud, Susan T. Kater. Governance in the Community College [M]. Jossey-Bass, 2008.
[②] William G. Tierney. A Curtural Analysis Of Shared Governance: The Challenges Ahead [C//] Higher Education: Handbook of Theory and Research book series, 2004.
[③] Robert Birnbaum. The End Of Shared Governance: Looking Ahead Or Looking Back [C//] New Directions for Higher Education, Francisco, CA: Jossey-Bass. 2004.
[④] John S. Levin. What's the Impediment Structural and Legal Constraints to Shared Governance in the Community College [J]. The Canadian Journal of Higher Education, 2000 (2), pp87-122.
[⑤] Sue Kater, John S. Levin. Shared Governance in the Community College [DB/OL]. (2003-07-01) [2015-12-13] http://www4.ncsu.edu/~jslevin2/KATERJune041.DOC.

(三) 现有研究综述

总体上看，国外研究较为实证、规范、严谨，案例研究、就事论事的多，宏观研究、系统分析的少。国内研究视野宏大，但多是粗线条介绍，缺乏细节资料的支撑。从这个意义上说，中外研究的互补性非常强。

第三节 概念界定

一、公立社区学院

正像美国社区学院的职能一直在拓展性变化一样，社区学院的名称也在不断变化。从最初的初级学院、二年制学院，到现在的社区学院，"社区学院"是相对最稳定、使用时间最长的名字。除此之外，其他相对不常见的名字还包括：城市学院（city college）、乡村学院（county college）、分支学校（branch campus）、人民学院（people's college）、民主学院（democracy's college）、机会学院（opportunity college）、反大学学院（anti-university college）等。本书无意对社区学院的名称流变进行严格的梳理，而对这些名称统称为社区学院。

对本书来说，"公立"是社区学院之前的关键限定词。"公立社区学院"是对以州立大学为主体的"公立大学"的借鉴性使用。在美国，教育的公私区分素有传统。所谓"公立"，主要是从资金来源的角度看。资金，是最能代表公立利益和反映组织属性的关键因素。"公立"有几层意思。第一，这意味着不得营利，即 not-for-profit。社区学院能够为地区经济社会发展带来利益，但不得以营利为目的。美国有相当多的营利性二年制机构，但不是美国社区学院的主体。第二，资金来源多元化。在美国，公立社区学院是社区学院的绝对主体。根据美国社区学院协会的最新统计[①]，截至 2019 年 1 月，美国共有社区学院 1 051 所，其中公立社区学院 941 所，占比高达 89.5%。除了公立社区学院，其余为部落学院和独立学院，多为营利性的和私立的。这些学院尽管体量较小，但却个性鲜明。这些学院并没有随着经济社会发展形势而相应拓展职能，而是几乎还严格坚守在转学教育职能。从这个意义上说，"初级学院"的名称更适合这类学院。后面将会交代，利益相关者理论，是本书用以分析治理结构的理论工具。这主要是考虑到美国公立社区学院在美国社区学院的绝对主体地位，资源来源非常多元，利益诉求多样、多变。

二、治理

中共十九大对国家治理体系和治理能力现代化建设做出了新的部署和要求。"治理"在中共十九大报告出现了 43 次，是报告中不折不扣的热词。事实上，自从党的中共十八大做出了全面深化改革的战略部署开始，"治理"的重要性就不断凸显。2013 年 11 月 12 日中国共产党第十八届中央委员会第三次全体会议通过了《中共中央关于全面深化改革若干重大问题的决定》。《决定》把治理问题提到了全面深化改革总目标的高度，深刻地指出全面深化改革的总目标是："完善和发展中国特色社会主义制度，推进国家治理体系和治理能力现代化"。

从国际范围来看，治理一词的兴起与世界银行的报告有关。

[①] AACC. AACC2019Facts [DB/OL]. (2019-01-01) [2019-05-20] https://www.aacc.nche.edu/wp-content/uploads/2019/05/AACC2019FactSheet_rev.pdf.

在高等教育领域，阿伯图·艾马尔（Alberto Amaral）认为"治理问题是理解高等教育与这些复杂机构及系统发展的核心"[1]，治理的重要性可见一斑。从教育行政管理实践的角度看，很多研究者提出了很多重要观点。比如，翟海魂（2006）[2]作为省级教育厅公务员，对体制问题更为关注，认为职业教育管理体制是"世界性难题""历史性难题"。英国的"职业资格证书制度最成功、最有特色，这主要得益于体制上的保证"。这也从一个侧面说明了治理的重要。

三、治理的内涵

（一）管与治的字源分析

据考证，"管"在中国古代，原始含义是钥匙。比如，《左传·僖公三十二年》有云："郑人使我掌北门之管。"这里的"管"就是钥匙的意思。由于钥匙的排他性特征，"管"逐渐被引申出了权力含义。比如，管辖，管制等，以"管"开头的词语大都对权力归属有所强调。还有人考证，"管"的原始含义是官员的毛笔，意味着官员有生杀予夺的权力。无论如何，在中文语境下，"管"都含有较多的权力色彩。"理"的本意为治玉。比如，《韩非子·和氏》有云：王乃使玉人理其璞而得宝焉。从字面意思来说，管理就是依据权力来处理事情。与中文语境下的权力色彩较浓有所不同，管理的英文对应词 management 却有较弱的控制色彩。Management 的词根是"man"，本义是手，代表的是成功

---

[1] 朱子君. 美国社区学院治理结构研究——以加州圣莫尼卡社区学院为例 [D]. 石河子大学，2015：2.
[2] 翟海魂. 世界职业教育发展规律初探：一个历史的视角 [J]. 河北师范大学学报（教育科学版），2006（2）：105、106.

地做成某件事情，几乎没有权力色彩。在英语中，还有一个词和汉语的管理很接近，就是 administration。事实上有的地方这个词也被翻译为管理。我们耳熟能详的工商管理硕士 MBA，正是 master of businesss administration 的缩写。甚至，国内有人主张和汉语"管理"一词对应更紧密的应该是 administration。可见，无论是在中文还是英文语境中，管理都有较强的权力色彩。

据象形词典网（www.vividict.com）的考证，"治"，金文借用"辞"或"司"，𠦪=𠦪（乱，相互辩驳）+刂（"司"的省略，主持、主管），表示主持公道，拨乱反正。篆文另造会义字，𣲟=（水，洪汛）+臺（台，通"臺"，土石堆筑的坝堤），造字本义：开凿水道，修筑堤坝，引水防洪。隶书𣲟将篆文的"水"𣱵写成"三点水"氵。有人认为，"治"的水字偏旁意味着对公平的强调，比如法的原意正是如此。还有，"治"的义旁"台"，也有某种合作意味。在遥远的古代，由于治水工程纷繁浩大，需要调动各个方面的积极性。从字源上理解，可以看到治理与管理相比有更强的多元、合作和公平特征。

（二）从管理到治理的思想革新

当然，上述分析是语言学角度展开的，仅仅有这些分析还不足以认识从管理向治理转变的深刻性。目前，对管理与治理区别的探讨，多是行政学或政治学范畴的重要研究任务，相关研究成果层出不穷。比如，王琛伟[1]（2014）认为，治理是更高层次的管理，是管理的升华。他认为，从参与者来看，管理存在着主体

---

[1] 王琛伟. 我国行政体制改革演进轨迹：从"管理"到"治理"[DB/OL]. (2014-07-01)[2019-10-23] http://www.chinareform.org.cn/gov/system/Practice/201407/t20140718_202685.htm.

与客体的界分,即管理者与被管理者。治理则消除了这种主体与客体的区别。治理往往指"协同治理",强调社会多元主体的共同管理,政府、社会组织、个人等不同行为主体间形成了一种有机合作关系。从目标来看,管理强调管理者管控目标的实现,治理则更注重多元主体设定的共同目标,让更多行为主体共同管理社会事务,关心公共利益,承担公共责任,实现共同目标。从过程来看,管理更侧重自上而下的过程,治理则是一个自上而下与自下而上互动的过程,强调政府与社会通过合作、协商、建立伙伴关系,寻求政府与公民对公共生活的合作管理和实现公共利益最大化。应当说,这些见解是相当有代表性也很有见地的。也有人从实践角度探讨。比如,《成都日报》首席记者陈伟结合成都市政府的行政管理体制改革实践,指出:"从管理到治理,仅一字之变,却有明显区别:管理主体是一元的,治理主体是多元的;管理是垂直的,治理是扁平化的;管理常常是单向度的,治理是体系化的"[1]。管理和治理,目标职能基本一致,但是主体、理念、方式、路径等却有着重大差别。相比管理,治理是一种更加"优化、良性、多元化、多角度的管理",是对管理的提升和跨越。治理者既要管理,同时也要被管理,而且首先要对自己进行管理。只有这样,才能构建协商治理、多元共治的善治格局。

本研究不是纯粹的理论研究,相对于对治理概念无休止的争论和辨析,应该说推动实际工作可能更有价值。正如研究治理问题的专家俞可平援引鲍勃·杰索普(Bob Jessop)所言:过去15年来,治理在许多语境中大行其道,以至成为一个可以指涉任何

---

[1] 孔令强. 建设人民满意政府 [DB/OL]. (2016-07-13) [2019-10-23] http://www.sohu.com/a/105114744_179599.

事物或毫无意义的"时髦词语"①。当把治理泛化为一个时髦词语或可以指涉任何事物的超级词汇，治理研究本身的意义应该就会大打折扣。通常认为，治理概念的首次使用是1989年世界银行在概括当时非洲的情形时候所提出的治理危机（crisis in governance），后续OECD和联合国教科文组织等也广泛地使用治理一词②。可见，从起源上说，治理就是有实践属性的，而不是基于某种纯粹的理论探讨旨趣。

(三) 治理的内涵

本书对治理概念的使用仅是在普通意义和实践意义上进行，但即使是这样，也需要在研究之初，对治理概念的内涵进行交代。综合各方面观点，本书认为可以从几个方面来把握治理的内涵。第一，合作。合作既包括治理主体和治理对象的合作，也包括治理主体之间的合作。在美国公立社区学院的治理场域中，合作的特征表现得非常明显。鉴于后续各章会有详细的分析，这里就不作深入展开了。第二，认知。治理强调过程，注重互动。治理过程的本质，是某种认知的建立。也正是因为如此，治理才会在各种语境中具有适用性。有研究认为，治理理论是一种调试的新制度主义理论③。本书同意这种观点。新制度主义之"新"正是体现在其"文化—认知"维度，而这与治理理论是内在契合的。治理的认知注重内涵，在美国公立社区学院治理场域中的非政府组织身上表现得非常明显。以美国社区学院协会为代表的非

---

① 俞可平. 治理和善治引论 [J]. 马克思主义与现实，1999 (5): 37.
② 详见俞可平. 治理和善治引论 [J]. 马克思主义与现实，1999 (5): 37.
③ 翁士洪，顾丽梅. 治理理论：一种调适的新制度主义理论 [J]. 南京社会科学，2013 (7): 49-56.

政府组织，对于改善社区学院议题网络中的各个参与者的发展认知起到了至关重要的作用，有利地推动了美国社区学院的职业化运动。而职业化，正是美国社区学院在美国高等教育体系中取得独立地位的关键。后续对此会详细展开。第三，治理主体包括但不局限于政府。治理对应的英语为 governance，政府为 government。两者的关键区别在于治理既基于正式规则和非正式规则，政府更多的是基于等级服从关系和法律条令等正式规则。也正是在这个意义上，治理理论的主要创始人罗西瑙认为治理就是这样一种规则体系：它依赖主体间重要性的程度不亚于对正式颁布的宪法和宪章的依赖[1]。

四、治理结构

治理结构原本是法律用语，多用于企业领域。治理结构的核心要素是治理主体。治理主体与治理结构的区别在于，前者强调主体性，后者强调关系性。正如别敦荣教授所说，大学治理主体的职责权限关系构成大学治理结构，其中权力关系是关键[2]。在很大程度上，治理主体是治理结构的实质性内容。

从语言学的角度出发，"主体"有三方面含义[3]：事物的主要部分，哲学上指有认识和实践能力的人（与客体相对），法律上指依法享受权利和承担义务的自然人、法人或国家。第一种含义是常识意义上的理解，后面两种理解有更多的学术意味。本书对

---

[1] 翁士洪，顾丽梅. 治理理论：一种调适的新制度主义理论 [J]. 南京社会科学，2013 (7)：49.
[2] 阎梦娇. 大学学术自治与科层制的冲突与平衡——基于中国大学治理结构的分析 [J]. 高教探索，2019 (8)：10-14.
[3] 中国社会科学院语言研究所. 现代汉语词典 [M]. 北京：商务印书馆，2007：1780.

主体的理解，更多的是从后面两种含义出发。

从哲学的角度出发，主体概念有逻辑判断、本体论与认识论等3种意义上的用法[1]。逻辑意义上的主体是指逻辑判断中的主语或主词。本体论意义上的主体指运动或属性的承担者，由此产生了唯物主义和唯心主义的分野。认识论意义上的主体是指认识或实践活动的承担者。从认识论的视角出发把握主体的概念，有几个关键点。第一，多样性。主体的存在方式是多种多样的，可根据性质不同来划分，也可以根据数量多寡来划分。第二，关系性。主体概念内在地潜隐着某种关系属性。也就是说，当我们用主体指称某些组织或个人时，总是把它放在某种关系范畴中的。主体与客体是相对应而存在的。离开客体，也就无所谓主体。离开主体，也无所谓客体。主体概念的关系属性的另外一层含义，是主体之间也是有交往与互动关系的。也就是说，对于同一个客体而言，对其施加影响的多个主体之间，往往也是存在某种关系的。第三，能动性。主体的能动性，意味着主体是自主、自觉和有创造性的。主体是具有思考判断能力和利益诉求的，总是在用不同的方式实现着自身利益的最大化。

结合以上对于治理概念的梳理和分析可以看出，治理和主体两个概念是内在契合的。比如，两个概念都强调认知与能动、都注重关系构建等。基于此，本书把治理主体定义为：自觉、自主、能动地参与美国公立社区学院治理，通过对社区学院的组织属性、发展方向、发展绩效施加影响，来争取自身利益最大化的组织或群体。对于美国公立社区学院的改革发展而言，治理主体是

---

[1] 桑新民. 呼唤新世纪的教育哲学——人类自身生产探秘 [M]. 北京：教育科学出版社，1995：159.

更为主动的一方，是自变量，公立社区学院更多的是因变量。治理主体与社区学院是主客体关系，治理主体之间则更多的是合作与博弈关系。而合作与博弈的前提，是各个治理主体对自身的制度性利益明确、关心且自觉维护。从某种意义上说，治理主体和治理机构可以近似地等同使用。

从分类的角度看，美国公立社区学院治理场域中的治理主体，大致可以分为4种类型，分别是：引导性主体、协助性主体、事实性主体与参与性主体。分别对应政府组织、非政府组织、受托人委员会和校长、教授评议会、集体谈判意义上的工会组织等内部主体。在本书的第二章，会引入高等教育系统论、新制度主义理论、利益相关者理论，对治理主体进行进一步的分析。这里对上述4类主体稍作展开。政府组织是引导性主体，通过经费政策明确导向、指引方向。除非涉及人权等法律底线问题，政府组织，尤其是联邦政府组织对美国公立社区学院的影响力大多数情况下是柔性的，不作强制性要求。非政府组织是一种不可或缺的治理力量，与政府组织的互补性很强，通过理论研讨、经费筹措、质量认证等活动，对公立社区学院的战略发展方向进行导引。受托人委员会是美国公立社区学院治理场域中的事实性主体，既负责对社区学院之外的需求信息进行收集和处理，也负责对校内治理的诸多重大问题行使最高权威，从而构成了美国公立社区学院的事实性治理主体。在公立社区学院校内，还有校长、教授评议会、工会组织等内部治理主体，这类主体通过各种利益诉求机制和渠道表达诉求，平衡学术权力和行政权力的关系，起到增强凝聚力的作用。

在本书中，引入"主体"概念对美国公立社区学院治理问题进行探讨的意义在于三个方面。第一，治理主体更接近解释影响力的本质。治理本质上是一种施加影响的过程。和治理主体联系紧密的另外一个概念是治理结构。治理结构更多的是刚性的、静态的，而治理行为本身是柔性的、动态的。影响力更多的和主体相关。制度或结构会赋予治理主体影响力，而治理主体是发挥、落实这些影响力的关键因素，不同的治理主体会有不同的发挥。第二，治理主体是能动的。前面分析主体的哲学意义时已经谈到，主体是自觉、自主有利益诉求的。这就是说，治理主体对社区学院施加影响，更多的不是，或者说首先不是考虑能否推动社区学院的发展，而是考虑是否对自身的制度性利益有什么样的促进。第三，治理主体是自变量。治理主体是美国公立社区学院治理场域中主动改变的一方，社区学院本身更多的是在应对。如果说治理主体和社区学院之间，是一种"刺激—反应"（S-R）关系的话，那么治理主体充当的是"刺激"的角色，正是在与社区学院的"刺激—反应"联结建立的过程中，实现了美国公立社区学院整体治理体系的演进。

第四节 研 究 设 计

一、研究意义

本研究的主要目的是从美国公立社区学院优秀与卓越的表现出发，揭示其内外治理结构，并说明对中国高职院校治理结构优化和职业能力现代化建设的启示与借鉴价值。

本研究的理论意义在于，丰富治理理论、新制度主义理论对于高等职业教育类机构发展创新的适用性分析，为相关理论研究的深入开展提供基础。本研究的实践意义在于，通过从治理的视角解析美国公立社区学院的发展经验，为中国高职院校的治理体系和治理能力现代化建设提出建议。

二、技术路线

总体而言，本研究遵循"实践—理论—比较—实践"的研究路线，从中国高职院校治理能力与治理体系现代化的时代背景出发，通过引入利益相关者等理论，对美国公立社区学院治理主体进行历史考察，在此基础上，着重对美国公立社区学院治理主体的现状进行细部分析，通过分析，从治理主体的角度出发对美国公立社区学院的优秀与卓越进行归因分析。

结合本人在美国调研和访谈的情况、文献查阅情况和现有研究基础，本书认为美国公立社区学院的优秀与卓越至少可以从5个方面进行归因。分别是：规范性、发展性、先进性、随动性和凝聚力。规范性是指，美国社区学院依法治校水平很高；发展性是指，美国社区学院的质量保障体系十分完善，自我质量改善能力很强；先进性是指，美国社区学院的发展方向有明确、坚定和清醒的认识，表现出较高程度的发展自觉；随动性是指，美国社区学院因变而变，以服务社区为最高价值，随动性的本质是动态调整，基础是社区与社区学院利益高度一致、融为一体；凝聚力是指，美国社区学院的内部整合性较高，对于使命愿景具有较强的共识和认同。这五个方面可分别对应政府组织、认证组织、群体性协会组织和内部治理。这构成了本书的主体内容。可以说，美国公立社区学院的优秀与卓越是这几方面因素共同作用下的产物。

本研究从实践出发，最终也回归实践。本研究的根本目的是对中国高职院校治理结构和治理能力现代化建设提出建议。通过中美比较与社区学院与四年制大学的两维比较，说明治理结构的生命力在于执行与落实，治理结构更多的是组织性的。要加大对高职院校的绩效评估力度，适当加大其生存压力，并对劣质高职院实行淘汰机制。

具体的技术路线，如图1-1所示。

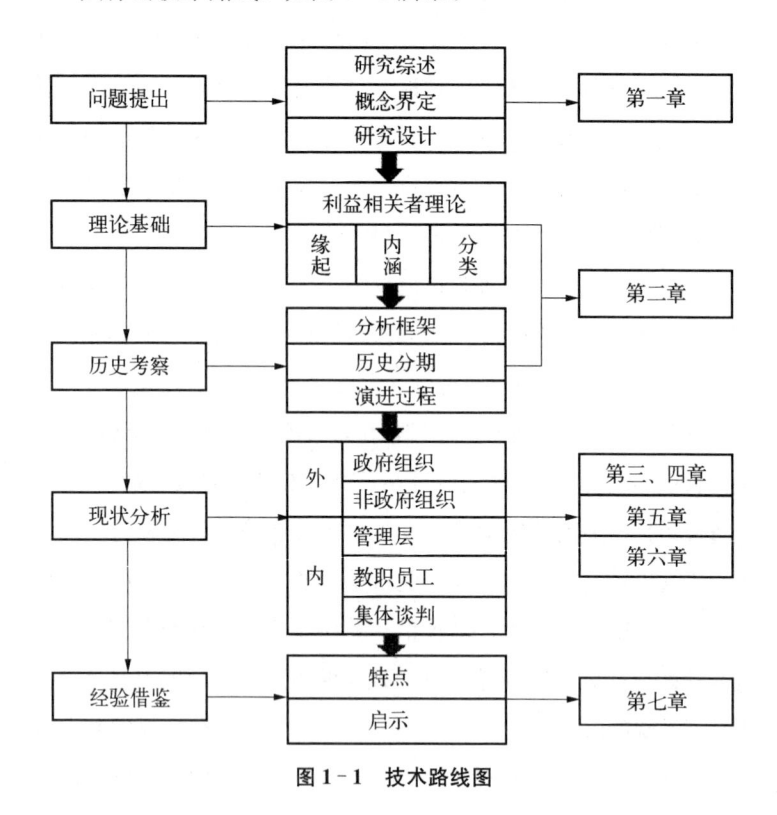

图 1-1 技术路线图

三、主要内容

本书的主要内容包括 4 个方面。

第一，是美国公立社区学院治理结构的理论基础。本研究引入利益相关者等理论，在对其理论内核进行分析的基础上，论证美国公立社区学院是一种典型的利益相关者组织，说明利益相关者理论对于本研究的适用性。

第二，是美国公立社区学院治理结构的历史考察。几个关键问题是历史分期，分析框架与历史演进。核心人物是美国公立社区学院治理结构的纵轴考察。从相对较粗的分期出发，以"外部—受托人委员会—内部"的分析框架，说明美国公立社区学院的历史演进脉络。

第三，是美国公立社区学院治理结构的横切面分析。这是本书的主体，占用了大部分的篇幅。从利益相关者理论的研究视角出发，分析作为预期型利益相关者组织的政府组织、作为潜在型利益相关者组织的非政府组织以及作为确定型利益相关者组织的受托人委员会。这些构成了外部治理结构和内外中间地带。对内部治理结构的分析，从行政、学术和工会组织等角度展开，说明美国公立社区学院协商治理的结构、过程与特点。

关于政府组织，本书将在现有关政府组织对公立社区学院治理的研究成果进行综述的基础上，梳理联邦政府、州政府、地方政府对于公立社区学院的治理行为。在联邦层面，将梳理联邦政府对于公立社区学院治理的历史脉络、主要特点。在州政府层面，本书将分析美国各州公立社区学院州级治理的分类与差异、主要手段及其影响因素等。在地方政府层面，本书将重点分析事关社区学院的核心概念"社区"的美国文化意蕴，揭示美国地方政府的性质，说明美国社区学院的学区传统。

关于非政府组织，本书将介绍非政府组织的概况，并结合美国社区学院职业化过程，以美国社区学院协会 AACC 为例，说明非政府组织的关键作用。此章还要说明认证协会、基金会组织对于美国公立社区学院发展的治理行为和重要意义。

关于受托人委员会，本书将着重分析美国公立社区学院受托人委员会的起源与构成，并结合相关案例说明其运行结构与运行过程，在总结分析美国公立社区学院受托人委员会特点与评价的基础上，提出借鉴价值。

关于内部协商治理，本书将分析美国公立社区学院内部治理的演变轨迹，说明美国公立社区学院内部治理的结构与过程，并对其进行评价。

第四，是美国公立社区学院治理结构的特点与启示。本书将整合前续相关章节内容，以一种更高的站位和系统视野描画出美国公立社区学院治理结构的宏观图景，并分析其主要特点，提出对中国高职院校治理结构优化和职业能力现代化建设的建议。

四、研究方法

（一）文献分析法

检索查阅国内外相关文献资料，包括期刊、硕士博士学位论文、专著、电子文献资料等，予以梳理分析，直接引用的文献资料附于书后。主要包括 77 篇中文类文献，以及 250 篇英文文献。通过分析这些文献资料，说明国外研究与国内研究的侧重点，说明美国公立社区学院治理结构的细部特征和相关理论基础等。

（二）案例分析法

通过广泛调研，在掌握大量实际材料的基础上，选取若干颇具代表性的典型案例进行分析，从中得出有价值的研究结论。本书涉及的主要案例有：美国加利福尼亚州社区学院治理结构的案例、Hillsdale Community College、Alamo Community College District、Ventura County Community College District，VCCCD、Northshore School District，NSD、美国社区学院协会 AACC、W. K. Kellogg 基金会、Broward College、Bakersfield College、Cerro Coso Community College、Cosumnes River College 等。

（三）访谈法

在研究选题阶段，对位于美国加州的 Cosumnes River College 进行实地走访，确认研究选题，根据研究过程进展，对位于美国佛罗里达州的 Broward College 的员工和教师进行实地访谈，进一步佐证本书的基本研究结论，对基于文献和案例分析的研究成果进行优化。

第二章 美国公立社区学院治理结构的理论分析

经过梳理与甄别,本章主要从三方面对美国公立社区学院治理结构进行理论分析,分别是:高等教育系统理论、新制度主义理论和利益相关者理论。高等教育系统理论,回答"美国公立社区学院是什么"的问题。新制度主义理论,回答"美国公立社区学院治理主体之间存在什么样的联结"的问题。利益相关者理论,回答"美国公立社区学院各种治理主体如何互动共赢"的问题。

第一节 美国公立社区学院治理结构的理论基础

一、高等教育系统理论

作为高等教育的重要形式,社区学院的组织性质、组织特点,对于进行其治理结构分析至关重要。组织理论,具有漫长的历史和复杂的系统。限于研究经历,本书主要从系统的角度出发,对高等教育组织理论进行梳理分析。概要地说,有4种基本的高等教育系统观:20世纪初的理性系统论、20世纪30年代的自然系统论、20世纪50年代的开放系统论以及20世纪末的非均衡系统论。

(一) 理性系统论

理性系统论有3个代表人物,分别是美国古典管理学家泰勒、法国一般管理理论学家法约尔和科层理论学派的代表人物马克斯·韦伯。

理性系统论认为组织能够以理性建立确切的目标,并通过正式化的手段实现目标,通过治理行为,可以使组织达到最优化效率。这种理论忽视成员的主观能动性,而是赋予管理者更多的影响力,组织效率的关键是使每个成员准确、清楚的了解目标,并自觉成为预期成效的最大化贡献者。这一理论的关键点有4个:追求最高效率,建立科学目标,注重正式制度,采用科学方法。

将这种理论运用到美国公立社区学院治理场域中,就要为每个治理主体建立科学、准确的目标和测评依据,并以此作为最基本的行动依据。在这种模式下的管理对象,最重要的是执行力和纪律,关键是照章办事。这一理论对美国公立社区学院早期的发展起到了积极的促进作用,但也天然地带有不足。主要是:第一,忽视人性管理,正所谓"见物不见人"。理性系统理论,通常是从管理职能、组织结构的角度出发考虑问题,而很少从人性的角度出发。员工,更多的是机器,没有自己的人性尊严。第二,忽视组织的多样性和开放性,有一刀切的倾向。在这种理论看来,最重要的是规章制度,管理场景的多样性和复杂性并没有被充分考虑。

(二) 自然系统论

在很大程度上,自然系统论是针对理性系统论的不足而提出的。这种理论并非对理性系统论的否定,而是在其基础上的延伸。代表性的事件是20世纪30年代的哈佛大学教授梅奥进行的长达8年的霍桑实验。这个实验的初衷，是验证理性系统论的观点，可意外的是，实验的结果却催化形成了一个新的独特的系统论视角。

自然系统论把组织视为有机体，具有自然运作的特征。其中除了有正式制度、正式组织，还大量地存在非正式组织、非正式制度。从霍桑实验出发，梅奥提出了著名的"社会人"假设，开始更加关注人的情感、意志、动机状态等心理因素对组织效率的影响。从梅奥开始，后续的切斯特·巴纳德提出了合作系统理论，帕森斯提出了社会系统理论，不断丰富了这一理论流派。巴纳德强调组织本质上是一个协作系统，提出了效率与效能的概念。帕森斯主张组织的结构和功能是不可分割的，提出了AGIL模型，即组织生存必须满足的需求有4个方面：适应功能（Adaptation，视环境需求获取足够的资源）、达成目标功能（Goal attainment，设定并达成）、整合功能（Integration，发展合作关系，维持组织团结）、潜在功能（Latency，创造、保存、传递其特有的文化和价值，以便组织得到维持和发展）。

从自然系统论的角度出发，美国公立社区学院要取得发展，关键是要在几个方面努力：第一，密切交往。组织与内外环境要有横向和纵向的交往。第二，激励成员。要有效地激发成员的积极性，使他们感到价值与意义。第三，善于改变。不断地调节自身的办学行为，最大化地适应外部需求。可以看到，理性系统论强调组织的制度结构，而自然系统论则更注重组织的行为结构。

（三）开放系统论

输入（input）、转换（transformation）、输出（output）和反

馈（feedback），是开放系统论的标志性概念。开放系统论产生于"二战"之后，以贝塔朗非为起点。贝塔朗非高度重视组织与系统的外部联系，强调组织成员要有接受信息的能力，能清楚地了解法规制度，并相应地完成自身的任务和使命。以开放系统理论为基础的理论学派较多，影响最大的是费雷德·费德勒的权变理论。其理论假设是：不存在所谓的最佳组织策略，不同形式的组织不会造成相同的效率，好的组织策略必须根据环境变化而不断变化。

从开放系统论的角度看美国公立社区学院，首先是要高度重视输入因素，其中包括资源，也包括约束。资源有人财物等方面，约束则包括规章制度、社会的整体预期、环境的发展趋势等。输入之后，通过各子系统的运作，转换的过程也就发生了。作为转化过程的手段，教学、研究、考核、评估等行为会逐次展开。输出，是社区学院办学绩效的重要体现，包括知识的获得、专业的培养、性格的养成、品德的陶冶等。随后，社区学院还要经受各方面的评价反馈。根据反馈结果，启动下一轮的开放系统循环。从开放系统论的角度看，战略规划与战略管理非常重要。

（四）非均衡系统论

非均衡系统论有4项基本内容，分别是：耗散结构、蝴蝶效应、奇特吸引子和回馈机能。耗散结构是指在开放和远离平衡的条件下，在与外界环境交换物质、信息、能量的过程中，系统通过能量耗散和内部的非线性动力学机制，来形成和维持时空有序结构。蝴蝶效应，重视的是看起来无关紧要的所谓小事。任何现象都代表一定的意义，不能歧视性地抛弃。吸引子是轨道中的一点，能吸引系统朝其运动。奇特吸引子之所以奇特，是指其性质极为不稳定，有时复杂；有时简单。学校是一个复杂系统，吸引子往往不止一个，所以其走向也就更加不确定，要高度重视系统中的偶然因素。回馈机能，是指系统将产出结果的一部分回馈到系统而成为新的输入因素。

从非均衡系统论视角出发，社区学院是混沌和非均衡的，是一个不断进行重组的有机体。组织运行合适的策略是：要随时警惕那些看似细枝末节的小事，以防因为非线性的作用，小事变成颠覆整个系统的大事。为了在混沌的环境中生存和发展，管理者的注意点要从"管"转移到"适应、调整和变革"上来。非均衡系统论还要求适当改变原有组织内部严格、严密的上下级关系，建立扁平式的组织结构。

(五) 伯顿·克拉克的三角系统

以上这些系统理论，并非专门指向高等教育组织，而是一种一般性理论。在高等教育领域，很多学者也对高等教育系统的特点进行了深入研究，其中的代表性人物是伯顿·克拉克。

伯顿·克拉克是美国耶鲁大学和加州大学高等教育和社会学教授、比较高等教育研究中心主任。他高度重视高等教育组织的系统分析，提出了著名的三角模型。伯顿·克拉克认为，高深知识是高等教育系统分析的逻辑起点。从根本属性而言，高教系统是以知识生产、加工、传播为目的的学术组织。工作、信念和权力是高教组织的基本要素。工作的本质是分工，这就是说高等教育的工作按学科（discipline）和院校（institution）基本方式进行划分和组合。第二个要素是信念。信念是在各个学术粒度上的共识价值观与文化认同。权力与工作、信念紧密相连，既有基于学科的权力，如专家权威，也有属于事业型的权威形式，如受托人委员会权力等。在此基础上，克拉克说明了其三角模型。为了比较分析世界各国的高等教育治理体制，克拉克提出了用国家权力、市场、学术权威3个维度来加以分类，认为"三角形的每个角代表一种模式的极端和另两种模式的最低限度，三角形内部的位置代表3种成分不同程度的结合"①。进一步而言，克拉克提出高教组织具有独特的矩阵结构，具有松散型和多元化的特点。

对于美国公立社区学院来说，三角协调系统模型中尤其值得关注的是市场维度。相对于其他国家，美国高等教育的市场化程度更高，而相对于美国其他高校类型，社区学院的市场化程度又是更高的。在这个协调三角中，国家力量或者说政府力量相对较强，而学术权威的影响力较为弱小。

（六）关于美国公立社区学院内部治理系统的理论模型

包括克拉克在内，上述系统论都是从外部视角出发的，即使是克拉克对内部治理做了涉及，程度也是不够深入的。在克拉克的基础上，一些美国学者对内部治理的理论模型做了进一步的探讨。

M. Cohen，Florence B. Brawer，Carrie B. Kisker（2014）②是专门研究社区学院的三位著名学者。其专著 *The American Community College*（6th Edition）介绍了高等教育机构的有组织混乱状态（organized anarchy）、松散连接系统（loosely coupled systems）性质。所谓有组织的混乱状态，是指表现上高等教育机构有良好的组织形态，但由于学科差异较大，内部往往存在各自特殊性，呈

---

① 伯顿·克拉克. 高等教育系统——学术组织的跨国研究 [M]. 王承绪，译. 杭州：杭州大学出版社，1994：159.
② M. Cohen, Florence B. Brawer, Carrie B. Kisker. The American Community College 6th Edition [M]. Jossey-Bass, 2014：118.

现无政府组织的特征。所谓松散连接系统，是指高等教育机构内部往往存在大量的次级团体组织 subunits，这些次级组织的相互作用完全以无法预知的方式进行。这些说法是指向所有高等教育机构的。

针对社区学院的内部治理，Richardson[①]认为有 3 种模式：官僚制模式（bureaucratic model）、政治模式（political model）和合作模式（collegial model）。官僚制模式认为社区学院是一种基于法律法规和行政政策规定行为的正式组织。行政位置组成呈金字塔状，每一个特定位置都有其职责、竞争力和优势（responsibilities, competencies, and privileges）。这种模式下的权力运行是自上而下的（authority delegated from the top down），处于顶层位置的管理者影响力更大，处于底层位置的教师和学生群体谈不上什么影响力。政治模式强调社区学院的内部冲突，教师、学生、管理层甚至受托人往往有不同的利益诉求。治理过程是互相博弈的过程。合作模式认为，教师和学生是社区学院内部治理平等的参与者，权力运行并不是自上而下的。教师和学生的权力并非来自校长等管理层的让渡，而应该是校长等管理层、教师和学生的权力都来自受托人委员会。也就是说，在受托人委员会面前，师生群体和管理层是平等的。师生可以跳过校长与受托人委员会直接沟通。

以上 Richardson 对社区学院内部治理模式的理论解释得到了 Kathleen Manning 的认同。进一步地，Kathleen Manning 还用简

---

① M. Cohen, Florence B. Brawer, Carrie B. Kisker. The American Community College 6th Edition [M]. Jossey-Bass, 2014：118.

单形象的语言非常生动地说明了几种模式的区别①。如果用一句话来概括集中模式的精髓，分别是：在有组织的混乱状态模式下，不要试图去赋予它意义，相信有用就是了（"Don't try to make sense of it—just trust that it works"）。在合作模式下，这句话是："我们是平等的同事，让我们边喝咖啡边讨论"（"We're all equal colleagues here. Let's discuss this over coffee"）。在政治模式下，这句话是：如果你挠我的背，那么我也会挠你的（"I'll scratch your back if you scratch mine"）。在官僚制模式下，这句话是：这是一个为所有人的地方，而且所有人也都在他该在的地方（"A place for everyone and everyone in their place"）。这些理论模型，对于认识美国公立社区学院内部治理结构与过程有很好的基础性作用。

二、新制度主义理论

从 20 世纪 90 年代开始，新制度主义（new institutionalism）在多个领域迅速崛起，并且成为社会科学研究中的招牌性标语和热门词语。制度主义者高度重视制度的重要性，认为社会行为并非个体行为的简单相加，在不同的制度模式下，会有不同的行为表现。这就是说，制度是至关重要的。制度一词，人们耳熟能详，但对于其准确定义却莫衷一是。一般来说，制度可以近似理解为规则、管理、程序、习俗、角色、信仰、文化和日常生活中的常识等。

---

① Kathleen Manning. Organizational Theory in Higher Education [M]. Routledge, Taylor & Francis, 2013：20.

制度主义具有漫长的历史，但随着行为主义的崛起而显得逐渐式微。到了 20 世纪 80 年代，人们发现仅仅靠行为主义无法解释很多社会现象，于是在这样的背景下，制度主义开始重新崛起。学者们大声疾呼，学者们大声疾呼："重新发现制度"（rediscovering institutions）、"回归制度"（bringing institutions back in）。

新制度主义是对旧制度主义的发展。朗慈（V. Lowndes）[①]从 6 个分析维度来描述新旧制度主义的发展：从关注组织到关注规则（rules）；从只关注正式制度，到同时关注非正式制度；从静态地看制度，到关注制度的动态性；从不关注价值，到持价值-批判的立场；从关注整个制度系统，到关注制度的内在成分；从认为制度是独立于环境的，到认为制度是嵌入在特定背景当中的。新制度主义有 3 个流派，分别是理性选择制度主义（rational choice institutionalism）、历史学制度主义（historical institutionalism）和社会学制度主义（sociological institutionalism）。3 个流派根本观点一致，但在具体细节上有所区别。但无论如何，这些流派对于新制度主义视野中的制度概念是共识的，那就是，制度包含三方面要素：规制的（regulative）、规范的（normative）和文化—认知的（culture-cognifive）。它们构成了制度的 3 个主要成分，是 3 根支撑制度的"柱子"（pillars of institutions）。规制的力量来自法律法规等强制性力量，规范的力量来自社会，即主体的行为受到社会道德价值观等潜移默化的影响。文化—认知的力量来自个体学习。也就是说，主体的行为模式背后，是特定的认知图式。而认

[①] 转引自柯政. 学校变革困难的新制度主义解释 [J]. 北京大学教育评论，2007（1）：45.

知图式的背后，又是一定的文化熏陶和养成。

新制度主义丰富了对制度本体的认识，对于美国公立社区学院治理主体分析具有重要的理论意义。这种意义主要体现在，对于美国公立社区学院治理主体历史演进和内生动力的有力解释。前面在分析治理的内涵时，已经提到了认知的重要。这里，新制度主义对于美国公立社区学院治理主体分析的适用性再做些展开。美国公立社区学院由谁治理，采用什么样的方式治理，在不同历史时期，因优势治理主体的更替，更多的不是某一种天才设计，而是一种自然演变的过程。这个过程持续了相当长的时间，是一种自然而又缓慢的内生过程。而之所以如此漫长，从新制度主义理论的视角看，正是由于制度中的文化—认知成分构建，需要非常复杂而又自然的过程，不是某种强力或单独外力作用的结果。

运用新制度主义理论分析美国社区学院发展，国内外已经开展了研究。国内研究中，王宇（2019）[1]，认为治理主体合法性部分程度上源自文化层面的认同度。刘爱生（2017）[2] 以组织社会学的新制度主义作为理论基础，对美国大学治理的结构、过程与人际关系的主要特征进行了探索，揭示了美国大学治理结构共享、制衡、松散和法治等特征。国外研究中，史蒂文·布林特和杰罗姆·卡拉贝尔[3]，通过提出"制度性利益"的概念，说明了

---

[1] 王宇. 实现基层有效治理的路径探析——基于治理主体合法性和能效性的二个维度[J]. 中共石家庄市委党校学报, 2019 (7).
[2] 刘爱生. 美国大学治理：结构、过程与人际关系[M]. 北京：中国社会科学出版社，2017.
[3] 详见史蒂文·布林特，杰罗姆·卡拉贝尔. 制度的起源与转型：以美国社区学院为例[C]//沃尔特·W. 鲍威尔，保罗·J. 迪马吉奥主编. 组织分析的新制度主义[M]. 上海：上海人民出版社，2008 (5)：360-384.

美国社区学院的转型发展过程。他们的研究认为，在推动社区学院职业化方面无论是用消费者选择范型（这种范型认为学生之所以需要职业教育，是因为相对于人文素质教育，职业教育的市场价值正在日益增加），还是商业支配范型（这种范型任务是商业企业对"半专业化的"和技术性劳动力需求的日益增加促进了这种转型）都是解释不通，也与事实不符的。当时的学生并没有接受职业教育的强烈意愿，而且劳动力市场也是不欢迎的。只有美国社区学院协会AACC对此深信不疑并坚定推动。AACC对社区学院职业化的推动是在纠偏甚至违逆教师和学生意愿的基础上实现的。也就是说，AACC做了一件只有自己认为正确的事情，但这恰恰是符合时代要求和社区学院发展规律的正确事情，恰恰是通过职业化运动社区学院获得了在美国高等教育体系中的独立地位，走上了发展的康庄大道。

三、利益相关者理论

（一）美国公立社区学院是一种典型的利益相关者组织

一般认为，最早提出利益相关者概念的是1963年美国斯坦福研究所的研究人员。提出的背景是针对股东至上理论（shareholder primacy theory）的反思与纠正。这种理论相信：谁是企业的所有者，谁就拥有企业的所有权。这引发了世界范围内的经济学家、管理学家的激烈争论。争论的结果是形成了利益相关者理论（stakeholder theory）。利益相关者理论认为，企业是由多个利益相关者所构成的"契约联合体"。企业内外利益相关方对企业发展具有广泛利益关涉，且各个利益相关者之间的地位是独立平等的。企业的发展目标是促进所有利益相关者的利益最大化而并非仅仅是股东的利益最大化。这种理论与呼吁企业承担更大社会责任的时代背景相契合，说明企业尤其是大型企业集团、跨国企业等力量的壮大引起了学术界的高度重视。利益相关者理论，不仅在企业管理领域，更重要的是在非营利性组织治理领域引起了高度重视和广泛应用。胡赤弟是把利益相关者理论引入高等教育研究的代表性学者。其博士学位论文引入利益相关者理论对教育产权制度进行了分析和探讨。在其博士论文后，又发表了系列文献。尤其是其发表在《教育研究》《中国高教研究》上的两篇文章，对高等教育领域的利益相关者分析与应用进行了详细梳理，对本领域的发展做出了重要贡献。

利益相关者理论对于美国公立社区学院治理主体分析是尤其适用的。原因在于，美国公立社区学院是一种典型的利益相关者组织。利益相关者理论源于企业管理，应当说，该理论的发展却归于非营利性组织治理。从比较的角度看，企业实质上不是典型的利益相关者组织，更加典型的组织是包括高校在内的非营利性组织。已有众多研究者[1]对高校的"典型利益相关者组织"属性进行了论证。比如，曹光荣等指出，高校是一个典型的利益相关者组织，高校治理应该是各利益相关者的共同治理。李福华指出，与企业相比，大学是一种典型的利益相关者组织，大学的决策必须权衡和兼顾各方利益相关者的利益。尽管这些研究不是直接针对美国，也不针对公立社区学院，但高校是典型的利益相关者组织，这是没有疑问的。而且，从美国公立社区学院的角度看，这更是一种典型的利益相关者组织。理由如下：

---

[1] 聂锐，张燚. 高校与利益相关者互动发展的组织创新与行为调适研究 [M]. 北京：中国经济出版社，2011：16.

第一，美国公立社区学院的"合作"特征更加典型。有研究认为[①]，高等教育在经历教授治校、政府授权、董事会托管等管理模式之后，现在开始走向利益相关者共同治理的新模式。合作，不光是众多研究者的共识，也是国际高等教育政策的焦点。胡赤弟[②]认为，高校与社会、政府、企业界、学生等建立广泛的合作伙伴关系，已成为近年来世界各国和国际组织关于高等教育的政策性文件或报告的主题词。不管是学者的共识还是国际政策的焦点，美国公立社区学院治理结构的合作特征都更加明显。合作的前提，是基于独立地位的共同利益。后面章节会说明，不管是外部治理结构中的主体还是内部治理结构的相关方面，他们地位都是独立的、平等的，而在通过推动社区学院发展实现自身利益的最大化方面却是有高度共同利益的，从而美国公立社区学院的治理结构表现出一种整体意义上的合作特征。这种合作，表现在政府组织之间（比如联邦政府和州政府的合作），不同类型的组织之间（比如政府组织与认证协会组织），也表现在美国社区学院发展的各个阶段。无论是社区学院的初创时期，还是奠定黄金时代的职业化时期，合作的特征都表现得颇为明显。这是从根本意义上说，利益相关者理论可作为分析探讨美国内外治理结构理论基础的关键原因。

第二，相较于"所有者"概念，美国公立社区学院的"拥有者"概念更加凸显。对美国公立社区学院改革发展的漫长历史来说，所有者的概念一直并不明显，取而代之的是拥有者的概念。

[①] 聂锐，张燚. 高校与利益相关者互动发展的组织创新与行为调适研究［M］. 北京：中国经济出版社，2011：15.
[②] 聂锐，张燚. 高校与利益相关者互动发展的组织创新与行为调适研究［M］. 北京：中国经济出版社，2011：18.

从经费来源结构的角度看，美国公立社区学院的经费来源不仅是多元的，而且是多变的。谁出钱、谁治理的最高法则，在社区学院身上并没有像在四年制大学身上体现得那么明显，反而是不同主体都与社区学院保持着密切关系，对此更合适的说法是，拥有者。在美国的非营利性组织治理场域中，"拥有"比"所有"更有市场。人们普遍相信：社会拥有社区学院，正如人们拥有政府一样。拥有的概念，正是利益相关者理论的关键概念。

第三，美国公立社区学院的权力中心是不断发展变化的。美国公立社区学院治理结构中的权力中心，一直是不断变化的。基于利益相关考量，不同的主体对公立社区学院的利益诉求也是不断变化的。不同主体之间，更多的通过基于协商的合作关系形成治理合力。

（二）利益相关者的内涵

利益，是利益相关者理论的核心概念。追求利益是人类最一般、最基础的心理特征和行为规律。马克思说："人们奋斗所争取的一切，都同他们的利益有关。"列宁也说过："利益推动着民族的生活。"① 泛泛地理解，利益是满足组织或个体需要的内容。所以，理解利益，一方面需要明确的是组织或个体的需要；另一方面需要明确利益的本质在于满足。利益相关者理论中的利益，对应的英文翻译是 stake，利益相关者的英文为 stakeholder，英文原意为"筹码持有者"，以区别于"股东"（stockholder），指的是在赌场中持有筹码，可以下注的人。

利益相关者理论的代表人物弗里曼、多纳德逊、克拉克森、

---

① 转引自姚树伟. 职业教育发展动力机制研究：基于利益相关者理论分析框架 [D]. 东北师范大学，2015：16.

米切尔等管理学家或经济学家提出了各自的理论。利益相关者的内涵，是他们展开自身理论的逻辑起点。其中，弗里曼的定义较有代表性。弗里曼（R. A. Freeman）认为，所谓利益相关者是"能够影响一个组织实现其目标，或在组织实现其目标过程中受到影响的人"①。这一界定包容性强，但显得过于宽泛。对于理解利益相关者的内涵有帮助，但是对于各种利益相关者的区分度不够明显。

其他有代表性的定义还有杨瑞龙、亨利·罗索夫斯基、胡赤弟、潘海生等②。杨瑞龙提出了宽、窄、中等3种定义，但无论怎么划分，对组织产生影响是其共性。利益相关者的分类更多的是程度不同，而不是性质有别。亨利·罗索夫斯基是哈佛大学文理学院的前院长，提出了"拥有者"的概念，认为大学拥有者是与大学有密切利益关系的人。事实上，这种观点与杨瑞龙的观点也有交集，那就是认为利益相关者是对大学有影响力的组织或个人。胡赤弟运用利益相关者理论视角，完成了其博士学位论文，说明教育产权与现代大学制度建设的相关性。其主要贡献在于，说明了教育产权及其相应的资源能力对现代大学制度建设的重要性，从而论证了利益相关者理论的物质基础。潘海生在《作为利益相关者组织的大学治理理论分析》一文中将大学利益相关者定义为：任何可以确认的大学组织持续生存所依赖的群体和个人。在综合各方观点后，胡赤弟提出③："利益"代表利益相关者的质

---

① ［美］R. 弗里曼. 战略管理：利益相关者方法［M］. 王彦华，梁豪，译. 上海：上海译文出版社，2006. 9. 转引自：姚树伟. 职业教育发展动力机制研究：基于利益相关者理论分析框架［D］. 东北师范大学，2015：16.
② 详见胡赤弟. 高等教育利益相关者理论研究的几个问题［J］. 中国高教研究，2010（6）.
③ 胡赤弟. 高等教育利益相关者理论研究的几个问题［J］. 中国高教研究，2010（6）：16.

规定性，而"相关性"代表利益相关者的量或程度规定性，两者缺一不可；利益相关者一定是建立在投入基础上，并能够获得一定利益，并由此建立起来的密切联系的人群。胡文认为，所谓利益相关者是指对大学有一定"投入"的基础上，能从大学获得一定利益并产生一定影响的各类主体（个人或群体）。

本书的研究任务，不是对利益相关者理论进行纯粹、系统的研究。利益相关者理论，只是作为本书的研究视角、理论工具存在，不拟对利益相关者理论的内涵进行深入系统的分析，但综合各方观点，还是可以从超越各家理论的观点分歧的基础上，而取其共识。这个共识，就是利益相关者是对高校具有影响力的主体。从本书的研究实际出发，需要进一步强调两点。第一，利益相关者对公立社区学院的资源投入，既有可能是有形的，也可能是无形的，既有可能是能带来短期收益的，也有可能促进长期利好。第二，利益相关者对公立社区学院的利益诉求既可能是明确的，也可能是无意识的。也就是说，利益相关者在极端情况下，甚至不考虑是否能获得利益回报，只是义无反顾地对公立社区学院改革发展倾注了精力和资源。上述一个共识和两个基本点，对于认识美国公立社区学院治理场域中的利益相关者及其治理行为有关键帮助。

（三）利益相关者的分类

关于利益相关者理论，尽管也有不少实证研究，但毕竟这是一个成长中的理论，缺乏成熟的理论范型。现有的研究成果更多的是体现在对利益相关者的分类上。从某种意义上说，利益相关者理论，更准确的说法应该是利益相关者分类的理论。因为，利益相关者的内涵相对不难理解，从理论走向实践的关键或者说桥梁，正是对利益相关者的分类。在高等教育领域，对利益相关者有代表性的分类主要有3种。

第一，是一维分类法。这种分类法的代表人物是前面提到的罗索夫斯基，他根据"与大学关系密切程度"把利益相关者划分为最重要群体、重要群体、部分拥有者和次要群体等4个层次。相对而言，这种分类法主要局限在高校内部，对外部治理主体涉及不足。国内学者中，持这种分类法的是李福华教授，他把利益相关者分为：核心利益相关者、重要利益相关者和间接利益相关者。

第二，是多维分类法。最重要的代表人物是米切尔。米切尔等人的分类依据是3个方面：合法性、权力性和紧急性。从这一指标出发，对可能的利益相关者进行评分，根据分值的高低来确定某一个体或者群体是不是企业的利益相关者，是哪一类型的利益相关者。合法性，是指利益关系的制度基础，是否具有合法的来源。权力性，是利益关系的影响力大小。紧迫性，是利益关系影响组织改变的时间长短，也就是说利益关系能否以尽可能快的时间影响到组织作出预期的改变。胡子祥[1]根据米切尔提出的利益相关者的3个维度，把高校的利益相关者可以分为3种类型：一是确定性利益相关者（Definitive Stakeholders），同时具有合法性、权力性和紧急性。二是预期性利益相关者（Expectant Stakeholders），同高等学校保持密切联系，拥有上述属性中的两项。三是潜在的利益相关者（Latent Stakeholders），即只拥有合法性、权力性和紧急性属性其中之一的群体。除非是他们拥有一定

---

[1] 胡赤弟.高等教育利益相关者理论研究的几个问题［J］.中国高教研究，2010（6）：17.

的合法性，或获得了某种权力，否则高校管理层不需要关注他们。高伟、张戮、聂锐①根据高校与利益相关者关系的重要性和影响力两个维度，把高校利益相关者分为4个象限，即影响力强、重要性高，影响力低、重要性高，影响力低、重要性低，影响力强、重要性低。

第三，是定性与定量分析法。这种分类方法是上述第二种分类方法的深化。李超玲、钟洪博士在基于问卷调查的实证研究中，认为可以从3个维度来对利益相关者进行分类：重要性、主动性和紧急性。根据这三个维度，可以把利益相关者分为三类：关键利益相关者、一般利益相关者、边缘利益相关者。

其他分类还有，李平借鉴费孝通的"差序格局"理论，认为大学的利益相关者是一个由里到外、由亲及疏的差序格局网络，即可分为：生人、熟人、亲人3个种类。

利益相关者分类对于认识各类利益相关者的重要作用、各自作用具有重要意义。但仅凭上述分类，对于认识美国公立社区学院的治理主体来说，似仍有不足。主要原因是，在美国公立社区学院的治理场域中，各类利益相关者的性质是不但变化的。比如，政府组织在美国社区学院发展的不同时期，对社区学院的态度是不同的，甚至是相反的。早期是横加干预，到后期是鼎力支持。这其中的重要原因是社区学院力量的壮大。这些内容在后面分析章节还会提到，这里不详细展开。

(四) 美国公立社区学院治理主体的利益相关者类型

基于上述米切尔和胡子祥提出的理论工具，本节对美国公立

---

① 胡赤弟. 高等教育利益相关者理论研究的几个问题 [J]. 中国高教研究，2010 (6): 17.

社区学院内外治理主体的利益相关者进行类型分析。

1. 政府组织是预期型利益相关者

所谓预期型利益相关者,是同时具备米切尔提出的合法性、权力性和紧急性三个维度中的两个。总体而言,政府组织在合法性和权力性维度上,对美国公立社区学院是有足够的影响力的。合法性的来源,是美国相对发达的法治体系,即使再小的经费支出或政策出台,都有相关法律法规作为基础。权力性的体现,也已经为社区学院的发展历史所证明。事实上,不光是对公立社区学院,即使是对私立社区学院,政府组织也具有广泛的影响力。这不仅在构建社区学院发展的政策环境层面,更在优化社区学院的经费状态上,政府组织都很有影响力。在第三个维度,即紧急性上,政府组织无法对公立社区学院施加其所期望的快速影响。这主要是因为社区学院越来越多的高等教育属性。

美国社区学院是高等教育和中等教育的中间地带。诞生之初,美国社区学院的中等教育机构性质更加明显。而随着时代的发展,社区学院的体量不断扩充,力量逐渐壮大。这直接导致了社区学院教师群体的高等教育意识觉醒,以及高等教育群体性组织的广泛关注。这些因素在一定程度上抵消或者说滞缓了政府组织试图影响公立社区学院作出迅速改变的企图。这使得政府组织在总体上表现出一种预期型利益相关者的特点。

2. 非政府组织是潜在型利益相关者

所谓潜在型利益相关者,是指具备米切尔提出的合法性、权力性和紧急性等三个维度中的一个。总体上看,非政府组织是美国公立社区学院治理场域中的潜在性利益相关者。由于非政府组织种类多,数量大,每一种非政府组织对公立社区学院影响的内容和程度各不相同。

群体性组织（如 AACC）对公立社区学院的治理性影响，主要集中在权力性方面。尤其是在发展方向、发展战略上，群体性组织具有广泛而深刻的影响力。但在合法性上却表现得相对较弱。更多的是社区学院的自觉自愿，而非某种正式法规造成了群体性组织的影响力。认证组织对公立社区学院的治理性影响，主要集中在质量方面，体现为合法性。认证协会对公立社区学院的治理活动，本质上是为社区学院完成了合法性论证。而通过这一过程，认证组织本身也在不断增强着自身的合法性。基金会组织对公立社区学院的治理性影响，主要集中在经费方面，表现出更多的紧急性特征。校外基金会和校内基金会对公立社区学院的局部有较迅速的影响力。这主要是通过举行某种特定类型的项目来实现的。

从某种角度上看，潜在型利益相关者是预期型利益相关者的早期形态，也就是说，可以通过满足米切尔所说的三个特性中的另外一个，而具有更强或更大的影响力。

3. 受托人委员会是确定型利益相关者

作为一种公立社区学院内外治理的关键中间地带，受托人委员会是解析社区学院组织属性的重要视角。从实践的层面看，公立社区学院的优秀与卓越离不开受托人委员会的高效运转。事实上，在与美国社区学院诸多职员的访谈过程中，他们普遍认可受托人委员会的关键作用。这不光是因为受托人委员会处于公立社区学院权力场域中的最高端，也因为受托人委员会本身寄托了美国文化的务实特征。从学理分析的角度看，从米切尔的理论出发，受托人委员会是兼具权力性、合法性和紧急性的确定型利益相关者。

受托人委员会权力性的来源，包括两个方面。一是选举；一是任命。也就是说，受托人委员会的权力要么来自选民让渡，要么来自政府授予。无论哪种方面，受托人委员会的权力都是刚性和至高无上的。作为一个整体，受托人委员会可以在法律范围内容做任何他认为该做的事情，以校长为首的管理层更多的是贯彻和执行。受托人委员会合法性的来源，是诸多法律规定和长期以来约定俗成的非正式规则。在法律意义上，代表公立社区学院的是受托人委员会。受托人委员会的紧急性来源，与其成员任期通常较短有关。后面分析会详细说明，受托人委员会的成员构成通常是任期较短，且交叉任职的。也就是说，受托人委员会之间任期不同是非常普遍的现象。这造成了受托人作为个体的危机感，也造成了受托人委员作为整体的迅速反应。当外界需要发生变化时，受托人委员会总是"春江水暖鸭先知"，及时、迅速地作出反应。

第二节　美国公立社区学院治理结构中的利益博弈

一、博弈标的

标的原意是目标、靶子，在经济学意义上，指经济关系的客体或对象。在美国公立社区学院的治理场域中，各个治理主体博弈的本质是话语权，即对社区学院发展方向的影响力。而且从本质上说，使公立社区学院纳入自身的发展意图中，这本身还不是目的，更根本的目的在于通过社区学院的发展绩效向自己的目标受众传达"高效""负责"的信息。比如,政府组织之所以对公立社区学院发展从置若罔闻到念兹在兹,主要是从获取选举利益的角度考虑的。在社区学院发展早期,作为一个法律模糊地带,很多民众对社区学院是持消极态度的,这直接造成了政府组织对社区学院的阻抑态度。

二、博弈规则

博弈行为可以看作治理主体基于一定制度框架限定下所做出的理性和自主选择。博弈的规则包括两方面内容,既有政策法规、制度规则在内的正式制度,也包括观念意识、文化传统、风俗习惯等非正式制度。值得注意的是,在某一类组织内部,博弈规则也需要有所平衡和协调。比如,同为政府组织,立法机构和行政机构的利益并不完全一致,本身也存在博弈行为。这也就是为什么很多行政部门的发展职业教育的倡议,最终因为未获立法机构授权而成为空中楼阁的原因。在社区学院内部,即使同是教师群体,不同系科之间、不同集体谈判代理机构之间,也存在一定程度的博弈。还需要说明的是,博弈规则经历了一个长期而缓慢的形成过程,本身也是博弈的结果。

三、博弈策略

不同的治理主体、不同的历史时期、不同的持有筹码,决定了不同的博弈策略。从根本意义上说,博弈策略有激进与保守两种类型。作出博弈策略决策的前提,是对某项活动的价值判断。利益是一个广泛的概念,不光包括物质利益,也包括精神层面的利益,甚至还包括价值观认同方面的自我实现的心理性利益。基于价值判断和利益诉求的吻合程度，治理主体会形成不同的博弈策略。在社区学院的发展初期，受托人委员会的诉求是生存，所以其博弈策略是主动而积极的。而当社区学院发展稳定后，受托人委员会的需求是规范，所以其博弈策略是平和、维持性的。非政府组织中，基金会组织和 AACC 等社区学院群体性组织，因为手中掌握的筹码不同、性质各异，也会形成不同的博弈策略。基金会组织，对于社区学院发展是指导性的，而 AACC 等社区学院群体性组织对于社区学院发展是服务性的。

四、冲突解决

社区学院发展会涉及多方面利益关系调整，利益冲突是必然的。这种冲突有的是价值观性的，有的是阶段性的，有的是组织性的。也就是说，不同的利益主体，在不同的历史阶段，诉求是不同的。有了冲突，就需要调和。调和的基本机制是合作治理。这一机制包括：表达诉求、争取支持和机制固化等内容。

以上笼统地、概念性地介绍了美国公立社区学院治理场域中的利益博弈。下面从治理主体的角度出发，作详细展开。总体上可用表 2-1 说明。

表 2-1 美国公立社区学院治理场域中的利益博弈

治理主体	利益诉求	博弈工具	博弈策略	与其他治理主体的互动	与公立社区学院的互动
政府组织	促进经济发展 争取选举利益	政策手段 经费手段	总体积极，局部反复	与非政府组织合作，与企业产业沟通，与受托人委员会协调	两者关系从排斥到疏远，到良性互进

续　表

治理主体	利益诉求	博弈工具	博弈策略	与其他治理主体的互动	与公立社区学院的互动
非政府组织	取得社会认可 获得经费保障	社会动员	积极促进社区学院发展	争取政府组织支持，争取社区学院认可	影响社区学院的战略方向
企业与产业	获得适需人才 解决技术问题	经费支持	积极支持	与其他主体普遍合作	基于经济利益和具体项目的互动
受托人委员会	争取选举利益 证明自身价值	重要事项决定权	服务外部需求、理顺内部关系	与社区学院域外主体合作，向域内主体传递外界需求	利益一致
管理层	职位升迁 提升话语权	信息优势	利用信息优势，争取社区学院内部影响力最大化	维护受托人委员会权威，与社区学院其他群体合作	历史地看，随着社区学院的力量壮大，管理层的地位相对在下降
教师群体	获得优质薪酬 维护合法权益	集体谈判 教师工会	以市场化手段，借助于商业性教师工会，争取利益最大化	合作	互动发展

总体上说，美国公立社区学院的各方面治理主体都试图在证明自身价值。这种价值或者是方向正确，或者是绩效突出。这种现象背后是，美国各方面治理主体的市场竞争充分，面临着一定生存或发展压力。而正是通过这样基于市场竞争的不断证明，提高了美国公立社区学院的整体治理水平。

第三节　美国公立社区学院治理主体的协调整合

上面表格部分地涉及了各个治理之间的协调和配合。但这还是粗线条的，下面对这一问题再作展开。为了更好地对作为利益相关者的美国公立社区学院各个治理主体之间的协调过程进行描述，我们首先引入伯顿·克拉克关于协调的理论模型。在说明三角系统模型后，克拉克专门论述了整合问题。他把整合的过程分为4个方面：官僚制的协调、政治协调、专业性协调和市场协调[①]。这是克拉克对于世界范围内的高等教育系统的协调问题的高度概括，对于美国来说是适用的，没美国公立社区学院来说更是适用的。

一、官僚制协调

这种协调的主要手段有：分层、扩大管辖权、扩大编制、条例泛滥和行政专门化等。所谓分层，是治理美国公立社区学院的纵向层级增多。扩大管辖权，是赋予某种既有机构以新的管理公立社区学院的职权。这种情况最为常见，在美国各州也最普遍。很多州的教育部最初仅是管理基础教育，而随着社区学院的体量扩大，开始逐渐把管理职能也纳入教育部的范围内。而加州的情况与此不同，加州由于体量过于庞大，是新建了社区学院的州级专门机构，而不是把社区学院纳入州教育部的治下。扩大编制，

---

① 伯顿·克拉克. 高等教育系统——学术组织的跨国研究 [M]. 王承绪, 译. 杭州：杭州大学出版社, 1994: 162.

是治理机构规模的扩充。条例泛滥是指有关法律法规的增多。行政专门化,也可以理解为行政人员的学术化。对此,克拉克有一个非常形象的说法,就是在关键的决策领域,"开业教授"将为"专职的专业官员"所取代①。这在社区学院非常贴切。在很多社区学院的初创时期,教师既是施教者,也是管理层。而随着时间的推移,越来越多的教师开始专事教学,而出现了有较高学术素养的专职行政人员。

二、政治协调

最主要的政治协调手段是上升的政治优先（ascending political priority）。这对于美国公立社区学院来说,尤其适用。美国公立社区学院的发展过程,也同时是其政治优先度越来越高的过程。在美国的选举文化中,社区学院是一个安全论题、优质论题,这造成了社区学院较高的政治优先度。其他的政治协调手段还有政治卷入的深化、内部利益的强化。前者在各级政府尤其是联邦政府层面上表现得尤其充分。20世纪70年代前,对社区学院的联邦监督,被认为是一个错误的概念。这个概念,在现在看来已经是司空见惯了。这说明,联邦政策层面对于社区学院治理的介入程度在加深。内部利益的强化,是政治集团内部的凝聚力增强。包括教师、学生群体的凝结程度更高,参与社区学院治理的广度和深度都不断加强。

三、专业性协调

这里要提到克拉克对于高教系统的逻辑起点,即高深知识。

---

① 伯顿·克拉克. 高等教育系统——学术组织的跨国研究 [M]. 王承绪,译. 杭州:杭州大学出版社,1994:165.

在这样专业性领域,知识即权力,是得到广泛认可的。这就决定了专业性力量在公立社区学院治理过程中的协调性角色是必要和可能的。专业性协调的具体表现,有教师利益组织的扩大、中央学术团体的扩充等。这对于公立社区学院来说,也是适用的。美国公立社区学院的中介组织层出不穷,对其治理起到了不容忽视的重要作用。

四、市场协调

作为一个市场化高度发达的国家,美国社区学院的治理无时无刻不受到市场力量的影响。交换,是市场协调的本质。克拉克称其为"和有权威的命令相反的相互作用的基本形式"[1],是组织人们合作的方法。市场协调的主要途径有:消费者市场协调和院校市场协调。美国社区学院的消费者市场人员庞杂,政府组织、学生、企业行业等参与其中,形成一个复杂的交易体系。院校市场协调,是指美国公立社区学院要受到来自私立社区学院、四年制机构、营利性高等教育机构的竞争压力,必须要有一种本能的需要来向市场证明自身的价值与高效。这种与生俱来的本能,在很大程度上促进了美国公立社区学院的转型发展。而事实上,不光是社区学院,社区学院的各类治理主体,也都是在向市场证明。市场是美国公立社区学院治理主体协调沟通的核心机制。

---

[1] 伯顿·克拉克. 高等教育系统——学术组织的跨国研究 [M]. 王承绪,译. 杭州:杭州大学出版社,1994:165.

第三章 美国公立社区学院治理结构的历史演进

美国公立社区学院的历史分期，概略地分为三个阶段，即以转学职能为主的阶段、以职业教育职能为主的阶段和多种职能并重的阶段。联邦政府对公立社区学院联邦的治理，经历了对社区学院的指向性越来越强、治理手段越来越多元的过程。州政府对社区学院如此强大的影响力，既不是从来就有，也不是顺利达致的。美国公立社区学院内部治理经历了伟人时代、家长时代、工会时代、协商治理时代四个阶段。

第一节 美国公立社区学院治理结构演进的历史分期

一、治理的主题

无论在国内还是国外，治理都是一个热门话题。这在部分程度上，可能是因为治理在理论和实践上都有重要意义，是一个学术富矿。与把治理理解为一种概念相比，我更愿意把治理理解为一种实践。这是本书确立美国公立社区学院治理结构的历史演变轨迹的重要基点。

作为一种实践，治理至少可以从两个角度进行认识。一个是功能；另一个是主体。后面几章的分析，会从主体的角度出发，分析各个治理主体对美国公立社区学院优秀与卓越的贡献。这里着重说明治理的功能，或者说主题，即经费、质量、战略。详细地说，美国公立社区学院的经费由谁提供、质量如何保证、战略方向如何确定，这是美国公立社区学院治理的主要任务。幸运的是，这三个方面，美国公立社区学院都得到了很好的治理。而且，这种治理结构并不是人为设置的，而是自然达致的。当然，这是从外部治理的角度出发。从内部治理的角度出发，治理表现为决策及其决策权力的分配。这在美国公立社区学院，表现为协商治理，这造成了其内在的协调性。这种协调性，对美国公立社区学院的优秀和卓越也是至关重要的。

二、美国公立社区学院的历史分期

要对美国公立社区学院治理结构的历史演变轨迹进行考察分析，在明确分析框架后的一个重要问题就是如何对美国公立社区学院的历史进行分期。应该说，这方面的研究成果是非常之多的，尤其是国内的硕博论文为最。有的分期较为详细，有的分期较为概略。本人不赞成对社区学院的发展过程做过细的分期，尤其不赞成以某一个单体法案的通过作为依据对社区学院发展进行分期。不可否认，法案因素或更上一个层面的政策因素，确实是社区学院发展的重要原因。但通过前面的分析已经看到，在美国公立社区学院的治理场域中除了政府组织，还大量地存在非政府组织。而且，政府组织的作用也不都是正向的。

本书从考察治理主体的目的出发，倾向于对社区学院的历史分期做粗线条划分。因为考虑到治理结构演变的缓慢性甚至可以说某种程度的滞后性，对美国公立社区学院的历史进行过于详细的分期，不仅没有必要，也不科学。

即使是相对概略的分期，也需要说明分期线索，或者说分期依据。这里主要从社区学院的职能出发。总体上看，美国公立社区学院的职能经历了从转学职能为主，演变为职业教育职能为主，再演变为多种职能并重的过程。当然，目前也出现了从四年制机构向社区学院转学试图提高技能水平的现象。这种现象可称为"反向转学"[①]。这值得引起重视，但从治理结构的角度分析，这并没有对治理结构产生大的影响。所以，本书对美国公立社区学院的历史分期，概略地分为3个阶段，即以转学职能为主的阶段、以职业教育职能为主的阶段和多种职能并重的阶段。关于时间区间，我认为宜粗不宜细。3个阶段对应的历史区间为：19世纪末到"二战"前，"二战"后到20世纪70年代，20世纪80年代迄今。

第二节 美国公立社区学院外部治理主体的历史考察

一、联邦政府

从广义上说，联邦行政机构、立法机构和联邦法院都属于联邦政府的范畴。相对而言，对社区学院具有治理性影响的是立法机构和行政机构。联邦法院作为司法机构，对社区学院的影响相对较小，主要体现为对若干案例的判决。比如，判决加州 Sonoma County Junior College 对学生进行年龄歧视成立、判决北卡罗来纳州 Southeastern Community College 对护士专业的身体条件要求合

---

① 王慧. 美国社区学院反向转学现象研究 [J]. 成人教育，2014 (4).

理等。最近的案例，比如 2014 年雇员告社区学院，甚至还告了州政府[①]。2015 年，Leitner 向 Westchester Community College 提起诉讼。这些判例，更多的是处于维护教育之外法律的严肃性，尽管涉及了社区学院，但是都和公民权有关，很少看到像达特茅斯学院案这样的划时代的案件。从这个角度上说，司法机构的治理性影响可以忽略不计。下面对联邦政府对社区学院的治理，主要考虑行政机构和立法机构。

(一) 公立社区学院初创时期的联邦治理

从 19 世纪末到 20 世纪 40 年代，是美国公立社区学院的初创时期。这一时期，来自联邦的治理力量几乎小到可以忽略不计。这主要因为美国是联邦制国家，教育被认为是典型的应属于州自治范围内的事务。由于没有获得足够的法律授权，除非社区学院涉及聋哑人、黑人或军事教育内容，联邦政府在社区学院的诞生方面没有任何层面的涉及[②]。这一时期公立社区学院的联邦治理，主要特点是非指向性和弱行政性。所谓非指向性，是指这一时期的联邦治理主要指向人权而非社区学院。所谓弱行政性，是指这一时期的联邦治理主要是资料搜集性的，行政规制的意味较弱。最典型的治理行为是，1918 年联邦教育署在《两年一度的报告》（*Biennial Report*）中包含初级学院的统计资料。事实上，这种行为对美国各州的公立社区学院几乎没有任何实质性影响。

[①] USCOURTS. Rosales v. Iowa Department of Education et al [DB/OL] (2013-10-19) [2016-09-18]. http://www.uscourts.gov/cameras-courts/rosales-v-iowa-department-education-et-al.

[②] Arthur M. Cohen. Governmental Policies Affecting Community Colleges: A Historical Perspective [C] // Barbara K. Townsend, Susan B. Twombly. Community Colleges Policy in the Future Context [M]. Ablex publishing, 2001, p. 20.

(二) 公立社区学院转型时期的联邦治理

1940年代—1970年代，是美国公立社区学院的转型时期。所谓转型，是指美国公立社区学院从以转学教育职能为主转向以职业教育职能为主。促成这一转型的根本原因，是"二战"后复原退伍军人像潮水般涌入社区学院。作为一个具有跨州性质的国家议题，退伍军人安置使得联邦政府加大对公立社区学院影响力的时机逐渐成熟。这一时期公立社区学院联邦治理的标志性事件，是杜鲁门总统执政期间总统高等教育委员会于1947年颁布了报告《为美国民主服务的高等教育》(Higher Education for American Democracy)。报告对社区学院的诸多重大问题提出了政策建议，包括：放弃初级学院名称，改称社区学院，大力发展职业教育职能，培养半专业人才，以州为单位制订社区学院发展规划等。随着这个报告的影响持续发酵并不断释放，社区学院的职业化运动取得重要成果，社区学院在高等教育体系中的独立地位逐渐确立。这一时期公立社区学院联邦治理的特点，是法案成为主流治理手段。比如，1958年的《国防教育法》(National Defense Education Act)、1963年的《高等教育设施法》(Higher Education Facilities Act) 和《职业教育法》(Vocational Education Act)、1965年的《高等教育法》(Higher Education Act)、1967年的《成人教育法案》(Adult Education Act) 及相关修正案等，都对公立社区学院的转型发展起到了前所未有的重要作用。

(三) 公立社区学院成熟时期的联邦治理

从20世纪80年代开始，美国公立社区学院逐渐成熟。成熟的表现，是转学教育、社区教育、职业教育三大职能成为美国公立社区学院的身份标签，并得到美国社会各界的普遍认可。随着全球化的发展，美国公立社区学院也开始作为一种成功的高职教育模式具有越来越大的国际影响力。这一时期，公立社区学院联邦治理的特点，集中体现为经费性影响力逐渐成为主流。比如，1982年和1986年通过的《工作训练伙伴法案》（Job Training Partnership Act）、1983年的《职业技术教育法案》（Vocational-Technical Education Act）、1990年的《卡尔·D. 珀金斯职业和应用技术教育法》（Carl D. Perkins Vocational and Applied Technology Education Act）、1994年的《由学校到职业机会法》（School to Work Act）、1996年的《个人责任和工作机会法》（Personal Responsibility and Work Opportunities Act）、1998年的《劳工投贷法》（Workforce Investment Act）等，都以经费诱导的方式实现了联邦政府对于公立社区学院的治理意图。

总体上看，联邦政府对公立社区学院联邦的治理，经历了对社区学院的指向性越来越强、治理手段越来越多元的过程。

二、州政府

很多研究已经表明，相较于联邦政府，州政府的影响力更大。比如，Arthur M. Cohen认为和州政府对社区学院的影响力相比，联邦政府的影响力显得苍白（The influence of the federal government pales in light of state rules and support）、尽管联邦政府对职业教育也很重视，但和州政府对职业教育的重视相比，这是微不足道的（minuscule）[1]，联邦和州对社区学院的影响力可谓月

---

[1] Arthur M. Cohen. Governmental Policies Affecting Community Colleges: A Historical Perspective [C] // Barbara K. Townsend, Susan B. Twombly. Community Colleges Policy in the Future Context [M]. Ablex publishing, 2001, p. 39, p. 38.

明星稀的关系。关于州政府在社区学院治理方面影响力的性质，Mary Lou Zoglin 的判断是决定性力量（decisive voice）[1]、基于钱袋的权力（power of purse）[2]。显然，这些影响力是联邦政府所无法企及的。

历史地看，州政府对社区学院如此强大的影响力，既不是从来就有，也不是顺利形成的。州政府对社区学院的治理，有以下几个特点。

(一) 社区学院的产生并非州政府治理的结果

初级学院是社区学院的前身。从起源上看，初级学院的产生远不是州政府治理的结果。大部分州要么是对初级学院的产生漠不关心、置之不理，要么就是明令禁止、严格管控。在社区学院的初级学院阶段，承担治理任务的政府组织是地方政府（local government）。

这和美国教育体系的特点有关。美国的教育体系是从上而下和从下而上同时进行的。所谓从上而下，是受益于莫里尔法案，州立大学和研究型大学广泛建立并迅速发展；所谓从下而上，是指基于学区制度所赋予的高度自治权，美国的中小学也在广泛建立并迅速发展。而不管是自上而下，还是自下而上，州政府都认为和自己无关。这样就形成了一个教育真空，使得中学和大学的衔接成了问题。美国社区学院就是在这样的背景下产生的，而且值得注意的是，尽管州政府一直是社区学院的重要影响力量，但在此时州政府的影响也还没有开始。正如 Arthur M. Cohen 所说，

---

[1] Mary Lou Zoglin. Power and Politics in the Community College [M]. California: ETC PUBLICATIONS Palm Springs, 1976, p. 12.
[2] Mary Lou Zoglin. Power and Politics in the Community College [M]. California: ETC PUBLICATIONS Palm Springs, 1976, p. 15.

这个时候的美国社区学院大幅领先于州政府的正式授权或规划（well ahead of state authorization or planning[1]）。持有相同观点的还有美国社区学院协会的早期主席（American Association of Junior Colleges，AAJC）Bogue J. P 以及 James L. Wattenbarger 和 Melvyn Sakaguchi。Bogue J. P 认为早期的美国社区学院在州的规划、总体支持或监管之外自我发展（had been growing without plan, general support, or supervision[2]）。James L. Wattenbarger 和 Melvyn Sakaguchi 在调查了包括美属波多黎各殖民地的社区学院治理结构后，得出结论：认为州治理结构的演进是一个逻辑进化过程的推测没有得到实证数据的支持（Certain trends anticipated as reflecting a logical evolution of types and functions of boards are not evident）[3]。Stewart E. Sutin, Daniel Derrico, Rosalind Latiner Raby, Edward J. Valeau（2011）[4] 认为自从 1901 年艾略特初级学院成立后的半个世纪内，伊利诺伊州对州内社区学院发展的影响是微乎其微甚至有的时候是反作用的（little, and occasionally contradictory state guidance）。还有一些社区学院是大学建立的，这些初级学院由于大学自治的传统，同样也没有收到州政府的任何影响。事实上，直到现在，州政府对社区学院的放任态度还有

---

[1] Arthur M. Cohen. Governmental Policies Affecting Community Colleges: A Historical Perspective [C] // Barbara K. Townsend、Susan B. Twombly. Community Colleges Policy in the Future Context [M]. Ablex publishing, 2001, p. 22.
[2] Bogue, J. P. (1950). The community college. New York: McGraw Hill, p. 137.
[3] James L. Wattenbarger, Melvyn Sakaguchi. State Level Boards for Community Junior Colleges: Patterns of Control and Coordination [R/OL]. [2017 - 08 - 16] http://files.eric.ed.gov/fulltext/ED054770.pdf, 17.
[4] Stewart E. Sutin, Daniel Derrico, Rosalind Latiner Raby, Edward J. Valeau. Increasing Effectiveness of the Community College Financial Model: a Global Perspective for the Global Economy [M]. New York: Palgrave Macmillan, 2011, p. 163.

所体现。比如，虽然转学政策与社区学院职能哲学级契合，但在密苏里州，高等教育机构之间的转学活动仍然大幅领先于州甚至系统级治理（advance quite independently of state, or even system, policy involvement）①。

当然，初级学院阶段的治理结构中，联邦政府也是缺位的。只有在社区学院办学涉及聋哑人、黑人或军事领域时，联邦政府才会基于联邦宪法规定而予以过问。而这对于初级学院的产生和发展来说，其影响已经小到可以忽略不计。联邦政府和州政府的集体缺位，为协会组织对社区学院的治理提供了不小的空间。关于此部分内容，后文会专章讨论，此处不再赘述。

（二）州政府对社区学院发展的作用并不都是促进性的

不仅在社区学院的诞生阶段，看不到州政府的身影，而且从社区学院诞生之后的相当长一段时间内，很多州政府（比如加利福尼亚州、路易斯安那州、艾奥瓦州、俄亥俄州等②）对社区学院的发展都持消极态度。1915 年，加州法院裁决禁止用公共资金资助已经资助的 15 所初级学院，理由是这不合乎宪法。这直接造成了初级学院的倒闭。1928 年，路易斯安那州教育局局长，也是前任美国联邦教育署长威廉·托尼·哈里斯（William Tawny Harris）授权约翰·M. 福特（John M. Foote）对该州发展初级学院问题进行评估。结论是持反对态度，主要是担心初级学院的扩张会减少 12 年级以下的地方资金支持。哈里斯表示支持，主

---

① Anthony G. Girardi and Robert B. Stein. State Dual Credit Policy and Its Implications for Community Colleges: Lessons from Missouri for the 21st Century [C] // Barbara K. Townsend、Susan B. Twombly. Community Colleges Policy in the Future Context [M]. Ablex publishing, 2001, p. 200.

② 参见霍琳. 教育变革视角的美国社区学院治理研究 [D]. 北京师范大学，2011: 65 - 69.

张路易斯安那州至少要通过法案保护低年级的学校,使之能够具备取得州和地方税收资助的优先权。州立法者接受了哈里斯的建议,出台了极其苛刻的法令,关闭了 3 所社区学院。1932 年全美经济大萧条,艾奥瓦州议会修订了该州社区学院法,禁止人口少于 2 万人的学区开办社区学院,"对于农场和小城镇众多的艾奥瓦州来说,这一举措有效压制了初级学院的数量"①。

值得注意的是,不仅行政机构和立法机构对发展初级学院持消极态度,司法机构也同样。俄亥俄州首席检察官特纳 Edward C. Turner 完全否定了地方政府在任何条件下开办初级学院的权利。理由是"初级学院"这个词没有法律意义,不属于任何学校类别②。这直接导致了关于建立初级学院的法案在 1929 年、1931 年、1949 年、1951 年和 1953 年接连遭受失败。在相当长的时间内,俄亥俄州不允许建立或运作初级学院。这造成了俄亥俄州的社区学院发展在全美处于靠后位置。

与上述各州不同,也有的州对社区学院的发展持积极态度,从而有力地推动了社区学院的发展。事实上,即使是同样一个州,在不同的时间和在不同的当政者领导下,治理措施的性质和效果也可能截然不同。比如,州政府对社区学院治理肇端的标志性事件,也发生在 1915 出台法案关闭数所社区学院的加利福尼亚州。1907 年,加州参议院教育委员会主席安东尼·卡密内地(Anthony Caminetti)的议案获得通过。规定中学可以增设 13 年级、14 年级的课程。这是美国历史上第一个允许中学提供初级学

---

① 霍琳. 教育变革视角的美国社区学院治理研究 [D]. 北京师范大学,2011: 69.
② Stephen G. Katsinas. The Development of Two-Year Colleges in Ohio: the Tension Between State and Local Area Interests [J]. [2017 - 05 - 06] http://www.tandfonline.com/doi/abs/10.1080/106689299265106.

院课程的法案。其他例子还有北卡罗来纳州①。1927 年，班康县（Buncombe County）学区的受托人委员会和阿什维尔市（Asheville）合办了一所初级学院并将其作为公立学校系统的一部分。这所学院对这两个辖区内的居民免学费，其运作成本由地方税收承担。在这所学院开办不久，一名叫齐摩尔曼（Zimmerman）的阿什维尔居民在班康县高级法院提出诉讼，称这两个学区没有权利开办初级学院，也没有权利为初级学院划拨公共资金。两个学区受托人委员会则辩驳道他们的权力来源于州法律的自由裁量权。班康县法院支持了齐摩尔曼。后来上诉到州最高法院。州最高法院结果改变了判决，认为两个学区有权设立和运作初级学院。这是州政府对社区学院的著名判例，说明了州层面对社区学院的支持。

(三) 全国层面州政府对社区学院的治理行为是集中产生的

美国是一个多元化的国家，各州之间文化差异很大。具体在高等教育治理体系，"没有哪两个州的高等教育治理体系完全相同"②。甚至，在美国社区学院模式已经在全世界取得重要影响的同时，美国有的州（如南达科他州③）却还没有一所社区学院。但在州级社区学院治理机构和治理实践的发端时间上，全美各州却表现出了耐人寻味的一致。

---

① Zimmerman vs the Board of Education. North Carolina Reports, Cases Argued and Determined in the Supreme Court of North Carolina [R]. raleigh, 1931, 转引自：霍琳. 教育变革视角的美国社区学院治理研究 [D]. 北京师范大学，2011: 65.
② McLendon, Michael K. ; Ness, Erik C. The Politics of State Higher Education Governance Reform [J]. Peabody Journal of Education, 2003 (78): 66 - 88 转引自：吴越. 美国州级高等教育治理的权力结构演变与政府角色定位 [J]. 高等教育研究，2017 (4): 102.
③ 据 Chery D. Lovell, Catherine Trouth. Statewide Community College Governance Structures: Factors that Influence and Issues that Test Effectiveness [C] // J. C. Smart. Higher Education: Handbook of Theory and Research [M]. Kluwer Academic Publishers, Netherlands, 2004, pp. 133 - 174.

很多州的治理机构都是在 20 世纪 60 年代集中性地产生的。比如，马里兰州 20 世纪 60 年代建立了州级社区学院管理系统，授权地方政府发行债券。北卡罗来纳州社区学院董事会 1963 年成立。伊利诺伊州社区学院州董事会 1965 年成立。加利福尼亚社区学院董事会 1967 年成立。如果从治理行为的角度看，各州之间的不约而同表现得更加明显。俄勒冈州 1961 年为全日制学生（full time equivalent，FTE）提供经费支持，并负责 75% 的基建经费支持。同年，密歇根州甚至修改了宪法，明文允许建立由地方选举产生受托人委员会，为社区学院提供经费支持。同年，原本对社区学院有严格限制的华盛顿州，也开始有了解冻的迹象。北卡罗来纳州 1963 年通过法令，负责社区学院最高不超过 65% 的运营费用。同年，宾夕法尼亚州通过了社区学院法案（Pennsylvania's Community College Act），确定了"三三制"的经费分担方案，地方政府、州政府、学生分担运行费用。这个法案甚至还给出了社区学院的课程要求，应该包括：前专业科学、半专业商业与技术、贸易教育以及成人教育。

以上仅是从个案角度的分析，如果从统计学的角度看，情况可能会更加明晰。根据 Berdahl Robert O. 的研究（详见表 3-1）[1]，全美绝大部分的州在 20 世纪 60 年代都建立了相应的州级协调机构。统计显示，从 1959 年开始全美没有建立州级协调机构的州个数急剧下降，从 1959 年的 17 个下降至 1969 年的 2 个；建立了协调董事会的州（含 abc 3 种类型），由 1959 年的 10 个，猛增至 1969 年的 27 个。尤其是协调董事会 c，因为包含社

---

[1] Berdahl, Robert O. Statewide Coordination of Higher Education [Z]. Washington D. C.: American Council on Education, 1971, pp. 34-35.

区学院在内且有监管权,更是构成了对社区学院发展的体制性利好。事实上,有不少研究型大学是反对这种州级协调的,理由是侵犯了大学的办学自主权。尽管如此,各州还是顶住压力普遍建立了协调机构。这种机构对于研究型大学也许不是好消息,但对社区学院来说,却是构成了重大发展机遇。

表 3-1 美国各州社区学院治理机构类型演变(1939—1969 年)

类 型	1939 年	1949 年	1959 年	1964 年	1969 年
没有州级机构(No state agency)	33	28	17	11	2
志愿协会组织(voluntary association)	0	3	7	4	2
协调董事会 a(coordinating board a)	1	1	2	3	2
协调董事会 b(coordinating board b)	0	0	3	8	11
协调董事会 c(coordinating board c)	1	2	5	7	14
统一董事会(consolidated governing board)	15	16	16	17	19

注:协调董事会 a 由大多数高校代表组成,有建议权;
协调董事会 b 由全部高校代表或大多数公立高校代表组成,有建议权;
协调董事会 c 由全部高校代表或大多数公立高校代表组成,有监管权(regulatory power)。

显然,各州对社区学院治理问题的重要性如此集中性地产生共识,背后肯定有某种共性的必然因素。这个必然因素是社区学院规模的迅速扩大以及占州级预算的比重越来越大。据统计,1956—1957 学年,全美共有社区学院 652 所,其中公立 377 所,私立 275 所。到 1968—1969 学年,全美共有社区学院 993 所,其中公立 739 所，私立 253 所[1]。也就是说，在 10 年左右的时间内，全美社区学院数增加了 52.3%，公立社区学院数字增加了 96%。Richard C. Richardson Jr. 和 Gerardo E. de los Santos 形容这种增长是爆炸性的[2]。迅速扩张的教育规模，意味着日益增多的经费使用量。考虑到有的州对社区学院的态度在此时还有争议，所以立法机构确有必要为支持和反对的双方提供某种政策框架，行政机构确有必要建立某种治理机构，处理好发展势头异常迅猛的社区学院和其他高等教育机构的关系，同时也保证资金使用的合规和高效。另据统计，全美社区学院 1959 年的州级经费占总经费的比重为 29%，1975 年这一数字猛增至 45%[3]。不能不说，社区学院从公共预算的角度已经引起了立法者的高度重视。社区学院已成为州内预算的主要使用者（major user[4]），由此牵扯到的公共利益问题前所未有地引人关注。

值得注意的是，二十世纪六七十年代，联邦层面还没有成立教育部，地方政府的重要治理载体学区制存废之争甚嚣尘上。从某种意义上说，此时代表政府组织在公立社区学院治理结构中独掌大局的只有州的机构。然而，这对美国社区学院发展来说，并未构成致命的影响。因为即使是在州级治理结构普遍成型前，社

---

[1] Arthur M. Cohen, Florence B. Brawer, Carrie B. Kisker. The American Community College: 6th Edition [M]. Jossey-Bass, 2014, p. 34.
[2] Richard C. Richardson Jr., Gerardo E. de los Santos. Statewide Governance Structures and Two-Year Colleges [C] // Barbara K. Townsend、Susan B. Twombly. Community Colleges Policy in the Future Context [M]. Ablex publishing, 2001, p. 64.
[3] Arthur M. Cohen, Florence B. Brawer, Carrie B. Kisker. The American Community College: 6th Edition [M]. Jossey-Bass, 2014, p. 158.
[4] Richard C. Richardson Jr., Gerardo E. de los Santos. Statewide Governance Structures and Two-Year Colleges [C] // Barbara K. Townsend、Susan B. Twombly. Community Colleges Policy in the Future Context [M]. Ablex publishing, 2001, p. 65.

区学院发展也是一路向前的。造成这种局面的，是一种非政府的治理力量：协会组织。关于协会组织对社区学院的治理性影响，下面有专门章节论述，此处不再展开。

三、社区学院学区

美国从建国之前就有重视教育的传统。1647年，马萨诸塞州议会通过了《老骗子撒旦法》(ye old deluder law)。该法在序言中指出，撒旦恶魔会使人们藐视《圣经》，离经叛道，战胜撒旦的直接办法就是上学，学会读写算，要求凡是满50户人家的城镇，必须立即任命一个教师来教本镇所有儿童读书写字，凡有100户人家的城镇必须设立一所文法学校。成立学校或教师薪酬的经费基础是地方税。学区正是在这样的背景下应运而生。美国学区的独立性从一开始便已注定。学区是和美国公立社区学院治理联系最直接、最紧密的地方政府。从类型上说，学区是专区的一种。专区在财政和行政方面都具有实质性的独立地位，由于具有可观财力和巨大影响力，学区被称为"美国地方政府体系中的隐形巨人"[1]。

美国地方政府对于教育的治理，和中国有很大不同。中国地方政府是按照职责分工的，而且下一级政府和上一级政府几乎是对应关系。但美国则有所不同。美国的地方政府，由于其服务性质和私人公司特点，对教育的治理主要是功能性的。而且美国地方政府的权力是基于公民让渡。有不少地方县是没有县长的。比如洛杉矶县实行5人委员会制。在教育事务中，初等教育和中等

---

[1] 王旭. 专区：美国地方政府体系中的"隐形巨人"[J]. 吉林大学社会科学学报，2005 (5)：72-79.

教育管理和社区学院管理是分开的。前者由教育局管理,后者由专门的社区学院学区管理。现在的社区学院学区由一个7人组成的委员会管理①。另外还有一个学生委员,但没有投票权。这些委员任期不超过4年,每两年举行一次选举。学生委员的选举期限为1年,即每年都要举行一次学生委员的选举。和美国其他社区学院学区一样,洛杉矶社区学院学区的选举频率是很高的。这主要是基于给当选委员绩效压力的考虑。

学区制度不是美国的原创,但却为美国教育赢得了世界声誉。美国最早的学区主要指中学学区。美国社区学院在初级学院阶段的发展,就有赖于法律层面对于中学学区扩展高中后教育的放松管制。随着美国社区学院的快速和广泛发展,社区学院学区开始独立于中学学区。如今,无论是在组织结构还是具体职能上,美国社区学院学区都表现出与中学学区不同的特点。

一般来说,学区的基本特点有3个:财政独立权、政策法规自治、对选民负责,不受上级行政机关的牵制②。社区学院学区,也具有这些特点。但伴随着社区学院的发展,美国社区学院学区逐渐表现出与中学学区不同的特点。为了清楚地说明这些特点,我们引入一个社区学院学区(Ventura County Community College District,VCCCD)学区③和一个中学学区(Northshore School

---

① LACCD. Board of Trustees [DB/OL]. [2018-03-26] http://www.laccd.edu/Board/Pages/default.aspx.
② 王芳. 美国学区制度研究 [D]. 华东理工大学, 2010: 10.
③ VCCCD. VENTURA COUNTY COMMUNITY COLLEGE DISTRICT Decision-Making Handbook Accepted by Consultation Council [Z]. (2016-07-04) [2018-05-04] https://www.vcccd.edu/sites/default/files/files/about-the-district/participatory-governance/decision-makinghandbookfinal04.07.2016.pdf.

District，NSD）学区①进行比较分析。

VCCCD 和 NSD 的区别主要体现在几个方面。第一，社区学院的治理层级更多。VCCCD 从受托人委员会开始，经历了校监、咨询委员会、校监办公会等过程或层级才能到达社区学院校长（president）层面。而中学学区却简单得多。第二，社区学院更注重互动。这主要体现在咨询委员会过程。这个过程可以认为是有关社区学院治理的所有利益相关方表达诉求、利益博弈的总场所。而这在中学学区是看不到的。在这个过程中，既有教育系统内部的利益诉求，比如社区学院校长、学术评议会、管理层和各类建议委员会，也包括外部利益团体，比如 employee union。尽管中学学区的教师也会加入教师联盟，但在治理体系中的位置却没有社区学院教师工会的影响力大。这不仅是因为社区学院教师群体的规模更大，也因为这部分群体的社会影响力更大。第三，社区学院治理非常注重外部诉求的引入，注重决策过程的科学性。在 VCCCD 中，有两种治理路线（pathways）体系，加黑实线表示是治理（governance）体系，细黑线代表管理型权力关系。中学学区，更多的是注重命令与服从关系的管制关系，而较少咨询与建议的治理关系。这从一个侧面说明了，社区学院对于外部需求和内部诉求更加敏感。在治理体系中，已经制度性地加以考虑了。总之，尽管社区学院学区根植于中学学区，但是在很多方面，社区学院学区逐渐脱离中学学区的强执行性特点，越来越多地具有大学治理体系的强咨询性、高互动性特点。

---

① NSD. Strengthening Our Community Through Excellence in Education［DB/OL］［2016-06-09］https：//www.nsd.org/cms/lib/WA01918953/Centricity/Domain/189/NSD%2016-17%20Org%20Chart.pdf.

四、认证协会

从世界范围看，认证是美国高等教育质量评估模式的核心元素、代名词。认证（Accreditation）一词起源于拉丁语 credito，原始含义是信任（trust）。信任是美国的一种重要价值观。无论是政府组织还是非政府组织，无不以获得公众最大程度的信任感为荣。获得公众信任的基本途径，是证明自己的质量。

对美国社区学院进行质量认证的，有很多认证组织。其中最有影响力和代表性的 6 个协会。分别是：中部地区学院与学校协会（Middle States Association of Colleges and Schools，MSACS）、新英格兰地区学校与学院协会（New England Association of Schools and Colleges，NEASC）、高等学习委员会［Higher Learning Commission，HLC，前身为中北部地区学院与学校协会（North Central Association of Colleges and Schools，NCACS），2014 年 7 月改为现名①，认证标准承继自 NCACS］、美国西北部大学和学院委员会（Northwest Commission on Colleges and Universities，NWCCU）、南部地区学院与学校协会（Southern Association of Colleges and Schools，SACS）、西部地区学校与学院协会（Western Association of Schools and Colleges，WASC）。

历史地看，美国社区学院和认证协会颇有渊源。事实上，直到目前除了美国西北部大学和学院委员会（NWCCU）外，其他认证协会的名称至今还是包含学校和学院的（Colleges and Schools）。六大协会的名称，除了区域上的区别外，在实体性内容上几乎没有其他区别。这从一个侧面说明了美国认证协会的起

---

① HLC. About the Higher Learning Commission [DB/OL] [2016 - 05 - 07] https://www.hlcommission.org/About-HLC/about-hlc.html.

源。从起源上说，美国高等教育认证协会的初始使命是中学和大学的更好衔接。

中学教育和高等教育的衔接问题，是美国教育体系在相当长时间内的重要任务，因为美国教育体系的构建，并非某种人为设计的产物，而是一个经历漫长时间跨度的自然过程，而且，美国教育体系是分别从高端的大学和低端的基础教育分别发展的。随着时间的推移，基础教育和高等教育都获得了较高程度的发展，两者的衔接问题就显得越来越突出了。六大认证协会大都在19世纪末或20世纪初成立。之所以集中在这个时间段成立的原因是，1862年尚在战争状态的美国通过了莫雷尔法案。以此为起点，农工学院获得了较大发展。同时，由于南北战争后经济的发展和繁荣，人口激增，高中教育也获得了较大的发展。这使得选拔高中生源、保证高等教育质量成为时代命题。一开始，是由大学派人到高中选拔生源。比如，密歇根大学就经常派人对高中生源进行考察和选拔。但随着基础教育和高等教育规模的同时扩大，单靠大学零散的力量越来越不可能完成。时代在呼唤一种专业、高效的力量。在这样的背景下，认证协会便应运而生了。

可以看到，这个背景同样也是社区学院的成立背景。社区学院也是为了解决高中教育和高等教育的衔接问题的。社区学院和认证协会是美国社会为了解决相同的问题而产生的不同对策。可以说，社区学院和认证协会在内在理念上是高度契合的。但在社区学院发展的早期，在相当长的时间内，认证协会都和社区学院没有交集。原因是，社区学院的规模实在太小，几乎没有什么社会影响力，而且，当时的社区学院还处于初级学院阶段，转学教育是主要职能，核心任务是为大学培养预科学生。其质量认证主要由大学来完成。认证协会对社区学院进行认证既无必要，也无可能。

这种情况在"二战"后有了根本性的变化。标志性的事件是1952年美国国会通过了《退伍老兵适应协助法案》（*Veterans Readjustment Assistance Act*）。这个法案允许美国教育署依靠认证协会的认证结论决定哪些高等教育机构有资格获得联邦资助。之所以如此，是因为1944年《退伍军人权利法案》通过后存在的大量欺诈行为，学生不良贷款率居高不下。国会需要用立法的形式，回应公众的普遍质疑。《退伍军人权利法案》虽然不是一部社区学院法案，但由于退伍老兵的综合素质相对不高，进入大学的可能性不大，数量不多，所以社区学院成为承接退伍老兵的最主要机构。所以，1952年《退伍老兵适应协助法案》的通过，实质性地推动了认证协会对社区学院办学质量的认证。此后，历次《高等教育法》的修订，还不断地赋予联邦教育部可以通过公布合格的认证机构名单的办法，实现对认证机构的认证。于是，社区学院的质量认证制度逐渐成型、固化。目前社区学院的认证制度体系，正是此时奠定的基础。1952年《退伍老兵适应协助法案》通过10年后的1962年，西部社区学院和初级学院认证委员会正式成立。有研究①认为，这是美国历史上第一个社区学院认证机构。

之所以在美国西部成立专门的社区学院认证机构，主要是因为西部地区的社区学院发展迅猛，比如加利福尼亚州逐渐发展成

---

① 李向丽．美国西部社区学院认证制度初探［D］．上海师范大学，2010：29．

为美国最大的高等教育系统。社区学院超过100所，学生人数超过100万。这种情况在其他州是不可想象的，比如马萨诸塞州，直到1960年才有了第一所社区学院，而且经过发展全州仅有15所社区学院。由于体量不大，认证需求没有那么强烈。总体上看，西部社区学院的发展不管是速度还是规模，都远胜于东部。原因是，东部高等教育的重心较高，大学和四年制学院发展已经具备相当基础。而西部地区，经济实力壮大，但高等教育机会贫乏。虽有斯坦福大学等优秀机构，但距离实在太远，学费对工薪阶层来说也实在太贵。作为一种消除接受高等教育地理上和经济上障碍的伟大发明，社区学院开始出现并不断发展，其质量认证需求显得越来越迫切。所以，在西部地区，社区学院成立了专门的认证机构。而在其他地区，社区学院的认证没有专门的认证机构，和大学和四年制学院一起构成认证协会的认证对象，只是标准上稍有侧重。

第三节 美国公立社区学院内部治理主体的历史考察

前面已经提到，和外部治理主体和受托人委员会相比，美国公立社区学院内部治理的变动是较多、较大的。这与美国社区学院的使命拓展、职能转型、师生构成等因素有密切关系。从初级学院到社区学院，这不光是一个简单的名称更迭，更重要的是，社区学院实现了单一职能向多样化职能的转型。从师生构成的角度看，由于社区学院的学制仅为2年，而且学生大多来自中低收入阶层，这造成了其较弱的校友关系，或者说校友力量对社区学院内部治理的影响相较于研究型大学而言，要弱得多。从师资队伍构成的角度看，尤其是在社区学院的初级学院阶段，师资力量大部分以兼职教师为主。据王廷芳（1995）①转引自美国学者的相关研究成果，美国社区学院兼职教师的比例一直在50%左右，1982年比例更是高达58%。较多地使用兼职教师，也是美国社区学院运行效率更高的重要原因。从内部治理的角度看，这也造成了相较于研究型大学的特殊性。在研究型大学，兼职教师比例远不可能如此之高。而且，研究型大学教师的学术水平和社会地位也相对较高，他们对于高校内部治理具有天然的分享或参与欲望。可以说，在内部治理方面，社区学院和研究型大学的区别，要远大于在外部治理方面两者的区别。

一、伟人时代（Great Man Era）

从19世纪末至20世纪30年代，被Twombly，S. B. (1995)②称为伟人（great man）时代。尽管划界在1930年未必精当或必要，但社区学院的初级学院阶段，其内部治理过程确实可称其为伟人时代。原因是，这个时期的初级学院学生规模和教师数量普遍较少。而且，初级学院还没有脱离中学学区而获得独立地位，在内部治理上，还不可避免地带有中学的影子。而中学内部治理，被普遍地认为是一种官僚制组织，强调命令与服从关系。这反映了在初级学院的初创时期，关键人物

---

① 王廷芳. 美国高等教育史 [M]. 福州：福建教育出版社，1995：230-231.
② Twombly, S. B. (1995). Gendered images of community college leadership: What messages they send [C] // New Directions for Community Colleges, no. 89 (pp. 67-77). San Francisco, CA: Jossey-Bass. 转引自 John S. Levin & Susan T. Kater. Understanding community colleges [M]. Taylor & Francis, 2013, p. 228.

的关键作用。

这一时期，社区学院的发展主题是初创。美国国家层面社区学院的数量在快速增长。个体层面社区学院的学生规模也在迅速走高。这种快速发展的背后，是美国工业化的推进。工业化的推进，促使美国的管理理论和实践必须要有所创新。创新的成果是以泰罗为代表的科学管理理论。1911 年，泰罗的《科学管理原理》发表。耐人寻味的是，同一时期法国的法约尔和德国的马克斯·韦伯也引发了一般管理理论和官僚制组织理论。这一时期，被称为管理理论的古典时代。这一时期管理思想的基本原理是：强调劳动分工、自上而下的线性管理、注重标准化程序、集权而不是分权。事实上，泰罗理论的实践基础正是其花费多年心血提炼得到的搬铁块实验和金属切削实验。这些实验，让泰罗认识到标准程序的作用，坚定地认为任何看似简单的动作都包含有科学的成分。也正是在这个意义上，他把自己的理论称作"科学"管理理论。

这些管理思想映射到公立社区学院的内部治理上，也同样表现出集权而不是分权、服从而不是合作的特点。应该说，在研究型大学的殖民地学院时代，其内部治理也践行伟人模式。但与初级学院不同的是，殖民地学院的校长同时也是教师，而初级学院的校长更多的是管理者，很少承担教师职能。也就是说，管理层和教师群体的界限，在初级学院的初创时期就表现得较为明显。这个特点，深刻地影响了美国公立社区学院内部治理模式后续的发展。美国社区学院的协商治理模式，在某种程度上可以看作对这一传统的系统性改良或方向性纠正。

随着美国经济社会的继续发展，社区学院数量开始新的加速增长。据统计,从 1901 年至 1920 年的 20 年间,共计诞生了 100 所初级学院,而 1920 年至 1930 年的 10 年间这一数字迅速地被改写为 450 所[①]。尤其是在加利福尼亚州、得克萨斯州和伊利诺伊州,初级学院更是吸纳了该州高等教育一半以上的体量。经济的发展和初级学院自身体量的扩大,使伟人时代的治理模式显得越来越不适应形势的发展。

二、家长时代(Patriarchic Era)

如果说在 20 世纪 30 年代之前,初级学院的发展任务是初创。那么安全度过生存危机之后,二十世纪四五十年代社区学院的发展主题便是独立。这一时期,世界和美国都发生了重大历史事件,可贵的是美国社区学院作为一个具有较强生命力的群体,不仅顽强地生存发展了起来,而且逐渐获得了在高等教育体系中的独立地位。世界范围内的重大事件是第二次世界大战,美国国内与社区学院发展密切相关的大事件是 1944 年《退伍军人权利法案》(Servicemen's Readjustment Act of 1944,或称 G. I. Bill)的通过以及美国总统杜鲁门高等教育委员会(President's Commission on Higher Education)1947 年的重要报告《为美国民主服务的高等教育》(Higher Education for American Democracy)。退伍军人权利法案,给社区学院送来了潮水般的生源,从而使社区学院实现了爆发式的增长。之所以如此,是因为复原退伍军人的学术准备状态普遍不佳,尽管联邦政府对于他们接受研究型大学教育还是社区学院教育没有任何硬性规定,但他们还是普遍选择进入了奉行

---

① John S. Levin & Susan T. Kater. Understanding community colleges [M]. Taylor & Francis, 2013, p. 232.

开门入学（open access）政策的社区学院。总统高等教育委员会报告，提出了改初级学院为社区学院的政策建议。社区学院，不仅以独立姿态登上美国高等教育的舞台，而且获得了社会各界的广泛认可。社区学院的"民主学院"（democracy's college）正是在这样的背景下获得的。社区学院的名称一致沿用至今，在可预见的将来也会继续沿用下去。

在这样的背景下，初创时期的伟人管理模式显得不再适应。社区学院所面临的管理问题更多，情况也更为复杂。这一时期，美国心理学会主席、人本主义心理学家马斯洛提出了需求层次理论。这一理论把人的需要分为5个层次：生理需要、安全需要、尊重需要、归属与爱的需要、自我实现的需要。在管理理论上，主张管理者应该帮被管理者实现最大化潜能的思想逐渐占据主流地位。在社区学院，尽管校长仍然像以往一样不想让教育群体分享权力，但开始越来越多地把自己视为家庭的家长，注重保护教师的权益、激发他们的潜能。这一时期，官僚制体系还是社区学院的主流体系，但教师群体已经不再被视为内部治理中无足轻重的成员（cogs）[1]。

更重要的是，这一时期的社区学院开始逐渐脱离中学学区的管理，而越来越多地具有高等教育机构的组织属性。所谓高等教育的组织属性，是指学者基于学术性权力的学术自治。这一时期的美国社区学院内部治理，层次开始增多，管理跨度开始加大，与州立法机构等外界的联系也不断加强。

---

[1] John S. Levin & Susan T. Kater. Understanding community colleges [M]. Taylor & Francis, 2013, p. 233.

三、工会时代（Unionization Era）

20世纪60年代是美国社区学院发展史上的黄金年代。这是职业教育职能逐渐在全美社区学院站稳脚跟并不断巩固的重要时期。经过战后的经济恢复和发展，美国多样化社会成员之间的矛盾逐渐激化，在此背景下，民权运动风起云涌，经济发展受到了不同程度的影响，有些州的失业率居高不下。对社区学院来说，这却构成了难得的机遇。经济形势的下行，使人们亲身体验到职业教育和就业的重要，人们走进社区学院接受技能培训的愿望普遍很强。战后初期复原、退伍军人生源退潮后的空间，开始被再就业需要普遍强烈的劳动者大军所填补。这一时期美国公立社区学院的内部治理场域中，让人印象深刻的是工会力量的适时入场并逐渐壮大。工会力量的兴起，还与法律政策因素有关。这主要指的是《1963年职业教育法案》（*Vocational Education Act of 1963*）和1965年《高等教育法案》（*Higher Education Act*）的通过。原因是，这些法律基于社区学院规模不断扩大的事实，都对社区学院内的雇员关系提出了要求，维护教师权益在教师工会看来变得更加有利可图了。

美国教师工会和企业工会颇不相同。原因在于，企业工会管理层和工人群体是界限分明、利益直接冲突的，他们更多的是零和博弈。而教师工会中的教师和社区学院的管理层，利益并不总是直接冲突的。甚至在某些时候，他们的利益还可能是一致的。这种特殊性，直接催生了社区学院中教师工会的快速发展。美国教师工会的历史很长，但大都遵循市场原则，适者生存，不适者被市场淘汰。工会之所以能生存下来，发展得很好，根本原因是能为会员提供高水平的公共服务。美国教育工会的会员的会费价格是很高的。在市场化程度普遍很高，实用主义哲学广泛认可的美国社会，教育工会之所以能得到工会会员的高度认可，很大程度上是由于美国教育工会的服务意识和服务水平更高，开拓精神突出。比如，美国教育工会可以为会员提供收费代理诉讼的服务，而且，对社区学院教师来说，他们也不只有一个教师工会可以选择，因为教师工会普遍定位明确，各有特色。比如，美国全美教育协会（National Education Association，NEA）就以专业化、学术化为自身的基本定位，而美国教师联盟（American Federation of Teacher，AFT）则以教师权益救济为主要职能定位。美国工会会员缴纳的会费是经费的主要来源，约占美国教育工会经费总收入的90%以上。以全美教育协会NEA为例，平均每位教师每年向协会缴纳大约400美元，会费缴纳最低的是北卡罗来纳州，大约115美元，最高的是波多黎各州，大约579.60美元[1]。而之所以美国工会会员愿意缴纳这么多的会费，主要是他们认为得到了相应的会员服务。更重要的是，美国工会具有市场化运作的特征，工会和会员的关系更像是服务提供者和服务购买者的市场经济行为。

美国社区学院中，最早建立教师工会的是Milwaukee Technical Institute。1974年，212家获得授权的教师集体谈判机构中有150所在社区学院设立了分支机构。[2] 相对而言，社区学院体量较大的州也都较早地建立了教师工会，如加利福尼亚州、伊利诺伊州、华盛顿州、纽约州和密歇根州等。由于教师工会的

---

[1] 熊小梁. 比照与借鉴——我国中小学教育工会的发展问题研究[D]. 南昌大学，2012.
[2] John S. Levin & Susan T. Kater. Understanding community colleges [M]. Taylor & Francis, 2013, p. 235.

普遍建立，家长式治理方式开始逐渐向协商式治理方式转变（negotiation among parties）。需要说明的是，这还不是现在加州社区学院普遍实行的协商治理（shared governance），仅仅是在传统治理方式的基础上增加了协商的成分，最终的决策权还在管理层手中。

四、协商治理时代（Shared Governance Era）

20世纪80年代，社区学院规模继续扩大，但美国经济形势却不尽如人意。面对日益紧张的经费压力，公立社区学院开始酝酿内部治理变革。这种变革最早发生在加利福尼亚州。因为加州的社区学院体量巨大，有限资源和办学规模扩大之间的矛盾更加尖锐、更早凸显。但值得说明的是，早在1966年美国大学教授联合会（American Association of University Professors，AAUP）在《大学和学院的治理声明》（Statement on Government of Colleges and Universities）中就提出了协商治理的原则，即校长和教师分享决策权。而作为开风气之先的加州社区学院出台关于协商治理的法律文件AB1725，已经是22年之后的1988年。这说明，美国社区学院的协商治理相对于传统学院或研究型大学存在滞后性。

美国公立社区学院内部协商治理的出现，与教师以工会为依托争取权益的努力一脉相承，也可以说是前期努力的升级版。还有另外一个原因是，政府层面也意识到公立社区学院内部协商治理的必要性。因为教师利益诉求是多样化的，管理层和教师之间的矛盾并没有随着工会力量的壮大而有所减弱，在极端情况下，管理层和教师之间还时有法院诉讼的事件发生。这使立法机构认识到，与其让教育工会在社区学院内部决策形成后代表教师维权，不如在决策形成过程中就主动吸纳各方面利益群体协商治理。在这种情况下，加州在全美率先通过了AB1725法案，为公立社区学院协商治理提供了强有力的法律保障。这里需要说明，其他州虽然没有通过类似法案，明确对协商治理进行制度性规定，但协商治理的理念，即扩大教师参与权直至教师与校长分享决策权，却普遍在各州得到广泛认可。加州由于社区学院体量较大，协商治理确需以法律形式固化下来，并作为公立社区学院的强制要求。其他州虽没有类似明文法律规定，但协商治理的理念是得到普遍认同的。也就是说，协商治理是美国公立社区学院的普遍做法。

以上分析了美国公立社区学院内部治理的历史演进。总体上看，这是一个教师参与权甚至共同决策权得到重视、认可和法律保障的过程。这说明了美国社会对社区学院的性质，越来越认知为高等教育机构，尽管这种高中后教育形式有着与生俱来的中学教育基因。

第四节　美国公立社区学院的职能
　　　　拓展与治理结构沿革

一、以转学职能为主时期的治理结构

在正式进入各个时期美国公立社区学院治理主体分析之前，有必要先对一些共性问题进行说明。总体上看，美国公立社区学院治理主体的演进脉络是，从以非政府组织为主到以政府组织为主，再到多元主体共同治理，从一种权力结构，逐渐过渡到网状

结构，从单一主体向多元化主体演进，从单一中心治理向多中心治理模式演进。

下面将用图形说明几个时期的治理结构。图中的圆圈代表外部治理主体中的优势主体，以及内部治理过程。图中的虚线代表次要影响力，或非正式影响力，实线表示主要直接影响力或主要影响力。

从19世纪末美国初级学院开始的相当长一段时间内，美国社区学院的主要职能都是转学教育。这是美国社区学院在美国高中后教育体系中谋取地位的初始职能。这一时期的治理结构如图3-1所示。

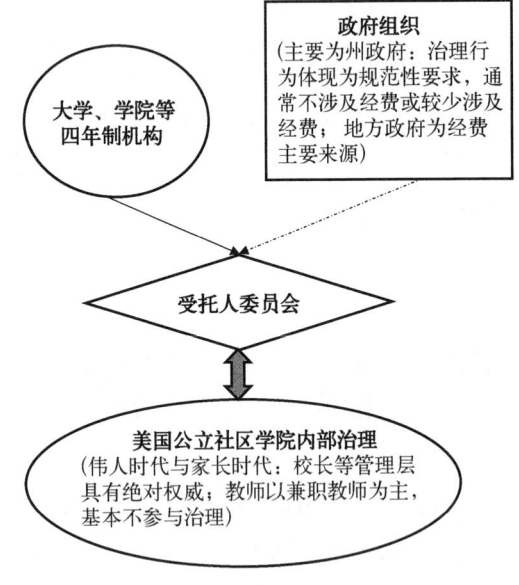

图3-1 转学职能为主时期的治理结构图

这一时期，转学职能是社区学院的安身立命之本。从治理主体的角度看，起核心作用的是大学和学院等四年制机构。相对而言，政府组织离社区学院距离较远，且主要的治理方式是以法律为主，比如加州1907年准许高中拓展2年并开设大学初级学院课程的Anthony Caminetti法案等。这一时期的联邦政府，尚未进入治理场域。其有限的影响是针对社区学院的师生个人，而不是通过受托人委员会指向作为整体的社区学院。地方政府是社区学院经费的主要提供者，社区学院表现出较强的地方化特征。

认证协会和基金会组织尚未进入治理场域。事实上，其自身也正处于萌生阶段。值得注意的是，以美国初级学院协会AAJC为代表的社区学院群体性组织对社区学院的发展方向已经开始了研究和探讨，并对社区学院的发展方向起到了关键作用。

在内部治理层面，这一时期的美国公立社区学院处于伟人时代或家长时代。社区学院师生规模相当少。教师群体多以兼职教师为主，对学院治理既没有精力也没有兴趣。集体谈判作为一种治理机制也尚未登上历史舞台。

受托人委员会作为内外治理的中间地带，尽管规模是不及后世，但在经费、战略与质量控制上都有较强作用。

二、以职业职能为主时期的治理结构

从战后开始，职业教育职能在美国公立社区学院中逐渐取得优势地位。如果说转学教育职能催生了美国社区学院的前身初级学院的诞生，那么可以说职业教育职能促进了美国社区学院的大发展，并逐渐在美国高等教育体系中获得了独立地位。与前一时期相比，这一时期的治理结构逐渐复杂，各种治理主体之间的力量对比也发生了变化。具体如图3-2所示。

与前一时期相比，这一时期治理结构上的显著变化是外部治

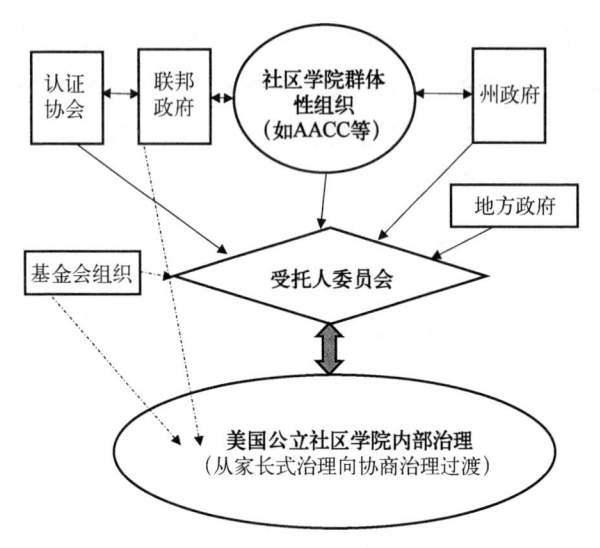

图 3-2　以职业职能为主时期的治理结构图

理主体的增多，以及相互之间互动的增强。值得注意的是，伴随着转学职能的日渐式微，大学或学院作为一种治理主体淡出治理场域。取而代之的是 AACC 等社区学院群体性组织。如果说上一时期外部治理机构的中心是大学或学院等四年制机构的话，那么毫无疑问，这一时期的外部治理结构的主角是社区学院群体性组织。这类组织不仅与各类政府组织密切互动，也对社区学院的职业化运动产生了至关重要的影响。这一时期的另一个显著特点是，认证协会的崛起并发挥其质量认证作用。这从一个侧面说明了，社区学院在快速扩张过程中数量与质量的矛盾日渐突出。

与外部治理机构的热络局面相比，这一时期的内部治理显得平静。虽然教师群体逐渐意识到参与内部治理的重要性，并产生了参与意愿和参与能力，但总体上说这一时期的内部治理仍处于从家长式治理向协商式治理的过渡阶段。真正的协商治理，要到

20世纪80年代才开始登上历史舞台。

三、多种职能并重时期的治理结构

从20世纪80年代至今,美国公立社区学院的职能越发多样化。这既说明了美国公立社区学院的生命力得到了充分的释放,也说明社会各界对社区学院有了更大的兴趣,社区学院在美国高等教育体系中的地位更加巩固。具体如图3-3所示。

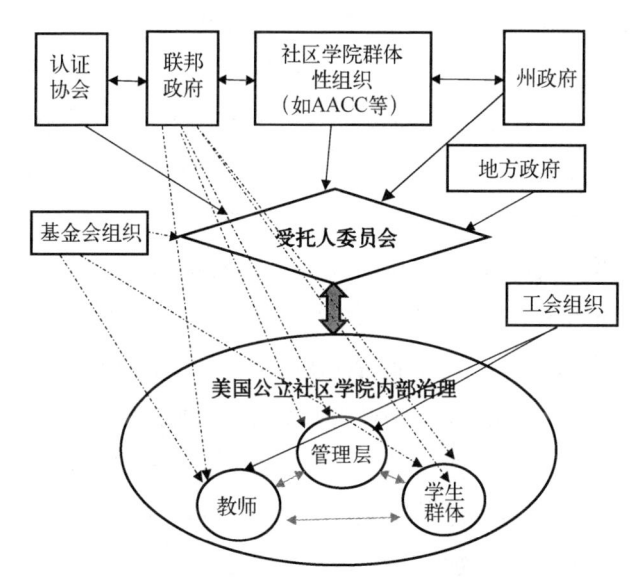

图3-3 多种职能并重时期的治理结构图

与上一时期相比,这一时期外部治理结构的显著变化在于,联邦政府作用的加强。随着社会各界对社区学院作用越来越多的认可,联邦政府对公立社区学院的经费资助能力逐渐增强。需要说明的是,联邦政府对公立社区学院的治理性影响,遵循着以往的惯例,只是通过对社区师生个体而产生作用。而且,仅仅局限在经费方面，对社区学院的发展战略依然没有决定性影响力。

与外部治理结构的相对稳定有所不同，这一时期的内部治理结构开始剧烈变动，主要表现在教师参与内部治理的意愿和能力都有大幅度提高。这反映了教师群体对于自己利益诉求和学术发展意愿的重视和维护。另外，工会组织作为一种重要的外部治理力量进入美国公立社区学院的治理场域中，并发挥了重要影响力。具体的影响，前面章节已经有详细论述。这里需要补充的是，工会组织对社区学院内部治理是通过集体谈判合同的形式发挥作用的，对于劳资双方都有普遍的约束力。这是工会组织作为一种治理力量存在的制度原因。在社区学院内部，不同利益主体之间的互动也逐渐增强，这造成了社区学院内部较强的凝聚力。

总体上看，政府组织和非政府组织是美国公立社区学院外部治理结构的关键主体。根据上述米切尔的利益相关者分类，政府组织是预期型利益相关者。原因是，政府组织拥有权力性、合法性和紧迫性的其中两项。值得注意的是，政府组织所拥有的两项是随着时代发展和社区学院壮大而不断变化的。在社区学院成立初期，政府组织（尤其是地方政府）拥有权力性和合法性。"二战"后，州政府的合法性和紧迫性成分上升，逐渐超越联邦政府和地方政府，成为政府组织中的典型预期型利益相关者。

基于米切尔的分类，非政府组织是美国公立社区学院外部治理结构中的潜在型利益相关者。非政府组织是一个笼统的分类，具体到不同的组织类型，其潜在型程度也有所不同。认证协会组织的合法性属性更加突出，基金会组织的紧迫性属性更加突出，AACC等协会组织的权力性属性更加突出。这是他们的影响力区别，但其共性是这些组织都拥有三个属性中的一个。所以，从总体上看，非政府组织是美国公立社区学院外部治理结构中的潜在型利益相关者。

值得我们高度注意的是受托人委员会，这可以认为是美国公立社区学院内外治理结构的关键中间地带，更是同时拥有权力性、合法性和紧迫性等3种属性的确定型利益相关者。在后面章节的案例分析中，会详细介绍受托人委员会的权力性、合法性和紧迫性特征。这里略作说明的是，这三种属性的根源，都与受托人的政治性有关。所谓政治性，指的是不论是选举还是任命产生，受托人个体和受托人委员会作为一个整体都必须对授权他们的人负责，且被后者严格问责。这保证了其合法性、权力性和紧迫性。正是从这个意义上说，受托人委员会能够把授权他们成立的选民或政府组织的需求以合法的途径、合适的方式在尽可能短的时间内容准确传递给公立社区学院。

在公立社区学院内部，以校长为核心的管理层可以认为是确定型利益相关者。他们同时拥有合法性、权力性和紧迫性。但这不说明他们是可以为所欲为的，管理层既要受其权力上阶——受托人委员会的统辖，又要受以学术委员会为中心的教职员群体的制衡。教师群体及其工会组织可以认为是美国公立社区学院内部治理结构中的预期型利益相关者，这一群体或组织在学术事务范围内容拥有治理合法性和权力性，但往往不具有紧迫性。一个突出表现是，其课程建设与教学发展建议往往受到资源的限制。而掌握资源分配的，正是管理层以及受托人委员会。学生群体以及更加广义的校友群体，可以认为是美国公立社区学院内部治理结构中的潜在型利益相关者。原因是，社区学院的学生及校友影响力较弱，且流动性大，与四年制机构不可同日而语。

第四章　预期型利益相关者：政府组织

作为一种预期型利益相关者，政府组织对美国公立社区学院转型发展有关键作用。联邦政府对公立社区学院的治理，经历了指向性越来越强、治理手段越来越多元的过程。出台法案、税收优惠、学生金融补助，是联邦层面对公立社区学院施加影响力的主要手段。问题导向、崇尚合作、基于法治，是美国公立社区学院联邦治理的主要特点。历史地看，州层面对公立社区学院的影响力，既不是从来就有，也不是顺利形成的。美国公立社区学院州级治理有几种情况：由教育管理机构统筹治理、由高等教育管理机构统筹治理、由社区学院专职机构专题治理、由大学系统治理。立法、经费资助、绩效管理是美国公立社区学院州级治理的主要手段。集权、问责、引入非正式治理是美国公立社区学院州级治理的主要特点。地方政府是美国公立社区学院治理场域中的"隐形巨人"，对美国公立社区学院的发展几乎没有起到消极作用。受托人委员会是其主要治理载体。

第一节　联　邦　政　府

美国是联邦制国家。关于教育的治理问题，1791年出台的联邦宪法修正案明确规定：凡本宪法未划定而又非各州所禁止的事权，皆归属各州或人民。这构成了美国联邦政府和教育事业关系的根本法律依据。1791 年宪法颁布 100 多年后，作为社区学院初级形态的初级学院开始萌生。而此时，距离美国联邦教育署（the Office of Education）1867 年成立仅仅过去了 20 多年。事实上，即使 1867 年美国联邦教育署成立后，这也远非一个内阁级机构，而只是一个负责信息与数据统计的部门，对教育事业的影响非常有限。也就是说，在相当长的时间内，社区学院是独立于联邦专门治理机构之外自顾自地发展的。如今，社区学院和联邦政府的关系却比以往任何时候都要紧密得多。

一、联邦政府治理社区学院的主要途径

由于早期社区学院实力和社会影响力较小，联邦政府对社区学院的态度，要么是限制；要么是置之不理。正如 Richardson, Richard C., Jr., Clyde E. Blocker, Louis W. Bender 所说：社区学院较晚成为联邦的政策优先方向（late arrival of the two-year college as a national priority）[1]。但自从 20 世纪六七十年代开始，由于联邦政府和社区学院都变得成熟和地位稳定，联邦政府对社区学院的治理动作明显增多，影响力也越来越强。1967 年美国教育部成立 100 周年，国会此前三年通过的主要教育法案（major pieces）是超过前 97 年的总和[2]。总起来说，联邦政府治理社区学院的主要手段，包括下列四类。

---

[1] Richardson, Richard C., Jr., Clyde E. Blocker, Louis W. Bender. Governance for the two-year college [M]. Prentice Hall, Inc., Englewood Cliffs, New Jersey, 1972, p. 6.

[2] Mary Lou Zoglin. Power and Politics in the Community College [M]. California：ETC Publications Palm Springs, 1976, p. 13.

(一) 联邦研究类基金

联邦政府具有悠久的资助高等教育研究的历史,但对社区学院却是个例外。在相当长的一段时间内,联邦研究类基金(Federal Research Funding)都与社区学院无关,直至 1994 年情况才发生了变化。这一年,NSF(National Science Foundation)下属的《先进技术教育法案》(Advanced Technological Education,ATE)获得通过,社区学院学生拥有了申请研究型资金的资格。耐人寻味的是,此时离社区学院的前身初级学院成立,已经过去了将近 100 年。

受惠于这个基金,很多社区学院建立了卓越中心(Centers of Excellence),为学生提供特定学科的技术教育。很多社区学院学生因此而得以开展很多创新性研究项目。ATE 的资助活动包括针对课程的资助(比如社区学院数学课程项目[①])、评选优秀项目(2017 年优秀项目[②])、举办工作坊(比如 Holyoke Community College 工作坊)[③] 等。除了基金会资助,还有其他联邦政府各部门也有各种研究型资助项目。联邦教育部每年会列出所有项目[④]。比如美国联邦农业部就开展有 AFRI 项目(Agriculture and Food Research Initiative),支持包括社区学院在内的所有高等教育机构开展农业和食品方面的研究。

---

① NSF. Mathematics Across the Community College Curriculum-MAC3 [DB/OL] [2016-09-15] https://www.nsf.gov/awardsearch/showAward?AWD_ID=0442439.
② NSF. Mathematics Across the Community College Curriculum-MAC3 [DB/OL] [2016-09-15] https://www.nsf.gov/news/news_summ.jsp?cntn_id=191589.
③ NSF. Mathematics Across the Community College Curriculum-MAC3 [DB/OL] [2016-09-15] https://www.nsf.gov/events/event_summ.jsp?cntn_id=124486&.
④ US Department of Education U. S. Department of Education. STEM Resources for Community Colleges [DB/OL]. [2016-09-15] https://www2.ed.gov/about/offices/list/ovae/pi/cclo/stem.html.

（二）联邦税收政策

相对于私立大学和研究型大学，联邦税收政策对社区学院的影响更大。因为社区学院的学生通常来自中低收入家庭，而且社区学院的学费不贵，税收优惠是决定学生是否有意愿或有经济能力在社区学院就读的重要因素。

联邦税收政策的受惠对象有 3 种：社区学院、捐赠人、学生及其家长。比如，根据联邦法律 501（c）3 的 Internal Revenue Service（IRS）条款规定，向社区学院捐款可以获得税收减免，这对捐赠收入很难与大学和学院相提并论的社区学院来说是一个很重要的经费来源。另外一种税收优惠，是针对公司的。20 世纪 80 年代，美国国会通过系列法案，允许资助社区学院研究类项目的公司获得税收积分（tax credits），此举不仅有利于社区学院从事研究性项目，也有利于强化社区学院的校企合作。值得注意的是，美国税收政策对社区学院来说，不都是有利的。比如无关业务收入税（Unrelated Business Income Tax，UBIT）就规定和社区学院的使命愿景不符或不直接相关的商业活动不免于征税，包括书店、餐饮服务和住房服务等。

惠及个人的税收政策也有很多，比如联邦政府规定对于供养就读于高校的 19—24 岁的子女的父母给予税收减免。对社区学院学生而言，《国内税务局税法第 127 条款》规定实习期间的学生薪酬受益可以免税。相对于研究型大学，社区学院更容易从这项政策中受惠。美国社区学院协会的一份研究表明，这项政策的通过可为一波三折，1993 年获得通过，1995 年废止，1996 年重新通过但仅限定有效期为 3 年[1]。其他政策还有，在克林顿执政

---

[1] AACC.（1998a, August 3）. About the Hope Scholarship and other tax benefits [DB/OL]. [2016 - 09 - 15] http：// www. aacc. nche. edu/ leg/ HOPE/ hopenews. htm.

期间通过的霍普奖学金与终身学习课税扣除等。教育个人退休财产也可以对接受高等教育的适当花费提供税收优惠。

(三) 联邦学生金融补助

最早也是最著名的学生金融补助方案就是《退伍军人权利法案》(Servicemen's Readjustment Act of 1944)。这个法案带来了社区学院发展史上的黄金阶段,在提升社区学院获得联邦经费资助的同时,也极大地扩大了社区学院的社会影响。目前,联邦政府针对学生的金融补助,主要有三类。

1. 基金

联邦最著名的基金(Grants)是佩尔基金(Pell Grants)。最新数据显示,社区学院学生获得的佩尔基金总额为320万人,接受佩尔基金的社区学院学生中,有78%的比例是工薪阶层。共计资金金额为100.5亿美元,占总量的36%[1]。更重要的是,这一比例近年来保持增长趋势。统计显示,1996年社区学院学生获得资助的比例为30%[2]。另外一个著名的基金是SEOG(Supplemental Education Opportunity Grant)。

2. 贷款

贷款(loans)是联邦政府学生金融补助的重点方向。联邦层面的贷款项目主要有两个:William D. Ford Federal Direct Loan (Direct Loan) 和 Federal Perkins Loan Program[3]。前者的前身是Federal Family of Educational Loan Program,社区学院学生也是合

---

[1] ACCT. Pell Grants. [DB/OL]. [2016-09-15] https://www.acct.org/pell-grants.
[2] Barbara K. Townsend、Susan B. Twombly. Community Colleges Policy in the Future Context [M]. Ablex publishing, 2001, p. 49.
[3] FSL. Federal student loans for college or career school are an investment in your future. [DB/OL]. [2016-09-15] https://studentaid.ed.gov/sa/types/loans.

格的申请者。共包括4种形式，Direct Subsidized Loans 提供给本科生，Direct Unsubsidized Loans 提供给本科生、研究生和专业学生且不需要提供金融情况证明，Direct PLUS 把家长也包括在内，Direct Consolidation Loans 面向同时拥有多个贷款项目的学生并给予利息优惠。为了方便学生还本付息，前任总统奥巴马还提出了PAYE方案（Pay As You Earn）。

3. 工作与学习

这是联邦政府鼓励学生工学结合的资助计划。由于申请量较大，其批准原则为先到先得[①]。学生既可以在校内工作，也可以在校外工作。支付方式是由用人单位直接付款给学生，社区学院学生实行时薪制，本科生或研究生实行时薪制或总薪制。学生工作有时间限制，并非完全依据学生工作意愿。而且工作项目选择，也必须与学习课程相关。

上述贷款申请，联邦政府规定任何人不得提供有偿服务，资源搜索和表格填写完全免费，而且会提醒学生谨防信息泄露。

（四）联邦法令

一般来说，联邦条例与规定分为两大类：和经费有关、和经费无关。和经费无关的规定通常与全国性信息统计、公共卫生与基本人权有关，比如整合高中后教育信息系统（Integrated Postsecondary Education Data Systems，IPEDS）、学生知情权（Student Right to Know，SRK）、残疾人法案（American with Disabilities Act，ADA）、职场安全与健康法案（Occupational Safety and Health Act，OSHA）、交通教育与隐私法案（Family

---

① FSL. Federal student loans for college or career school are an investment in your future. [DB/OL]. [2016 - 09 - 15] https：// studentaid. ed. gov/ sa/ types/ work-study.

Education Rights and Privacy Act，FERPA）、投票注册（voter registration）与免疫法（immunization law）等。这些条例，对于大多数社区学院来说是一笔不小的开支，构成了一定的经济压力。比如，残疾人法案（American with Disabilities Act，ADA）要求社区学院必须为残疾人士提供各方面的便利，这对经费本不宽裕的社区学院来说，是一笔不小的开支。

和经费有关的法案主要是两项：劳动力投资法案（Workforce Investment Act）、铂金斯职业教育法案（the Perkins Vocational Act）。其他还有，《劳动力开发与训练法案》[*Manpower Development and Training Act*（MDTA）]、《综合就业训练法案》[*the Comprehensive Employment Training Act*（CETA）]以及《工作伙伴法案》[*Job Training Partnership Act*（JTPA）]等。这些法案大多对于社区学院来说，都能提供不小的经费支持。当然，这些法案的绩效问责力度也是很大的。

二、联邦政府治理社区学院的主要特点

和地方政府相比，联邦政府对社区学院的治理性影响不是最早开始的。和州政府相比，联邦政府对社区学院的治理性影响不是力度最大和最直接的。但尽管如此，联邦政府作为超越各州的国家级治理主体，对社区学院的发展还是起到了不可低估的作用。考虑到联邦政府，尤其是联邦教育行政机构的坎坷历史和相对弱势地位，这些作用的取得是颇为不易的。而这与联邦政府对社区学院的治理特点不无关联。

（一）联邦政府对社区学院的治理是一种基于问题的治理

国内有一种观点认为，联邦政府对于社区学院的治理是通过

立法和拨款相结合的手段对各州社区学院的发展"进行宏观调控"①。持相同观点的，还有袁利平（2017）②。实际上，这种观点是值得商榷的。真正对社区学院起到宏观调控的是州政府，当然州政府对社区学院的日常管理行为也有广泛影响力。美国《教育部法》第103款明确规定：禁止联邦政府"任何对课程、教育计划、行政或任何教育机构的人力资源进行指导、监督和控制"③。这虽然是针对联邦教育部的规定，但却清晰无误地传递出美国社会对于联邦力量对于具体教育事务干预的警惕情绪。从以上关于联邦政府对于社区学院治理手段的分析可以看出，联邦政府对于社区学院的治理不仅不是宏观的，而且是非常具体、非常务实的基于问题的治理。联邦政府的很多治理措施，对全国各州都有影响力。但不能据此认为，联邦政府的治理定位是宏观调控。

联邦教育部的网站上列出的治理项目能很清晰地说明这一点。在教育部网站上共计有331个各类计划（program）④，粗略统计和社区学院相关的是26个计划。其中有一个计划名为父母在学期间的子女照看服务计划（Child Care Access Means Parents in School Program）⑤。类似的计划还有很多，这种计划根本不是宏观调控类的计划，而只是依据某一特定法律或经费来源，针对某

---

① 邢广陆. 美国社区学院的治理结构及启示："高职院校领导海外培训项目"赴美研修报告 [J]. 青岛职业技术学院学报, 2012（2）: 71.
② 袁利平. 美国高等教育外部治理结构分析 [J]. 现代大学教育, 2017（3）: 27.
③ 余承海, 程晋宽. 美国州政府的高等教育治理模式 [J]. 现代教育管理, 2016（7）: 18.
④ Home U. S. Department of Education. Search results [DB/OL]. [2016-09-15] https://www.ed.gov/programs-search? search_api_views_fulltext=.
⑤ U. S. Department of Education. Child Care Access Means Parents in School Program [DB/OL]. [2016-09-15] https://www2.ed.gov/programs/campisp/performance.html.

一具体、实际问题的计划。这种治理方式带给我们的启示是，国家层面的治理也可以很具体，未必是大而化之的宏观调控。实际上，决定国家层面高等教育质量性质与定位的因素很多，其中最根本的就是符合本国国情，重要的是要和州政府和地方政府的治理形成协同效应。显然，美国联邦政府对社区学院的治理做到了这一点。

（二）联邦政府对于社区学院的治理是一种基于合作的治理

相对弱势的联邦政府对越来越重要的社区学院的治理效果广受好评，奥秘之一是联邦政府的治理是基于合作的，可以从两个方面理解合作。

第一，联邦与州政府、社区学院的合作。在美国政治文化背景下，联邦政府和州政府没有上下级关系，不是简单的命令服从关系，其关系更多地表现为合作。州政府对于申请联邦政府的财政经费支持，是自愿的。而且，联邦政府有关基本人权的规定，需要州层面的合作与配合。比如，佛罗里达州建有佛罗里达州职业再适应局（Florida Division of Vocational Rehabilitation）[1]，就是帮助身体或心理残疾人士获得好的职业体验，从而使联邦政府的相关规定真正落地。正如 Arthur M. Cohen 所说：联邦的经费要发挥作用总是要通过州政府的管理（loop through the states for administration）。同样，社区学院对于联邦政府的经费资助也是自愿申请的。申请成功，联邦政府就能够产生治理性影响，若不申请或申请而不成功，联邦政府就谈不上对这些社区学院的治理影响力。联邦政府对社区学院的经费支持，通常含有严格的条件，

---

[1] http://www.rehabworks.org.

比如要求社区学院提供校园的犯罪率数据，要求学校要给学生提供投票注册表格等[1]。社区学院的选择，实际上是在付出和受益的综合权衡之后做出的。也就是说，如果联邦政府的条件造成过大的工作量的话，社区学院宁可不申请该项经费资助。

第二，合作还存在于联邦政府行政机构和立法机构的合作，以及联邦机构和质量认证协会的合作。仅从联邦政府的角度看，其治理力量确实不算很强，但当政府和认证协会的合作形成合力，其治理作用就不容小觑。联邦政府和认证协会作为两种不同的组织类型，其利益诉求和组织特点各有不同，但通过市场机制两者能很好地协调起来，从而发挥对社区学院治理的更大作用，产生 $1+1>2$ 的效应。联邦教育部在制定各项政策以及立法机构在进行立法时，都非常注意采纳社会各界的意见建议。比如前面提到了总统高等教育委员会的报告，虽然并非是正式的行政机构，但也具有重要的影响力。在立法机构的立法程序中，对吸纳公众建议有明确规定。更重要的是，美国社会有各种各样的利益集团，这些利益集团能够对立法实践甚至立法结果产生决定性影响。另外，行政机构和立法机构的合作也造成了联邦政策的治理优越性。这一方面是出于权力制衡考虑；另一方面也为两者的合作提出了必须回答的命题。因为互不合作是对双方都不利的策略，而只有相互合作才能在社会公众面前营造负责的形象。比如，2015 年前任总统奥巴马的《学生全员成功法案》〔*Every Student Succeeds Act*（ESSA）〕法案获得国会通过，社区学院也可以从中受益。

---

[1] Barbara K. Townsend、Susan B. Twombly. Community Colleges Policy in the Future Context [M]. Ablex publishing, 2001, p. 39.

(三) 联邦政府对于社区学院的治理是基于法治的治理

联邦政府对社区学院的治理，一直与法案、法令密不可分。也正是这个原因，在联邦教育行政机构命运多舛、前途未卜的情况下，在国家层面仍然保持有对社区学院的治理性力量。历史地看，相当多的治理任务是由联邦立法机构承担的。而其主要的治理手段，则是法案和法令。和行政机构的行政性规章和研究性报告相比，立法机构的法案法令不仅数量更多，而且影响深度也更深。更重要的是，联邦机构哪怕是总统的教育发展设想在没有得到国会通过前，也只能算是提案（proposal），对于教育实践没有任何实质性影响力。比如，2015年初，前任总统奥巴马在诺克斯维尔佩利西比州立社区学院（Pellissippi State Community Collegein Knoxville）的演讲中宣布了"学院承诺"，提出对美国所有两年制社区学院实行有条件的免费项目，并为America's College Promise Act of 2015 为名提交国会。最终，这一提案没有获得国会支持，最终无法对社区学院发展产生任何影响。

由于有联邦1791年宪法修正案的约束，联邦政府在治理社区学院方面是非常审慎的。治理行为，必须于法有据。即使是法案很细小的变动，也必须获得正式的法律授权。1965年的《高等教育法案》规定西班牙裔学生无法获得佩尔奖学金支持。直到1992年法案得到修正后，西班牙裔学生才正式获准资助。联邦教育部的职责则明确规定，只能制定联邦资助范围内的政策。

与基于法治的治理相联系的是，基于经费的治理。美国联邦政府对社区学院的治理，越来越多地和经费有关。《高等教育法案》的主要内容只是如何分配和利用资金，以至于有人直言不讳地称高等教育法为"分钱法"①。尽管多和受教育者有关,但正如上面提到的,社区学院由于通常学费较低、生源家庭经济条件较差,这些经费资助政策对社区学院的发展,尤其是入学人数具有重要的影响力。事实上,也可以认为,联邦政府正是通过向受教育资助的方式,巧妙地回避了人们对于其干预州教育治理的担忧。

美国联邦政府对社区学院治理的上述特点,集中体现为面向受教育者的治理。联邦政府对社区学院的几乎所有影响都借由对受教育者的影响来实现。即使是那些直接指向社区学院的治理行为,打的也都是增进公共利益或者保护基本人权的旗号。正如Arthur M. Cohen 所说:联邦政府支持学生而州政府支持学院(federal support for students and state support for the colleges on a broader basis),这个经由数十年形成的传统还会不可避免地延续②。

上面简要梳理分析了联邦政府对社区学院的治理,通过分析,可以清晰地看到:联邦政府正是通过面向学生的治理方式,告诉了社区学院一个非常重要的关键词:市场。学生对社区学院的选择是一种市场行为。尽管初级学院的诞生之初,通勤距离一直是一个重要因素,但在交通高度发达且州际协议越来越多的情况下,学生选择社区学院拥有了前所未有的自由。学生因素是美国高校发展兴旺的关键因素,对社区学院尤是如此。而联邦政府

---

① 卢洁莹. 美国社区学院治理及其理论基础 [M]. 合肥:安徽教育出版社,2011:135.
② Arthur M. Cohen. Governmental Policies Affecting Community Colleges: A Historical Perspective [C] // Barbara K. Townsend、Susan B. Twombly. Community Colleges Policy in the Future Context [M]. Ablex publishing, 2001, p. 40.

正是通过这种面向学生的治理方式，教会了社区学院敬畏市场力量和服务逻辑。当然，联邦政府的这种治理方式，可能不是某种人为设计的结果，甚至有很大的不得已而为之的成分。但无论如何，这种治理方式客观上向社区学院传递了清晰和重要的信息：服务学生，敬畏市场。这是从联邦政府治理的角度，解析美国社区学院成功和优秀的基本结论。

第二节 州 政 府

美国是高等教育的第三大职能服务社会的发源地，具有和欧洲不同的高等教育传统。即使是美国的研究型大学，也不像欧洲传统大学那样把自己固守在象牙塔内，而是非常主动地与校外环境互动。正如 Richardson, Richard C., Jr., Clyde E. Blocker, Louis W. Bender 所说，在美国，没有一个组织是自由漂流的，而是注定要与外界环境密切互动[①]。社区学院尤其注意与外部环境的联系。除了联邦政府，州政府的治理性影响也不容忽视。本节拟在机构、手段层面分析州政府对社区学院的治理。

一、美国各州治理公立社区学院的主要机构

（一）美国社区学院的州际差异

对美国州级社区学院的治理机构进行研究，遇到的第一个困难也是最大的困难是，美国社区学院的州际差异实在太大。这些差异是造成其治理机构多样化的根本原因。因此，分析探讨美国

---

① Richardson, Richard C., Jr., Clyde E. Blocker, Louis W. Bender. Governance for the two-year college [M]. Prentice Hall, Inc., Englewood Cliffs, New Jersey, 1972, p. 5.

社区学院的州级治理机构，需要首先对全美社区学院的州际差异进行分析。

1999年，Garrett[1]为研究全美各州社区学院治理的集权化程度，对各州情况进行了全面调查和定量分析。虽然时间已经过去了19年，但基于以下原因，Garrett的研究成果对于说明全美各州社区学院的差异仍然还具有重要说服力。第一，从面上情况来看，全美社区学院的总量保持稳定。主要原因可能是经过100多年的发展，美国社区学院的设置已经基本满足受教育者需求，趋于饱和。另外，由于州和地方政府的财政压力较大，在新建社区学院问题上态度非常谨慎。美国社区学院面上发展的稳定性，也体现在统计数据中。据Arthur M. Cohen等人的研究[2]，1998—1999学年，全美有社区学院1 233所，其中公立社区学院1 069所。另据美国社区学院协会的2017年最新数据，全美有社区学院1 108所，其中公立社区学院978所。从总体情况看，全美社区学院发展已经不是20世纪六七十年代的爆炸式增长阶段，而转入成熟与稳定期，总量变化不大。从1998—2017年的20年间，仅增长了125所，平均每个州增加2.5所。从公立院校的数据看，社区学院发展的稳定特征表现得更加明显，从1998—2017年的20年间，公立社区学院仅增长了91所，平均每州增加仅1.8所。如果具体到某一个州，社区学院发展的稳定性特征表现得更加鲜

---

[1] Rick L. Garrett Degrees of Centralization of Governance structures in State Community College Systems [C] // Terrence A. Tollefson, Rick L. Garrett, William G Ingram. Fifty State Systems of Community Colleges: Mission, Governance, Funding and Accountability [M]. Overmountain Press, Johnson City, 1999: 1-14.

[2] Arthur M. Cohen, Florence B. Brawer, Carrie B. Kisker. The American Community College: 6th Edition [M], Jossey-Bass, 2014: 34.

明。比如在马萨诸塞州，Steven Brint、Jerome Karabel（1989）[①]的研究表明该州有15所社区学院，Garrett 在1999年的调查结果也是15所，到了2013年 Mario Martinez[②] 的研究表明还是15所。第二，Garrett 1999年调研的核心数据和晚近的相关研究构成了相互印证，且变化不大。比如，关于地方经费占社区学院总经费的比重，在1999年 Garrett 调查中排名位列全美第2的亚利桑那州，在2014年 Aims McGuinness 的研究成果中仍然排名靠前，为全美第1（69%）。其他如威斯康星州、伊利诺伊州、加利福尼亚州的相对位置也基本上保持稳定。第三，有些数据不随研究时点的不同而不同。比如，1999年 Garrett 关于全美各州社区学院产生时间的统计结果，在今天仍然具有较强的说服力。下面，依托 Garrett 的数据，对全美各州的社区学院差异进行分析。

1. 社区学院的资金来源

Garrett[③] 调查发现有3个州（特拉华州、华盛顿州和犹他州）的社区学院，经费100%由州政府提供，而在佛蒙特州和北达科他州州政府提供给社区学院的经费仅占18%和18.5%。另有7个州保持在25.9%以下，9个州处于26%～40.9%之间，15个州维

---

① Steven Brint, Jerome Karabel. The Diverted Dream Community Colleges and the Promise of Educational Opportunity in America, 1900－1985 [M]. Oxford University Press, Inc., 1989: 140.
② Mario Martinez. Community College Governance in Nevada: An Evidence-Based Approach for Discussion [R/OL]. (2013－04－01) [2016－05－06] http: // www. unlv. edu/ sites/ default/ files/24/ Lincy-CollegeGovernance-MartinezReport-CCGovernance. pdf.
③ Rick L. Garrett Degrees of Centralization of Governance structures in State Community College Systems [C] // Terrence A. Tollefson, Rick L. Garrett, William G Ingram. Fifty State Systems of Community Colleges: Mission, Governance, Funding and Accountability [M]. Overmountain Press, Johnson City, 1999: 13.

持在41%～55.69%，11个州维持在56%～85.9%。就像有的州根本就没有社区学院而加州一个州就拥有109所社区学院（为Garrett 1999年调查数据）一样，美国各州之间的州政府资助力度也存在天壤之别。一般来说，州政府的资助力度大，地方政府的资助力度就较小，反之则力度较大。这说明，社区学院的经费来源结构在各州之间差异是很显著的。

表4-1 美国各州州财政支持占公立社区学院总经费的比重分布情况

州财政支持占公立社区学院总经费的比重（%）	州数	比例（%）
小于25.9	7	16
26—40.9	9	20
41—55.9	15	33
56—70.9	5	11
71—85.9	6	13
86—100	3	7
总　计	45	100

2．社区学院的历史与数量

据Garrett的调查，全美各州社区学院的历史也有显著差异。加利福尼亚州的社区学院已有90年的历史（注：为1999年时数据，下同），而缅因州的社区学院只有11年的历史，相差79年。社区学院数量最多的加州，有106所社区学院，而数量最小的阿拉斯加只有1所社区学院，相差105所。从面上情况看（注：有些州数据不详，总数为41个州），社区学院历史小于15年的有3个州，处于16～25年区间的有3个州，处于26～35年区间的有22个州，历史长于26年的有13个州。社区学院数量（有些州数据不详，总数为48个州），有9个州有社区学院不足5所，有16

个州有社区学院 6～15 所，有 13 个州有社区学院 16～25 所，有 5 个州为 26～35 所，有 1 个州有社区学院 36～45 所，有 4 个州有社区学院超过 46 所。

表 4-2 美国各州州公立社区学院机构存续时间分布情况

州公立社区学院机构存续时间（年）	州 数	比例（％）
小于 15	3	7
16—20	1	2
21—25	2	5
26—30	3	7
31—35	19	46
大于 36	13	32
总 计	41	100

表 4-3 美国各州州公立社区学院数分布情况

州公立社区学院数	州 数	比例（％）
小于 5	9	19
6—15	16	34
16—25	13	27
26—35	5	10
36—45	1	2
大于 46	4	8
总 计	48	100

3. 州级治理机构的类型

可以看到，不管是客观指标，演变历史，还是经费构成，全美各州社区学院差异都非常大。

表4-4 美国各州州级社区学院治理机构性质分布情况

州级社区学院治理机构性质	州 数	比例（%）
建议型（Advisory）	0	0
协调型（coordinating）	19	43
决策型（governing）	25	57
总计	44	100

表4-5 美国各州州级治理集权化程度分布情况

州公立社区学院治理集权化程度	州 数	比例（%）
高度分权化（highly decentralized）	2	4
分权化（highly decentralized）	11	22
中等分权化（moderately decentralized）	12	24
中等集权化（moderately centralized）	5	10
集权化（centralized）	15	30
高度集权化（highly centralized）	5	10
总计	50	100

（二）州级社区学院治理的主要任务

尽管各州之间差异很大，但一般来说，州层面对社区学院的治理职责主要包括下列内容：制定政策与方案、定义公立高中后机构的使命、教学计划评价与评估、预算管理、制定财政拨款方式方法、资源分配、资助学生、提供州内机构信息与绩效评估、办学许可、质量保障与州内专项开发。应该说，不管是与联邦政府相比，还是与地方政府相比，州政府的治理职责更要吃重得多，所以，建构一个高效的治理结构就显得尤其重要。加利福尼亚州社区学院联盟［Community College League of

California（1998）］在整理社会各界对加州社区学院的批评时指出，治理结构是社区学院招致批评的根子上的原因（underlying reason）①。正如 Chery D. Lovell 和 Catherine Trouth 所说：一个有缺陷的州治理系统，会让优秀领导人的成功大打折扣（a flawed or inadequate structure nets limited successes even when strong and effective leaders are present）②。事实上，全美各州也确实都对公立社区学院治理结构重视有加。每个州由于历史文化差异和教育背景不同，形成了非常多元化的州级治理结构。尽管这为州级社区学院治理结构研究造成了极大的困难，但由于其重要性，还是有相当大的研究价值。

(三) 公立社区学院州级治理机构的分类方法与分布情况

由于美国各州治理机构的巨大差异，如何分类就成为开展研究的起点性问题。美国本土学者开展了相关基础性研究。

1. James L. Wattenbarger 和 Melvyn Sakaguchi③ 的研究

在目前能查到的文献中，James L. Wattenbarger 和 Melvyn Sakaguchi 是最早研究社区学院州级治理结构的，通过对每一个州（包括美属波多黎各殖民地）的社区学院管理者进行逐一调查并得到了 43 个州的有效数据，1971 年 8 月，他们发表了研究报告

---

① Community College League of California. Toward A State Of Learning _ Community College Governance — An Effective Bilateral Structure For A Diverse System [R]. [2015-07-08] http://www.ccleague.org/files/public/Publications/TowardStateLrng.pdf, 1.
② Chery D. Lovell, Catherine Trouth. Statewide Community College Governance Structures: Factors that Influence and Issues that Test Effectiveness [C] // J. C. Smart. Higher Education: Handbook of Theory and Research [M]. Kluwer Academic Publishers, Netherlands, 2004, 133.
③ James L. Wattenbarger, Melvyn Sakaguchi. State Level Boards for Community Junior Colleges: Patterns of Control and Coordination [R/OL]. [2017-08-16] http://files.eric.ed.gov/fulltext/ED054770.pdf.

"State Level Boards for Community Junior Colleges: Patterns of Control and Coordination"。该报告受凯洛格基金会资助，也得到了美国初级学院协会（AAJC，美国社区学院协会的前身）的支持。

他们从两个视角对州级治理机构进行了分类。第一个视角是机构设置。把各州情况分成4个类型：建有专门治理社区学院机构的州、建有治理所有公立高等教育机构的州、通过大学系统治理公立社区学院的州、把社区学院治理纳入州教育治理机构的州。第二个视角是职能定位。各州情况分为3种类型：统治型、统治—协调型、协调型。所谓统治型，是对社区学院进行直接控制和运作（direct control and operation of community junior colleges）。所谓协调型，是把规划、预算和程序等方面的州政策汇聚起来（bring together），起到协调作用。统治—协调型，介于两者之间。统治型州，在诸多领域都具有广泛影响力，更多地作为一个审批机构（approving or reviewing agency）存在。统治—协调型州，把相当比例的权力下放给社区学院。协调型州的权力下放力度更大，仅保持在新开设学院的标准、预算建议和经费资助方面保留发言权。统治型州中，有89%的比例认为在大多数领域，州具有首要影响力；协调型州中，仅有51%的比例认为在上述领域，州具有首要影响力。统治—协调型州的比例居中，为75%。

James L. Wattenbarger 和 Melvyn Sakaguchi 的研究尽管得出的一些结论不尽合理，但是作为基础性数据却仍然很有价值。而且，由于这个研究成果发表于1971年，离现在较为久远，从而构成了与现状情况对比的历史数据。

表 4-6 James L. Wattenbarger 和 Melvyn Sakaguchi 州级治理机构分布

类型	统治型 governing board	统治—协调型 governing-coordinating board	协调型 coordinating board
州	康涅狄格州、特拉华州、明尼苏达州、佐治亚州、犹他州、西弗吉尼亚州、夏威夷州、路易斯安那州、田纳西州	亚利桑那州、科罗拉多州、马萨诸塞州、弗吉尼亚州、华盛顿州、阿拉斯加州、肯塔基州、内华达州、纽约州、亚拉巴马州、俄勒冈州	加利福尼亚州、伊利诺伊州、马里兰州、密西西比州、怀俄明州、阿肯色州、新墨西哥州、新泽西州、俄亥俄州、俄克拉荷马州、得克萨斯州、威斯康星州、佛罗里达州、爱达荷州、堪萨斯州、密歇根州、密苏里州、蒙大拿州、北卡罗来纳州、宾夕法尼亚州、罗得岛州
数量	9	11	21

注：根据 James L. Wattenbarger 和 Melvyn Sakaguchi 附表 B2 数据整理。由于两个州数据不详，原文仅列出 41 个州的数据情况。

2. Garrett[①] 的研究

1999 年，Garrett 发表了关于全美各州社区学院治理机构的研究成果。和 James L. Wattenbarger 和 Melvyn Sakaguchi 的研究有所不同，Garrett 的研究视角是"分权—集权"。按照权力集中程度，Garrett 把全美各州情况分成 6 类：a. 高度集权（Highly Centralized）、b. 集权（Centralized）、c. 中度集权（Moderately Centralized）、d. 中度分权（Moderately Decentralized）、e. 分权

---

① Rick L. Garrett. Degrees of Centralization of Governance structures in State Community College Systems [C] // Terrence A. Tollefson, Rick L. Garrett, William G Ingram. Fifty State Systems of Community Colleges: Mission, Governance, Funding and Accountability [M]. Overmountain Press, Johnson City, 1999: 1-14.

(Decentralized)、f. 高度分权（Highly Decentralized）。为了表征各州的集权程度，Garrett 提供了 5 个观测点：州级机构的性质（咨询、协调或统治型）、州级经费占社区学院系统总经费的比重、地方政府经费占社区学院系统总经费的比重、社区学院系统的规模、社区学院的存在时间。通过各州治理机构访谈和定量分析，Garrett 得出结论：康涅狄格州的集权化程度最高，得分为 3.79，宾夕法尼亚州的得分最低，为 1.43 分，分权化程度最高。Garrett 把得分 1.00~1.48 的定义为 Highly Decentralized，共计 2 个州，占比为 4%；把 1.52~2.00 定义为 Decentralized，共计 11 个州，占比为 22%；得分 2.03~2.52 定位为 Moderately Decentralized，共计 12 个州，占比例为 24%；得分 2.55~3.03 定义为 Moderately Centralized，共计 5 个州，占比为 10%；得分 3.07~3.55 定义为 Centralized，共计 15 个州，占比为 30%；得分 3.59~4.07 定义为 Highly Centralized，共计 5 个州，占比为 10%。

Garrett 从 1990 年开始就从权力集中度的视角出发，对全美社区学院治理结构进行了研究，并采用定量方法进行差异性检验。他的研究对后续研究奠定了重要基础。

把 James L. Wattenbarger 和 Melvyn Sakaguchi 与 Garrett 的研究结合起来分析，可以发现一些一致性。比如高权力集中度的州，多采用统治型治理方式。有代表性的州是：康涅狄格州、夏威夷州、田纳西州等。而低权力集中度的州，多采用协调型治理方式，代表性的州是：宾夕法尼亚州、蒙大拿州等。这说明，权力集中度和州治理机构的职责定位很有关系。另外，也可以看到一些不一致的地方，可能的原因是经过 20 多年的发展，有些州的治理机构性质发生了变化。比如，20世纪70年代的科罗拉多州采用的是统治—协调治理方式，而到了1999年表现出权力集中度的高移倾向。

3. Richard C. Richardson Jr. 和 Gerardo E. de los Santos[①] 的研究

Richard C. Richardson Jr. 和 Gerardo E. de los Santos 的研究成果发表于2001年。Richard C. Richardson Jr. 和 Gerardo E. de los Santos 继承了 James L. Wattenbarger 和 Melvyn Sakaguchi 的两维研究方法，其研究视角是两个：州对所有高中后教育机构的治理情况（State Governance and Coordination for all Postsecondary Institutions）、州对社区学院的治理情况（State Governance and Coordination Arrangements for Community Colleges）。在这两个维度上，均分为两种情况：联邦型、统一型和分割型（Federal、Unified、Segmented）。根据这样的分类标准，Richard C. Richardson Jr. 和 Gerardo E. de los Santos 把全美各州的情况分为7类：Federal/Federal States（如伊利诺伊州和华盛顿州），Federal/Unified（如亚拉巴马州、田纳西等州），Federal/Segmented States（如马里兰州与路易斯安那州等），Unified States（如夏威夷州、犹他州等），Segmented/Federal States（如亚利桑那州、密西西比州等），Segmented/Unified States（如缅因州、新罕布什尔州等）和 Segmented/Segmented States（如新墨西哥州、俄勒冈州等）。

Richard C. Richardson Jr. 和 Gerardo E. de los Santos 的研究

---

① Richard C. Richardson Jr., Gerardo E. de los Santos. Statewide Governance Structures and Two-Year Colleges [C] // Barbara K. Townsend, Susan B. Twombly. Community Colleges Policy in the Future Context [M]. Ablex publishing, 2001, pp. 63-81.

提出了很多很好的观点。比如，考虑到社区学院的资源依赖属性（nature of community colleges as resource-dependent organizations），社区学院的自治更多的是值得追求的东西，而不是已经得到的结果（something to be pursued rather than an attainable end）。社区学院治理的核心问题是地方政府和州政府的协调配合，他引用Callan和Clark的观点，认为重要的不是问："谁做什么"（Who did what?），而是应该问：两者合作可以做些如果不合作就无法做成的什么（What can we do together that otherwise cannot be done?）。在20世纪70年代之前，州政府更多地是规模管理（management of growth）。1980和1990年代，州政府对社区学院加强管制与绩效问责的原因是：社区学院是州经费的主要使用者（major users of state revenues）和主要竞争者（major competitors for tax dollars）。

4. Cheryl D. Lovell 和 Catherine Trouth[①] 的研究

2004年，Cheryl D. Lovell 和 Catherine Trouth 发表了他们的研究成果。他们的研究视角也是两维的。一维是"集权—分权"；另一维是"社区学院的治理机构"。前者吸收了利用了 Garrett 的研究成果，在第二维上分为5类：State Higher Education Board or Commission、State Board of Education、State Community College Coordinating Board、State Community College Governing Board、State Board of Regents。基于此，形成了一个二维矩阵。全美各州的分布情况见表4-7。

---

① Cheryl D. Lovell, Catherine Trouth. Statewide Community College Governance Structures: Factors That Influence And Issues That Test Effectiveness [C] // J. C. Smart (ed.). Higher Education: Handbook of Theory and Research [M]. 2004 Kluwer Academic Publishers, Vol. XIX, pp. 133-174.

表4-7 Cheryl D. Lovell 和 Catherine Trouth 州级治理机构分布

	由教育管理机构统筹治理	由高等教育管理机构统筹治理	由协调性社区学院专职机构专题治理	由统治性社区学院专职机构专题治理	由大学系统治理
高集权度					夏威夷州
集权	亚拉巴马州	印第安纳州	新罕布什尔州	科罗拉多州（地方学区学院），肯塔基州，狄格州	阿拉斯加州，佐治亚州，路易斯安那州，罗得岛州，田纳西州，佛蒙特州，弗吉尼亚州，西弗吉尼亚
中等集权			北卡罗来纳州，南卡罗来纳州，华盛顿州	特拉华州，缅因州，明尼苏达州	
中等分权	俄勒冈州	阿肯色州，马萨诸塞州，纽约州（SUNY），俄亥俄州	加利福尼亚州，佛罗里达州，伊利诺伊州，威斯康星州，俄明州		犹他州，俄克拉荷马州
分权	爱达荷州，依荷华州，堪萨斯州，密歇根州	马里兰州，密苏里州，内布拉斯加州，新泽西州，新墨西哥州，得克萨斯州	密西西比州	亚利桑那州，纽约州（CUNY）	北达科他州
高分权度	宾夕法尼亚州				蒙大拿州

注：New York (SUNY) 为纽约州立大学 State University of New York, New York (CUNY) 为纽约大学 City University of New York。

从表 4-7 中可以看出，明显分布在左下和右上的州数量较多。这说明分权与集权程度和州级治理机构有明显相关。也就是说，州内有单个委员会管理或协调所有公立高等教育机构，甚至所有教育机构的州，相对比较分权。而采用统一型治理机构的州，集权程度较高。

5. 其他研究

其他相关研究中，首当其冲的是 Cheryl D. Lovell 和 Catherine Trouth 为开展自己的研究，对前期研究成果的综述性整理，包括 Kerr 与 Gade 的研究、McGuinness 的研究、Education Commission of the States（ECS）分类法等[1]。

Kerr 与 Gade 的研究发表于 1989 年，不针对社区学院，而是指向所有高等教育机构。这种研究把高等教育治理机构分成 3 种类型：统一治理系统、分割式系统和基于大学的系统（consolidated governance systems, segmental systems, and campus-level boards）。统一式治理系统，是一种集权性质的结构。这种治理结构由一个董事会监管所有的公立机构，或者公立高等教育机构，代表州为华盛顿和俄勒冈州。分割式治理系统，是一种专门化治理结构，代表州为马里兰和马萨诸塞州。这种治理结构按照高等教育机构的性质来分门别类，并配之以专门治理系统，具有较多的分权色彩。基于大学的治理系统，是把高等教育治理职能赋予州立大学，让大学兼具治理职能，代表州为威斯康星、夏威夷和明尼苏达。

---

[1] Cheryl D. Lovell, Catherine Trouth. Statewide Community College Governance Structures: Factors That Influence And Issues That Test Effectiveness [C] // J. C. Smart (ed.). Higher Education: Handbook of Theory and Research [M]. 2004 Kluwer Academic Publishers, Vol. XIX, pp. 133-174.

1997年，Education Commission of the States（ECS）发布了其分类法。这种分类方法直接指向社区学院，对全美社区学院结构变革发挥了重要影响。这种分类法把全美各州情况分成6类：a. 州教育董事会治理型（State Board of Education Coordinates and Regulates Community Colleges，如亚拉巴马州、佛罗里达州等）、b. 州高等教育董事会治理型（Consolidated Governing Board for Both 2-and 4-Year Institutions Governs Community Colleges，如佐治亚州、罗得岛州等）、c. 州高等教育董事会协调地方董事会型（Coordinating Board for All Higher Education Coordinates Locally Governed Community colleges，如阿肯色州、印第安纳州等）、d. 州专门社区学院董事会协调治理型（Independent State Board Coordinates Community Colleges and/or Technical Institutions，如加利福尼亚州、伊利诺伊州等）、e. 州专门社区学院董事会直接管理型（Independent State Board Governs Community Colleges and/or Technical Institutions，如康涅狄格州、肯塔基州等）、f. 四年制大学治理社区学院型（Four-year Institutions have 2-year Branches，如新墨西哥州、路易斯安那州等）。从数量上来看，b和c是主流，合计数量为29州。其余各州分布在其他4种类型中。

McGuinness的研究成果发表于2002年，其研究也不直接指向社区学院，且和ECS有重合，主要根据治理机构的性质把全美各州分成3种情况：统治性、协调型和服务型（governing board states、coordinating board states 和 planning/service agency states）。国内相关研究，对此也多有关注。统治性州的代表有密西西比、内华达等，这类州对高等教育的管控相对严格、深入，既包括战略层面也包括操作层面。相对而言，全美各州更多的比例是协调型，其代表有田纳西州、加利福尼亚州等。在这类州，州级协调机构主要是把州政府各部门的有关高等教育政策进行梳理和汇总，同时担当州政府和高等教育机构之间沟通的桥梁。服务型治理的州，相对数量较少，比如宾夕法尼亚州和特拉华州等。这些州，往往没有统治性或协调性的州级机构，根据需要为高等教育机构提供必需的服务或沟通。

其他研究中，还有两类成果值得关注。第一，是国内的相关研究成果。比如余承海，程晋宽（2016）[①]从权利聚散、机构设置、政府控制等角度对美国各州州级高等教育治理结构进行了梳理，尽管不是直接指向社区学院，但仍有较大参考价值。第二，是美国学者对相关州立法机构或行政机构的政策咨询报告。比如前面提到的 Mario Martinez（2013）相关研究等。

由于美国各州治理结构的复杂性和多元性，即使是诸多学者开展了概念化和框架性的研究，但对于提供一个关于美国各州公立社区学院治理结构的清晰画面的理想要求而言，还需要作进一步的研究和探索。而且，不同的研究者，由于研究立场不同、研究假设各异，有些研究结论甚至本身就是不一致的。所以可以说在细节上准确得到每一个州治理结构的全面信息还有困难，但是从美国全国层面的角度看，还是有一些共性问题值得深入分析。

（四）公立社区学院治理机构的影响因素

1. 公立社区学院的经费来源结构

经费是理解美国各种治理现象的金钥匙，教育治理尤其是公

---

① 余承海，程晋宽. 美国州政府的高等教育治理模式 [J]. 现代教育管理，2016（7）.

立社区学院的治理也不例外。尽管美国各州在公立社区学院治理方面可谓千差万别、互不相同，但在治理机构的根本影响因素方面却是有高度共识的：治理和经费高度相关。陈学飞教授认为在美国大学系统、州和国家层次上，主要有3种权力：政府权力、政治权力和全系统学术权威人士的权力。而政治权力被广泛承认，正是"源于这样的一种信念：资金的合法权力，即谁有钱谁统治"[①]。无独有偶，美国东田纳西州立大学教授 Terrence A. Tollefson 更是深刻地指出：州和地方政府在对社区学院控制力度上的不同因钱而异（The relative degrees of state and local control of community colleges generally "follow the money"）[②]。事实上，经费之于美国各州公立社区学院治理机构的影响不仅是深刻的，而且是全面的。说深刻，是因为从根本上说，经费是影响治理最根本的因素，而说全面，是因为经费影响到的不是美国一两个州，而是全部州。

Cheryl D. Lovell 和 Catherine Trouth 提出的社区学院治理结构分类矩阵上，阿拉斯加州、康涅狄格州、夏威夷州在权力集中程度上的位置是"高度集权"类，而之所以这些州采用这样的治理结构，与其社区学院的经费构成密切相关。据 Aims McGuinness[③] 的研究，上述3个州社区学院总经费中州级财政的贡献比重为

---

① 陈学飞. 美国高等教育管理思想探究：下 [J]. 高等教育研究，1996（1）：95.
② Terrence A. Tollefson. Community College Governance, Funding, and Accountability: A Century of Issues and Trends [J]. Community College Journal of Research and Practice, 2009 (33): 386.
③ Aims McGuinness. Community College Systems Across the 50 States: Background Information for the Nevada Legislative Committee to Conduct an Interim Study Concerning Community Colleges [R/OL]. (2014-01-28) [2017-08-23] https://www.leg.state.nv.us/interim/77th2013/Committee/Studies/CommColleges/Other/28-January-2014/AgendaItemVI, NationalCenterforHigherEducationMcGuinness.pdf.

79.9%、68.0%、67.3%，而在地方政府的经费比重上，三州均为0。在Cheryl D. Lovell和Catherine Trouth矩阵上位置为"分权"类的堪萨斯州、密苏里州、马里兰州、密歇根州、内布拉斯加州、得克萨斯州，其地方政府承担公立社区学院的经费比例均高于州政府，其中密歇根州地方政府甚至比州政府对社区学院的资助力度高了19.8个百分点。这说明，经费来源结构，尤其是地方政府和州政府的财力支持对比情况，是全美各州公立社区学院治理结构的重要影响因素。

2. 规模

由于美国各州早期对待社区学院的态度有显著差异，所以造成了目前各州社区学院的规模差异较大。而正是这种差异，造成了州级治理机构的性质不同，职责侧重也有差异。上面已经提到，ECS把州级治理机构分为6种类型。尽管与其他分类方法有细微区别，但总体来说区别不大。在ECS州治理结构矩阵上位于协调型的州（Independent State Board Coordinates Community Colleges and/or Technical Institutions），如亚利桑那州、加利福尼亚州、佛罗里达州、伊利诺伊州、华盛顿州、密西西比州，其社区学院数量分别为19所、106所、28所、49所、33所、23所，都属于规模较大的州。其中加利福尼亚州以106所的数字高居各州第一位。而在ECS矩阵上位于统治型（Independent State Board Governs Community Colleges and/or Technical Institutions）的州，如特拉华州、新罕布什尔州、缅因州，其社区学院数量分别为4所、7所、7所，处于全国后列。这说明社区学院规模和州级治理结构的性质有显著相关关系。

1971年James L. Wattenbarger和Melvyn Sakaguchi的研究中，

也能看到州级治理机构的性质和全州社区学院规模的关系。在统治型治理机构中，当社区学院规模在 10 所以内时，统治型的治理机构居多，而当社区学院规模超过 10 所时，比例则显著下降，从 45%下降至 12%，当社区学院超过 20 所时，则没有任何一个州采用统治型治理机构。而在协调型治理机构中，从 6 所机构开始，随着社区学院数量的增多而比例也显著增多，从 33%增加至 58%和 71%，这说明社区学院越多，其治理复杂性越强，也就越需要用协调而不是统治的方式进行治理。也就是说，社区学院规模和州级治理机构有相关关系。

表 4-8 州级治理机构的性质和全州社区学院规模的关系

州级治理机构类型	社区学院数量				合计
	1—5 所	6—10 所	11—20 所	21 +	
统治型（governing）	1（10%）	4（45%）	2（12%）	0（0%）	7
统治—协调型（Governing-coordinating）	1（10%）	2（22%）	5（30%）	2（29%）	10
协调型（coordinating）	8（80%）	3（33%）	10（58%）	5（71%）	26
合计	10（100%）	9（100%）	17（100%）	7（100%）	43

数据来源：James L. Wattenbarger, Melvyn Sakaguchi. State Level Boards for Community Junior Colleges: Patterns of Control and Coordination [R/OL]. [2017-08-16] http://files.eric.ed.gov/fulltext/ED054770.pdf, 36.

3. 历史

总体上看，社区学院的发展历史也与州级治理机构的性质有关。前面已经说明了规模与经费来源结构，尤其是地方政府对社区学院的经费支持比重对州级社区学院治理机构性质的相关关系。事实上，社区学院的历史与社区学院的规模和地方政府的经费支持比重也有关系。通常，社区学院规模较大的州社区学院历史也较长，比如加利福尼亚州和伊利诺伊州。这两个州作为美国初级学院运动的发源地、先行者，不光对美国国家层面的初级学院运动起到了重要的推动作用，对其本州内的社区学院发展也起到了重要作用。由于这两个州的初级学院产生较早，而且早期的初级学院大部分都是地方政府资助的，州政府和联邦政府很少过问，所以在长期的发展历史中，形成了地方资助和院校自治的传统。这也就使得州政府在20世纪60年代企图施以强有力的州级影响显得力不从心。所以，这些州的州级社区学院治理机构性质多为协调型的。

相反，社区学院历史较短的州，尤其是二十世纪五六十年代才开始建立社区学院的州，如马萨诸塞州，则更容易采用统治型的治理方式。一方面，这些州的社区学院发展没有经过初级学院阶段，来自地方上的阻力、舆论以及传统上的压力较小；另一方面，当时全国层面社区学院运动已经深入推进，社会各界就发展社区学院已经达成广泛共识，而采用统治型的治理方式是后发各州迅速发展社区学院教育、赶上社区学院先进州的最好选择[1]。

4. 其他因素

应该说，美国各州州级社区学院治理机构的影响因素是一个非常复杂的研究任务。除了以上3点，其他还有不少因素也会对州级治理机构产生重要影响。比如政治气氛、政党因素等。实际上，马萨诸塞州社区学院的迅速发展，除了上面提到的历史较短等因素外，与1958年民主党候选人Foster Furcolo成功当选州长、

---

[1] Mary Lou Zoglin. Power and Politics in the Community College [M]. California: ETC Publications Palm Springs, 1976, p. 16.

民主党议员 Maurice Donahue 能成功掌控立法会密切相关①。这些看似偶然的事件，也会对社区学院的治理机构产生重要影响。美国州级治理机构的复杂性，不仅体现在横向而言各州的差异性，还体现在纵向的时间维度上，有很多不确定性因素。除此之外，其他因素还有先关协会组织的影响。马萨诸塞州社区学院的发展，就与美国社区学院协会的前身美国初级学院协会（AAJC）的潜移默化影响有关。Furcolo 州长聘任的社区学院发展主导者 John Mallan，正是 AAJC 早期领导人 Koos 和 Eells 的坚定追随者。马萨诸塞州社区学院职业化运动的成功开展，正是 Koos 和 Eells 的职业化发展理念在马萨诸塞州的成功实践。当然，各类协会组织对社区学院治理的作用不仅包括 AAJC，也不仅是理念上的影响。关于这部分内容，后面将有专门章节展开论述。

二、美国各州治理公立社区学院的主要手段

（一）立法

从狭义来说，政府是指行政机构。而从广义来说，政府既包括行政机构，也包括立法机构和司法机构。尽管和行政机构相比，立法机构和司法机构的治理行为相对不那么直接，但其对公立社区学院的影响也不容小觑。伴随着 20 世纪六七十年代州级治理社区学院治理机构的普遍建立，立法机关的立法行为也逐渐增多。立法机构的立法涉及公立社区学院的方方面面，有宏观层面的定位与性质，也有微观层面的日常管理。

---

① Steven Brint, Jerome Karabel. The Diverted Dream Community Colleges and the Promise of Educational Opportunity in America, 1900－1985 [M]. Oxford University Press, Inc., 1989: 139－202.

进入21世纪以来，各州立法机关的立法行为更是层出不穷。相对于联邦政府的立法，州立法机构的立法更加具体、更加以问题为导向。比如，2001年，亚拉巴马州立法机关通过了SB66D法案，组建公立教育评估与资源划拨机构，加强对社区学院的绩效管理。密西西比州2002年通过了SB2621，详细规定了公立社区学院校长和受托人委员会的职责分工。在具体的操作领域，2001年加利福尼亚州通过了AB1241法案，对就读教师教育教学计划的学生提供经费资助。在康涅狄格州，2002年通过了SB1366法案就社区学院的转学政策给出了详细规定。

和联邦针对社区学院的立法相比，各州的立法有其特点。首先，联邦政府法律不具有强制性，而州法律具有强制性。联邦和各州，更多的是合作关系。只有在州需要使用联邦的相关经费的时候，才必须符合联邦规定的相关条件和程序，联邦法律从而表现出强制性。而州法律有所不同，州法律在全州范围内，有普遍的强制性。其次，联邦法律多指向社会公平正义和特定人群，具有很强的针对性，而州法律则涉及方方面面，具有全面性。值得注意的是，尽管州的法律对所有教育机构都有约束力，但这丝毫不影响州法律也可以很具体。以加利福尼亚州为例，州立法会通过的各种涉及社区学院的法律，就非常具体，可操作性非常强。比如，2014年通过AB1995法案解决的，是社区学院中无家可归学生的洗澡问题。其他法案要解决的问题，如AB1942是关于社区学院认证，AB2558是关于教师发展，AB19是关于社区学院学生免费规定，AB2445是关于交通费，AB653是关于社区学院如何签协议，AB955是关于跨学期课程的相关规定。正因为州法律的强制、全面、具体的特点，使得州对社区学院的影响也更深远。

值得注意的是，立法手段对公立社区学院治理的影响，效果并不都是正面的。Anthony G. Girardi 和 Robert B. Stein[①]以密苏里州为案例，分析了州立法机构双学分政策的立法过程。由于该州有较强的地方自治传统，1990年启动关于双学分的立法程序，一直到1992年立法才获得通过。事实上，由于反对声音较多，立法通过后每年也都进行调查和辩论。辩论之初，焦点是转学议题（transfer issue），而到后来则变成了入学议题（access issue），反对者认为这不仅侵犯了高校的办学自主权，而且有降低入学标准、让大批不合格的学生进入大学之嫌。从1992年至1999年，双学分政策一直处于修改中，这使得这项和社区学院理念具有哲学级契合的政策，施行效果不甚理想。

（二）资助

经费资助是州政府治理公立社区学院的最重要的手段。一般来说，州的拨款方式有4种：预算协商（negotiated budget）、基率公式（unit-rate formula）、最小定额（minimum foundation）、基于成本的项目拨款（cost-based program funding）[②]。预算协商综合上学年社区学院预算执行情况、州财政情况、社区学院教学计划情况等，由社区学院和立法机构协商解决。这种方式，主要考察社区学院说服立法会议员的能力。基率公式通常采用按照学生人

[①] Anthony G. Girardi and Robert B. Stein. State Dual Credit Policy and Its Implications for Community Colleges: Lessons from Missouri for the 21st Century [C] // Barbara K. Townsend、Susan B. Twombly. Community Colleges Policy in the Future Context [M]. Ablex publishing, 2001. p.200.

[②] M. Cohen, Florence B. Brawer, Carrie B. Kisker. The American Community College 6th Edition, Jossey-Bass, 2014: 159.

数拨款，即 full-time student equivalent（FTSE），根据注册学生人数决定拨款经费多少。最小定额，主要是为了平衡较穷的社区学院学区和较富社区学院学区的地方政府支持力度，保证社区学院的基本办学质量。基于成本的项目拨款，主要指向社区学院的教学项目。要求社区学院提供每一个教学项目的详细预算，立法机构逐个审查并确定最终合计拨款数额。应当说，美国各州社区学院的经费资助已经实现了精细化管理，考虑到了很多因素。除了州本身的拨款，联邦政府对社区学院的经费资助也要借由州政府来实现。而在此过程中，州政府会充分利用自由裁量权，对社区学院发展产生影响。

从法律意义上说，州政府和公立社区学院地位是平等的，不存在命令与服从关系，更多的是合作关系。只是由于州政府的经费资助力度较大，公立社区学院才会对州政府的相关政策导向发生兴趣。事实上，有的州对社区学院的影响力非常有限。比如卡罗拉多州的社区学院，来自州政府的经费资助占比只有 3.1%，学费收入在社区学院总经费的比重高达 86.3%[1]。在这种情况下，州政府对社区学院的治理影响力就大打折扣了。

从面上情况而言，州政府的经费资助包括正向鼓励和反向惩罚，作用十分有力。正如 Kevin J. Dougherty 所说：正是州层面的经费治理活动让州政策（尤其是敦促性的）获得了根本力量"State financial incentives and penalties give muscle to these

---

[1] Aims McGuinness. Community College Systems Across the 50 States: Background Information for the Nevada Legislative Committee to Conduct an Interim Study Concerning Community Colleges [R/OL]. (2014-01-28) [2017-08-23] https://www.leg.state.nv.us/interim/77th2013/Committee/Studies/CommColleges/Other/28-January-2014/AgendaItemVI, NationalCenterforHigherEducationMcGuinness.pdf.

exhortations"①。比如,在 1999 财年伊利诺伊州对在公共卫生与技术领域的学生录取给予每个学生 65.1 美元和 43.61 美元的奖励,而对同期对学术性课程的学生录取奖励力度仅为 31.23 美元②。又如,得克萨斯州 1999 财年对职业与技术教育项目每合同学时(contact hour)资助 5.33 美元,而对学术性项目仅资助 4.35 美元③。另外,20 世纪 70 年代华盛顿州、伊利诺依州还对职业教育项目的基础设施进行重点资助。这些经费资助导向,清晰地向社区学院传达了州政府的政策意图,对各州社区学院职业化运动的深入开展起到了直接的推动作用。而职业化运动的完成,正是标志着美国社区学院在美国高等教育体系中获得了独立地位,进入了成熟期。

(三)绩效管理

1959 年,加利福尼亚州开全美风气之先,率先通过了州高等教育总体规划。其中详细规定了社区学院的定位。这不仅对加州的社区学院发展产生了重要影响,也引领了全国社区学院发展的潮流。以此为起点,其他各州也陆续出台了总体规划,其中,对社区学院的定位问题是不容回避的。通过广泛地听取各方面意见建议,各州社区学院的定位进一步清晰,从而为各州的绩效管理

---

① Kevin J. Dougherty. State Policies and the Community College's Role in Workforce Preparation [C] // Barbara K. Townsend、Susan B. Twombly. Community Colleges Policy in the Future Context [M]. Ablex publishing, 2001. p. 167.
② Illinois Community College Board. (1998). Operating budget appropriation and supporting technical data for the Illinois public community college system, fiscal year 1999. Springfield, IL: Author. p. 21.
③ Texas Higher Education Coordinating Board. (1999). Public junior colleges 1998 - 1999 biennium, basis of legislative appropriations. Austin: Author. URL: www. thecd. state. tx. us/ divisions/ finance/ J* rcolrates. htm.

打下了很好的基础。

20世纪六七十年代,州层面对社区学院治理的重点是建立专门机构,实施规模管理,从1980年代开始转为质量管理,注重内涵发展,从20世纪90年代开始,由于全国层面州政府的经费下降,州政府对社区学院的治理重点开始注重绩效管理。而且,各州在指标选择方面也表现出不同的侧重点。比如,密苏里州侧重的是教学过程的每学分成本(Indicators of technical efficiency include instructional expenses per credit hour of instructional delivery),田纳西州注重的是每FTE学生的获得学位或证书数量(the number of degrees or certificates awarded per FTE),南卡罗来纳州更加关注管理与学术成本的比率(the ratio of administrative to academic costs),佛罗里达州所关注的是在毕业或转学前学生获得的累计学分(the number of credits students accumulate before transfer or graduating),华盛顿州关注的是基于学位的时间成本"毕业效率索引"(a time-to-degree measure known as a "graduation efficiency index")[1]。

从时间上来看,伊利诺伊州实行绩效管理相对较早。1991年伊利诺伊州社区学院管理委员会Illinois Community College Board (ICCB),要求该州社区学院提交年度Priorities, Quality and Productivity年度报告。据该州Joliet Junior College的2004年报告,PQP报告的主要内容包括每个教学计划的外部需求情况、教学计划的成本经济性与制订方法、教学计划的优势与劣势、改进

---

[1] Alicia C. Dowd and Linda Taing Shieh. Community College Financing: Equity, Efficiency, and Accountability [J/OL] THE NEA 2013 ALMANAC OF HIGHER EDUCATION (2013-09-01) [2016-05-06] https://cue.usc.edu/files/2016/01/Dowd_CC-Financing_EquEffandAccount_NEA-Almanac_2013.pdf: 51.

建议。伊利诺伊州虽然绩效管理开始得较早，但性质是绩效报告（performance reporting）。其他更多的州，采用了刺激的绩效拨款制度，也就是把拨款和绩效联系起来，即绩效报告。1998年佛罗里达州通过了S131688法令，对高中后职业教育与成人基础教育项目的拨款方式，85%根据上一财年的数据，另外的15%要根据上一财年的绩效指标（主要是课程完成率、就业促进情况和对被培训者的服务质量）来定。事实上，已有一半以上的州实行了绩效拨款制度[①]。是否实行绩效拨款制度，往往和州政府的经费占社区学院总经费的比重有关。比如，实行绩效拨款制度的佛罗里达的州政府财政比例是60.4%，北卡罗来纳州是67.7%。俄亥俄州虽然不高，绝对数不高，42.6%，但是也是三项中最高的，学费40.7%，地方政府16.7%。

在实行绩效拨款制度的州，由于公众的问责呼声越来越高，绩效拨款制度本身也在不断朝着更加科学和高效的方向变革。与早期的绩效变革更看重平等与创造高等教育入学机会有所不同，最近的绩效拨款制度更加看重的是效率和人力资本投资回报（efficiency and human capital investment）。而且更重要的是，绩效拨款制度很多大学都在开展研究，为政府提供了多样化的方案。州政府可以根据自身的实际情况，选用适合的绩效评估方案。

由于美国社区学院的绩效考核开展时间较早，运作较为成熟，逐渐形成了高效的管理模式。概括起来，美国社区学院绩效

[①] Alicia C. Dowd, Linda Taing Shieh. Community College Financing: Equity, Efficiency, and Accountability [R/OL]. [2017-08-28] https://cue.usc.edu/files/2016/01/Dowd_CC-Financing_EquEffandAccount_NEA-Almanac_2013.pdf: 47.

管理分为3个层面：官僚制的绩效考核、市场制的绩效考核和的技术层面的绩效考核。所谓官僚制的绩效考核（Bureaucratic accountability），主要是以政府机构的规制要求来确定绩效考核指标，也就是说主要考察社区学院对相关规则、条例、立法或州高等教育总体规划的贡献程度。相对来说，这是较早时期的绩效考核模式，考核指标的性质为平等、创造高等教育入学机会等。至于社区学院所在的地方政府和相关工会开展的集体谈判协议，不在官僚制绩效考核的范围内。市场制的绩效考核（Market accountability），是以市场标准要求、考核社区学院，这是最近美国公立社区学院绩效考核的发展方向。和官僚制绩效考核所指向的平等和创造入学机会有所不同，市场制绩效考核侧重的是社区学院对受教育者人力资本投资回报的促进作用。比如，很多社区学院广泛开展的合同培训（Contract training）在市场制绩效考核制度下的权重就会更高。技术层面的绩效考核（Professional accountability），偏重于社区学院内部的过程考核，指标不都是输出性的。在美国，技术层面的绩效考核，更多的是有认证协会组织开展的。州政府更多的是认证结果的使用者，而很少对认证过程和认证标准有过多干预。相关大学的研究机构会有指标进行研究，比如 Rossier School of Education 的 CUE（Center for Urban Education）就开发了相关指标。威斯康星州和加利福尼亚州就采用了相关工具对社区学院进行绩效考核。

除了上述手段，还有其他一些手段，比如技术支持。技术支持，主要体现在对职业教育类项目的开发技术，以及涉及跨领域、跨部门主体的协调工作，还会开发"技术准备及从学校到职场"管理系统等。

三、美国公立社区学院州级治理的主要特点

多样化,应该说是美国各州公立社区学院治理的最大特点。但由于前文已经较多地涉及这一问题,下面仅从各州治理背后共性特点的角度,分析美国各州公立社区学院治理的特点。

(一)集权化趋势

美国各州公立社区学院的治理可谓千差万别,互不相同。但在多样化的治理机构、治理行为背后,潜隐着一种集权化的共性趋势。一般认为,美国公立社区学院的治理结构性质是分权的。联邦政府由于治理对包括社区学院在内的所有教育事务的法律依据,只能从公民权益的角度出发施加间接影响。真正治理公立社区学院的重心是在州。说美国公立社区学院治理是分权化的,有一个前提必须要明确,这就是从国家层面看,而且是从联邦和州的关系角度而言。如果从州和社区学院的关系角度而言,各州对公立社区学院的控制力度在加强,表现出集权的趋势。

可以从很多层面认识这种集权化的趋势。从美国国家层面看,对社区学院加强控制的州的数量在不断增多。比如,根据 James L. Wattenbarger 和 Melvyn Sakaguchi 的研究,1971 年全美各州建有专职公立社区学院治理机构的有 13 个,而根据 30 多年后 Cheryl D. Lovell 和 Catherine Trouth 的研究,2004 年全美各州建有专职公立社区学院治理机构的已达 21 个(含建有协调性机构的 13 个州、建有统治性机构的州 8 个)。尽管增加的数量不多,但考虑到美国政治的稳定性特征和烦琐的法律程序,这种增长还是能说明各州加强公立社区学院治理的趋势性特征。从各州对公立社区学院治理的广度和深度来看,集权化趋势也有所体现。由于公立社区学院对州经费的依赖程度越来越大,使用的公共资金

越来越多，各州政府需要从为纳税人负责的态度，加强对公立社区学院的管控。前面，已经涉及了各州事无巨细的各类法案。事实上根据 Cheryl D. Lovell（2014）[①] 的研究，美国各州对社区学院的立法动作近来更是层出不穷。仅加利福尼亚州，2010—2011年就有 11 个法案出台，内容涉及公立社区学院的转学政策、治理结构、劳动力培训项目开放等具体内容。

国内学者对美国公立社区学院法律因素的探讨，多局限在联邦层面。对于美国公立社区学院的治理全景来说，这是有遗憾的。事实上，州的立法动作更多、更具体。这些治理行为，表现出超越各种治理区别的集权化趋势。上面对加利福尼亚州的案例分析也表明，公立社区学院的治理结构从一元的地方治理，逐渐发展成为整合州治理和地方治理的二元结构。尽管由于加州丰富的地方自治传统和加州社区学院体量非常庞大，州治理更多地体现出协调的性质，但还是能说明州加强公立社区学院治理的趋势和意图。不管是在加州，在其他州如马萨诸塞州，集权的趋势同样存在。由于马萨诸塞州拥有哈佛大学、麻省理工学院等世界一流高校，相对其他州来说对社区学院并不足够重视。但当20世纪60年代开始决定大力发展社区学院开始，州的集权特征表现的越来越明显[②]。

需要注意的是，说各州有加强公立社区学院治理的管控，并

[①] Cheryl D. Lovell. The Growth of Community Colleges in the West Conditions and Public Policy Challenges [C] // L. F. Goodchild et al.. Public Policy Challenges Facing Higher Education in the American, Longanecker, 2014, pp. 171-172.
[②] 详见 Steven Brint, Jerome Karabel. The Diverted Dream Community Colleges and the Promise of Educational Opportunity in America, 1900-1985 [M]. Oxford University Press, Inc., 1989: 139-202.

表现出集权化特征，并不意味着州的治理权力可以有行政机构或立法机构单独垄断。美国政治分立与制衡的特征，即使是在州加强集权的大背景下，也不可能被放弃。州的集权，和分立与制衡原则并不矛盾。比如，密歇根州立法会曾立法设立了社区学院教师教学负担，后来被州法院废除[①]。此外，即使是在行政机构内部，也存在分立与制衡。由于副州长和相关行政机构负责人也由选民选举产生，他们更在意的是选民而不是位于行政序列顶端的州长，所以州长和副州长完全可能分属不同的政党，在具体施政实践中可以构成制衡关系。在纵向层面看，地方政府也不是对州立法机构的法案没有制衡效力。原因是，地方政府可以有创制权。州立法机构仅规定的是某种税收用于资助社区学院，而当地方选民如果认为确有必要可以发起公民投票增设或取消相关种类的税收项目。当然，前提在收集到足够的民意支持。

（二）注重绩效管理

上文在分析美国公立社区学院的治理手段时，已经涉及了绩效管理问题。与州立大学相比，绩效管理对于美国公立社区学院的发展有尤其重要的作用。原因是，作为州教育经费的主要使用者之一，社区学院更容易招致质疑和批评。比如，有人认为社区学院服务的是社区利益，但花费的却是州纳税人的钱。另外，州层面的立法与预算博弈，更多的是政治过程而非教育过程。社区学院也非常有必要向立法会和社会公众说明使用州经费的正当性。在这种背景下，办学绩效是一个非常有说服力的证据。从州的角度而言，加强对社区学院的绩效管理，也就合情合理了。

[①] Mary Lou Zoglin. Power and Politics in the Community College [M]. California: ETC PUBLICATIONS Palm Springs, 1976, p. 14.

美国各州对公立社区学院的态度，大都经历了由从放任或阻抑到重视与鼓励，再到绩效与问责的过程。尽管这个过程是缓慢进行，但却是各州的共性趋势。各州之所以在公立社区学院的治理方面表现出这样的共性特征，与几个因素有关。第一，新问责运动的兴起。新问责与传统问责的主要区别，在于传统问责主要是规范高等教育资源的流向、强调资源条件的输入，而"新问责"既关注输入，又看重产出，强调以结果为导向的办学绩效[1]。第二，美国高等教育市场的激烈竞争。美国是一个教育竞争十分充分的系统。美国各州的立法会成员多与州立大学联系紧密，社区学院要尽可能多的获得经费支持，必须要向社会公众充分地说明自己的办学绩效。第三，州对社区学院的治理，以经费为中心。与州立大学和著名研究型大学可以从校友或私人捐赠获得大批经费不同，社区学院的经费构成主要由州政府、学费收入和地方政府经费组成。从趋势上来看，州经费在社区学院总经费中的比重是稳步扩大的。经费是公众舆论的关注焦点，在加强经费管理方面，州政府和社区学院都有义务向公众明确说明。

（三）引入非正式治理力量

联邦政府对社区学院的治理，和州政府对社区学院的治理在很多方面有共同点。比如，两者都非常注重运用法制化手段，都非常重视合作的治理方式，都非常重视以经费为手段的柔性治理等。在合作治理方面，州政府由于涉及社区学院治理的广度和深度都要比联邦政府更甚，所以在引入非正式治理力量方面，表现得更加突出。所谓非正式治理力量，是指政府之外但又不是如认

---

[1] 吴越. 美国州级高等教育治理的权力结构演变与政府角色定位 [J]. 高等教育研究，2017（4）：104.

证协会、工会组织等正式的中介组织，多为临时性形成的治理力量。

州政府对社区学院的治理，是一个包容性很强的过程。比如，佛罗里达州做好转学课程的衔接问题，组建了 ACC（Articulation Coordinating Committee），成员主要由大学和社区学院领导人所组成。ACC 没有任何正式的政府官员，只是对政府起到建议作用，但是由于代表来自多个教育阵营，具有较强的代表性，从而也对相关政策过程起到了关键作用。现有成员有来自州立大学系统、学院系统、K-12 系统的 2 名代表、职业教育机构（Career and Technical Education）、非公立学校系统各 2 名代表和 1 名学生代表组成。ACC 的会议议程和会议纪要既公开又透明，可以在网上很方便地查阅，来自不同教育系统的声音可以充分得到倾听。又如，纽约市为了研究 K-14 教育体系问题，专门组建了市长咨询委员会（Mayor's Advisory Task Force），7 名组成人员全部是非政府人士[①]。

前面已经说明，从联邦政府的视角看，联邦治理让学区学院学会了市场与服务逻辑。从州政府的角度看，各州通过对公立社区学院的治理，向社区学院传递了注重绩效、规范法治的信息。而这对于社区学院的发展至关重要。

从 20 世纪 60 年代开始的 20 年，被普遍认为是美国社区学院发展史上的黄金阶段。与早期发展相比，社区学院的独立地位逐渐形成，在公众舆论场上的不利地位逐渐改变。与此后发展相

---

① NYC. Archives of Rudolph W. Giuliani, 107th Mayor. (2013-05-06) [2016-05-26] http://www.nyc.gov/html/records/rwg/cuny/.

比，从 20 世纪 90 年代开始逐渐蔓延全美的财政危机尚未来临，公立社区学院分享到的州经费资助充沛且稳定。美国社区学院发展史上这关键的黄金 20 年，不仅极大地缓和了此前社区学院发展的困难局面，也为后续发展奠定了扎实的思想和制度基础。而这些成绩的取得，正与州政府对公立社区学院治理的高度重视和极大投入密不可分。

尽管有评论指出，州协调机构的建立，更多的不是教育家的先见之明，而是政治家的政治利益考量[①]，但无论从哪个角度而言，对社区学院州级治理的加强都对社区学院是一个重大制度性利好。事实上，和社区学院对州级协调机构的建立持普遍的欢迎态度不同，不少研究型大学和州立大学对此是持消极或反对态度的。原因是，他们认为州级协调损害了州立大学和老牌研究型大学的办学自主权。比如在转学政策方面，由于州立法的强制性特征，对州立大学而言这意味着教育标准的变更或教学支撑条件的再造。这对于州立大学来说，是一笔额外的开支。但社区学院则不存在这个情况，通过州协调机构他们几乎是没有付出任何代价就得到了他们一直梦寐以求的东西。正如 Richardson, Richard C., Jr., Clyde E. Blocker, Louis W. Bender 评论指出的，州协调机构的建立对社区学院来说失去的最少而得到的最多（had the most to gain, and the least to lose through the state coordination）[②]。首先是社区学院的高等教育性质得到法律上的确认，很多法案都

---

① Glenny, Lyman A. State Systems and Plans for Higher Education [C] // Logan Wilson. Emerging Patterns in American Higher Education, Washington, D. C.: American Council on Education, 1965, p. 87.

② Richardson, Richard C., Jr., Clyde E. Blocker, Louis W. Bender. Governance for the two-year college [M]. Prentice Hall, Inc., Englewood Cliffs, New Jersey, 1972, p. 23.

是把社区学院当做高等教育承担者看待的。其次，是得到了公众的正面评价和舆论支持。经过几十年的发展，社区学院终于摆脱掉了"荣耀高中"（glorified high school）、"大学可以随意摇摆的尾巴"（tail for the universities to wag）和"廉价底层学院"（bargain basement college）等称号，开始以独立的姿态屹立于美国高等教育体系中。

全美各州州级协调机构的普遍建立，使得美国公立社区学院的治理主体发生了重大转变。在此之前，承担主要治理职能的是非政府的协会组织，比如美国初级学院协会。而以美国各州社区学院治理机构的出现为标志，美国社区学院的核心治理力量，开始从非政府组织过渡到了政府组织，社区学院终于开始从游离于政府治理视野之外，开始融入高等教育总体治理体系之中。这对于社区学院的规范化发展起到了不容忽视的重要作用。当然，州层面对社区学院的重视，也和社区学院本身的特点有关。在美国政治文化背景下，政府机构可以理解为政治学意义上的经济人，趋利避害是其显著特征。追求政治正确，获得选民支持，是政治机构和机构负责人的必然追求，社区学院在办学绩效上的优异表现，使得政治人物更容易对社区学院寄予厚望。事实上，这种情况在其他国家也很常见。比如，澳大利亚政府对 TAFE 的重视，也与自身的选举利益有关。尽管美国是高等教育第三大职能服务社会的发源地，很多高等教育机构具有自觉、坚定的服务社会意识，但州立大学和研究型大学还是有所不同，州立大学更注重办学自主权和学术正当性。当学术利益和政治人物的政治利益发生冲突时，更容易坚守的是自己的办学利益。如弗莱克斯纳所言，大学不是风向标，应该不断满足社会的需求而非欲望。社区学院则不存在这个问题，这类学院具有天生的灵敏反应能力。美国有的批评者认为社区学院的多元化职能几乎无所不包，使其组织属性更加模糊。但从另外的角度来说，这恰恰说明了美国社区学院的骨子里的服务意识。

总之，美国各州政府对社区学院的治理，造成了其规范化程度和社会美誉度大幅增加，也使其绩效意识显著增强，成为高等教育市场的重要参与者和强有力竞争者。

第三节 地方政府

一般来说，政府组织包括3个层级：中央政府、省级政府和地方政府。美国也不例外。但需要注意的是，美国政府的中央与地方关系，更多的是合作关系，而较少有层级色彩。正如 Callan（1981）、Clark（1980）所说，在美国应该问的问题，不是谁做什么（Who did what?），而是各级政府合作完成那些不合作就无法完成的事情（What can we do together that otherwise cannot be done?）[1]。合作，而非等级，是理解中美政府治理方式差异的重要基点。

理解中美政府治理方式的理念和方式差异，是从政府治理视角出发，解析美国公立社区学院优秀与成功原因的重要基础。但显然，这远非全部。在中国治理语境下，政府层级越高治理职责和治理影响力就越大。也许正是因为这种思维定式造成了中国研究者对美国公立社区学院治理中的地方政府因素重视不足。

---

[1] Barbara K. Townsend、Susan B. Twombly. Community Colleges Policy in the Future Context [M]. Ablex publishing, 2001, pp. 66-67.

事实上，除了联邦政府和州政府，美国地方政府的治理重要性不容忽视、不可替代。一个耐人寻味的事实是，对于同处北美的美国社区学院和加拿大社区学院来说，从治理的视角出发，加拿大社区学院的全球影响力之所以不如美国社区学院，与加拿大社区学院的治理重心在省，而美国社区学院的治理重心在地方政府，有密切关系。美国社会普遍有个朴素的观念——税收等同于政府，选举才是官员。从这个意义上说，地方政府是最典型的政府，甚至可以说最重要的政府组织。研究地方政府对于美国公立社区学院的治理，对于正确、准确认识美国公立社区学院的成功或优秀具有重要意义。本节将从地方政府的视角出发，探讨美国公立社区学院优秀或成功原因。

相较于国外研究，国内对美国公立社区学院治理中政府组织更多的聚焦于国家或州层面。原因可能是中美两国的行政管理体制不同，国内研究者可能习惯于用理解中国的方式试图去理解美国。从方法论上说，这是有偏差的。事实上，地方政府也是美国公立社区学院治理的重要参与力量。而且，从某种程度上说，地方政府的作用不仅不容忽视，甚至可以说至关重要。这不仅因为地方政府是最早进入公立社区学院治理场域的政府组织，也因为迄今为止在美国有些州地方政府对公立社区学院的经费支持力度依然大于联邦政府和州政府。而且，地方政府与联邦政府、州政府的不同还在于，对于公立社区学院而言，历史地看，地方政府对美国公立社区学院的发展几乎没有起到过任何消极作用。联邦政府和州政府出于自己的政治利益出发，在某种情况下可能会做出不利于公立社区学院发展的决策，但这种情况不大可能发生在地方政府身上。因为，地方政府的政治利益和公立社区学院的发展利益是高度一致的。州政府可能会面临资助州立大学还是社区学院,以及资助多大比例的政治考量,而在地方政府的决策场上没有多余的高等教育选项,对公立社区学院的支持是一心一意、不遗余力的。

国外研究者对美国公立社区学院治理中的地方政府关注较多。需要说明的是,在美国政治语境下,对地方政府(local government)的理解有所不同。宽泛的理解认为,除了联邦政府之外的其他政府都可以成为地方政府。更多的理解则认为,在联邦政府之外的州政府和地方政府(比如市政府、县政府、镇政府、学区等)是有所不同的。严格意义上的地方政府应该不包括州政府。本书对联邦政府的理解,也遵循这种严格的理解。

国外学者,尤其是美国学者对公立社区学院中地方政府作用的关注有加,有多方面的原因。一个最主要的原因是,美国民众的实用主义倾向。相对于距离自己非常遥远的联邦政府,地方政府更与自己的生活息息相关。本人在美国调研访谈期间,很多受访者清晰地表达了这种倾向。他们认为,离开联邦政府可以生活,但离开地方政府他们的生活将受到严重影响,甚至无法生活。从民意测验的角度看,普通民众对地方政府的信任率远远高过对位于华盛顿的联邦政府的信任率。事实上,这种的情绪也可以从美国总统的投票率和地方受托人委员会的投票率上得到证明。

国外学者对地方政府之于美国公立社区学院治理,做了很多重要且有价值的研究。美国社区学院研究的集大成者 Arthur M. Cohen 教授用了一个非常形象的词来说明地方治理对于社区学院的重要性:乡愁(nostalgia)。他指出,地方治理对于公立社区学院的重要性，与大学自治、常春藤覆盖校园对于研究型大学一样，可能会受影响，但永远不会消失[1]。其他学者还有 Lombardi (1968)、Hurlbert (1969)、Richardson (1972)[2] 等。Lombardi (1968) 的研究聚焦于美国社区学院系统的杰出代表加州，认为加州政府建立董事会（board of governors）的同时，也赋予地方政府应有的治理职责。Hurlbert (1969) 则认为，离开来自地方的强烈意愿和大力推动，美国社区学院根本就不会存在。Richardson (1972) 认为社区学院服务社区（Responsiveness to local needs）是哲学级使命 philosophical commitment。加州社区学院联合会（Community College League of California）认为在选举产生的受托人委员会代表学区指导下发展，是加州社区学院的胎记（vestiges）[3]。考虑到加州社区学院在全美的重要地位，这样的说法是非常值得引起重视的。

一、"社区"：美国社区学院的关键定语

理解美国地方政府对公立社区学院的治理，有3个基础性概念：社区、地方政府和学区。社区是一个文化概念，构成了美国公立社区学院治理的情感基础。地方政府是一个政治概念，构成了美国公立社区学院治理的组织基础。学区是一个治理概念，或

---

[1] Arthur M. Cohen. Governmental Policies Affecting Community Colleges: A Historical Perspective [C] // Barbara K. Townsend, Susan B. Twombly. Community Colleges Policy in the Future Context [M]. Ablex publishing, 2001, p. 31.
[2] Richardson, Richard C., Jr., Clyde E. Blocker, Louis W. Bender. Governance for the two-year college [M]. Prentice Hall, Inc., Englewood Cliffs, New Jersey, 1972, p. 46.
[3] Community College League of California. Toward A State Of learning Community College Governance — An Effective Bilateral Structure For A Diverse System [R]. [2015-07-08] http://www.ccleague.org/files/public/Publications/TowardStateLrng.pdf.

者说操作性概念，构成了美国公立社区学院治理的实践基础。3个概念中，社区是首当其冲的。

社区是一个非常具有美国特色的词语。社区一词并非美国原创，但是却被美国人赋予了独特的内涵。更重要的是，对于社区学院来说，"社区"是"学院"的核心定语。正是"社区"让社区学院成为社区学院。理解地方政府对于公立社区学院治理的重要性，社区是一个绕不开的关键词。甚至可以说，离开对社区概念的正确理解，就无法真正理解美国社区学院。

社区，对应的英语为community。在中文背景下，社区更多的不是地理概念，而是治理或管辖观念，等同于居委会、多用于城市，少见于农村语境。在美国文化背景下，community的含义要比其他国家丰富得多。

社区的英文是community，来自拉丁文，原意是关系亲密的伙伴或共同体。对这个概念进行最早研究的是德国学者Ferdinand Tonnies。在《社区与社会》一书中，滕尼斯认为社区和社会的最大不同在于，前者基于自然意志，后者基于选择意志下产生。所谓选择意志，又可称为理智意志，有别于自然意志的血缘、情感和传统含义，选择意志主要靠法律等契约手段维系。社区概念从欧洲进入美国后，其内核的法律、契约内涵始终未变。20世纪40年代，在美国政府的力推下，大部分初级学院更名为社区学院。这不仅仅是服务对象、服务职能的转型升级，更重要的是为美国社区学院的发展注入了规范和契约内涵。以滕尼斯的研究为起点，后续学者的研究主要基于两条路径，一个是将社区视为一种亲密关系；而另一种将社区视为一种地域社会。应当说，美国语境下的社区既具有地域内涵，又具有关系内涵。

美国是一个移民国家。历史地看，社区是先于政府出现的。从某种角度看，社区可视为政府的某种初级形态。政府之所以出现，是因为有一些严重或迫切的公共问题的存在，比如疾病、严寒和印第安人的袭击。美国人从骨子里就对抱团取暖有较于其他国家更深刻的认识，而对于正式政府具有天然的不信任感。这样也就容易理解，美国人把政府定位为有限政府和尽可能的低税收。

准确理解美国文化背景下的社区含义，可供选择的途径之一是美国本土学者的相关研究成果。美国社会学家希勒1955年收集了有关社区的94个定义，经过统计分析，认为3个关键点：优质互动、地理区域和共同关系。Dahl用访谈、查阅文献等方法研究了康涅狄格州的New Haven社区。Dahl认为社区是一个多元化系统（pluralistic system），经历了从寡头统治向多元主义的转变（from oligarchy to pluralism）[①]。

综合美国学者对于社区的研究成果，可以就美国社区的内涵与特征得出几个基本结论。关于内涵，美国社区可以定义为靠选举维系的公民联合体。美国社区的特征，可以概括为3个方面：高度自治、权力分享、选举维系。

美国社区普遍具有去精英主义倾向。在社区中起决定性作用的不是某个精英人物，甚至不是某几个精英人物。美国社区的权力结构是高度分散的。美国社区存在大量的联盟组织。这些联盟组织，以集体的名义反映个人诉求。利益集团对社区的渗透是无处不在的。美国社区民众各种各样的实际需求，都有对应的利益

---

① Richardson, Richard C., Jr., Clyde E. Blocker, Louis W. Bender. Governance for the two-year college [M]. Prentice Hall, Inc., Englewood Cliffs, New Jersey, 1972, p. 38.

集团组织。如社区基金会、社区协会、社区发展公司等。选票是美国社区的硬通货。美国社区决策的核心途径是选举。这也就为美国社区学院的受托人委员会的必要性打下了扎实的民意基础。在美国，社区居民有充分的表达意见、阐明诉求的权力，更有投票与辩论的自由。社区通过选举产生的委员会体制控制经费的产生与分配。从纵向的政府关系而言，他们也具有高度自治的特征。

二、美国地方政府的性质与特点

(一) 美国地方政府的重要性

前文已经提到，美国民众对地方政府的信任感更强。这从一个侧面说明了美国地方政府的重要。还可以从其他方面阐述。第一，政治与行政的二分法。从19世纪末开始，美国政治文化越来越多地表现出"政治与行政"的区分。虽然在治理实践中，两者是结合在一起的。但是从性质上说，政治更多地意味着利益冲突，而行政更多地意味着政策执行。金灿荣（1999）[1]认为，联邦一级主要进行公共决策，是政治至上的，而地方政府一级主要负责公共管理，是行政至上的，州则介于两者之间。作为一种重心较低的高等教育类型，美国社区学院对行政至上的地方政府更加依赖。第二，美国政治的动荡与稳定。美国政治不乏暗流涌动，包含很多风险因素，但总体而言之所以能够保持相对稳定，关键是地方政府。尽管在联邦层面，两党竞争、互相攻击、轮番执政，但美国人民的日常生活却基本稳定。重要原因是，地方政

---

[1] 金灿荣．平淡中见精彩——评《美国地方政府的管理：实践中的公共行政》[J]．美国研究，1999（1）：141．

府有其自身的发展逻辑，不随联邦层面的党派更替而相应更替。美国社区学院服务的正是底层大众，这些普通民众是地方政府保持稳定的民意基础。第三，地方政府是创立社区学院的主力军。前面已经提到，地方政府的政治利益和社区学院的发展利益是高度一致的。这里从数据方面做一些展开。二十世纪五六十年代是美国社区学院发展史上的黄金时期，大量的社区学院正是在这一时期发展壮大的。根据一份1958—1959学年度统计材料，在400所公立社区学院中，有90所为州政府创办，75所由县政府创办，91所由市政府创办，142所由学区当局创办，1所由联邦政府创办，另1所在统计材料中没有表明由哪级政府创办。统计表明，由县、市等地方政府创办的公立初级学院共308所，占公立初级学院总数的77%[1]。这从一个侧面说明了地方政府对于创办社区学院的不遗余力。

(二) 美国地方政府的性质

美国地方政府是非常多样化的，各州之间差异很大。有的州遵循狄龙法则，认为地方政府是州的衍生物，而有的州则认为地方政府先于州政府而生，州政府的权力来自地方政府的让渡。无论哪种情况，在地方政府的性质上，美国各州的情况是基本一致的。那就是美国地方政府具有私人企业的某些特征。

这种认识，根植于美国民众普遍的实用主义文化，也与美国的政治传统有关。加州大学河滨分校政治学教授、加州州长前行政助理Charles R. Adrian认为："在法律理论上，美国每一个地方

---

[1] 毛澹然. 美国社区学院[M]. 北京：高等教育出版社，1989：20.

政府都是政府所设的一间公司。在英美历史上的某段时期，私人公司与市行政机关之间并无特殊差别。两者之间的显著差别是慢慢形成的，但是把市政府看作是公司，这观念在法律上仍然是很清楚的。"[1] 美国地方政府，首先考量的是自己的选举利益。一般来说，地方政府尽管性质上很像某些营利性公司，但制造业和商业是从不涉及的，因为地方政府在这两个领域很难有充分的竞争力。我国学者对美国地方政府的性质，也有论述。比如，李琦（2013）[2] 通过词汇用法分析，得出结论：美国将地方政府视为一种特殊的商人。冯映辉（2016）[3] 认为美国地方政府具备类似企业的治理结构。组织上和企业相似，市长像是经理；导向上是服务于顾客的，政府内部和企业一样，也是逐利的。

理解美国地方政府的类企业性质，对于理解地方政府对于社区学院发展的不遗余力是有帮助的。美国地方政府的政治地图比中国要复杂。在美国，地方政府更多的不是一个权力概念或地理概念，而是一个服务概念和功能概念。

（三）美国地方政府的特点

地方政府，是美国治理体系的重要组成部分。除了具有美国政府类组织的共性特征外，还有其自身特点。在展开分析之前，首先有必要探讨一下美国政府组织的共性特点。这是认识美国地方政府的重要基础。

一般而言，依法行政、透明高效、民主参与、以预算为中心，是美国所有政府组织的普遍特点。地方政府也不可避免地具

---

[1] Charles R. Adrian. Local Government [C] // 斯蒂芬·K. 贝利编. 美国政治与政府 [M]. 江炳伦, 译. 香港：今日世界出版社, 1976: 193.
[2] 李琦. 美国地方政府破产原因探析 [D]. 吉林大学, 2013: 27.
[3] 冯映辉. 美国社区学院多元化教育经费投入研究 [D]. 郑州大学, 2016: 143.

有这些特征。如果说地方政府有其特殊性的话，是在某种程度上，美国地方政府在这几个特点的具体程度上表现得更甚。比如，美国政府都以预算为中心，政策被普遍认为是贴着价格标签的目标。在地方政府，这一点表现得尤其突出。预算被认为是地方政府的血液。对地方政府来说，对于"政府应该做什么"，一个普遍接受的观念是"政府应该在预算中做什么"。认识美国政府的共性特点，是认识美国地方政府的重要基础。在美国，有一句谚语"部队靠肚子行动，政府则靠钱包往前爬"（If armies move on their stomachs, then certainly governments crawl on their purses）[①]，这个谚语形象地说明了美国政府的预算依赖特征。除了共性特征，美国地方政府还有其自身特点。

1. 类型多样

美国人口普查局（U. S. Census Bureau）把美国地方政府划分为三类：一般目的政府（General-Purpose Governments）、特别目的政府（Special-Purpose Governments）、准政府组织（Qusia-Governmental Organization）。一般目的政府主要指县（counties）政府。县的概念来源于英国。早期的县城以马车行驶速度作为依据，凡驱赶马车在日出奔赴一地而日落得归者，则划为县境。现在县的规模在全美各地差异非常大，加利福尼亚州的洛杉矶县有700万人口，而得克萨斯州的拉文县只有不到100名居民。除了县政府，一般目的政府还包括次县级政府（subcounties），比如镇（或称乡镇、市镇，towns，townships）、市（自治市，municipalities）。特别目的政府包括两种类型：学区（school districts）、特别区

---

① 蓝志勇，黄衍明. 美国地方政府管理［M］. 北京：科学出版社，2015：47.

(special districts)。准政府组织，针对某一部分居民的公共利益。比如，如由房地产开发商创建的房产主促进会（homeowner's improvement associations），可以根据章程对违约者进行处罚，也可以通过民事法庭对拒不履行合约者索取赔偿。

2. 数量众多

根据蓝志勇、黄衍明（2015）[①] 的研究，美国的省级政府（50个）多于中国（30个）；在市级层面（中国的市类似于美国的县），美国比中国多得多（美国为3 031个县，中国为333个市）；在市级以下，美国是中国的2倍还多（中国有镇政府40 446个，而美国则有municipal政府19 519个，town政府16 360个，学区12 880个，特别区政府38 226个，共计86 985个政府）。考虑到中国的人口数量4倍于美国人口，这可以从一个侧面说明美国地方政府的数量之多。

3. 没有征税立法权，但可借创制权获得税源

相对于联邦政府和州政府，地方政府的一个重要区别在于，联邦和州具有税收立法权，地方政府没有税收立法权。根据联邦、州、地方的权责不同，三级政府分别有不同的税源。地方政府虽然没有权力决定，可以开征哪些税源，但是并不是在税收问题上毫无主动可言。原因是，美国民众具有创制权。当社区学院的公共议题达到一定程度的公众认可度，地方政府通过公民投票获得州政府立法授权范围之外的其他税收便变得可能。事实上，很多社区学院的大额支出，正是通过这种方式获得的，尤其是很多基建类项目。由于这些项目需求资金量非常大，通常要经过数

---

① 蓝志勇，黄衍明. 美国地方政府管理［M］. 北京：科学出版社，2015: 2.

轮的公共辩论和公民投票。比如，圣莫妮卡学院学区（Santa Monica Community College District）发起了一次设计3.45亿美元的公民投票，用于为高中毕业生和退伍老兵提供在数学、科学、写作、艺术和商业领域的训练，最终以63.9%的支持率获得通过。再如，加利福尼亚选民同意降低发行地方性债券的门槛，原来需要2/3的选民投票赞成才能发行地方性债券，现在只需要55%的选民投票赞成就可以。洛杉矶社区学院学区通过了一项12.5亿美元的设施债券[①]。

4. 突出服务职能

相对于州政府和联邦政府而言，地方政府官员的薪酬非常之低，甚至有些州的地方官员甚至是志愿性质的。例如，在艾莫斯特镇，255名镇代表会议的成员每年只有100～300美元的补贴，理事会成员每年的补贴也不过800～1 000美元。在赛勒姆市，11名市政议员每年的补贴是8 000美元[②]。之所以如此，正是美国民众朴素的服务意识。这使得美国地方政府的服务特征，有着扎实的文化基础。和中国地方政府相比，美国地方政府没有那么多的管理和促进经济和企业发展的部门，这种任务由地方商会负责。在地方政府有限的服务职能范围内，教育支出是地方政府最大的支出。这也就不难理解，直到如今美国地方政府对社区学院的财政支撑度还是比较高的。美国地方政府的服务定位，是美国社区学院认真、高效地服务社区的重要原因。

---

① George R. Boggs. The views from here: what's ahead for teaching and learning in community colleges [C] // 田青雁. 美国高等教育体制改革之思考 [M]. 北京：中国海洋大学出版社，2009：317-328.
② 黄晓东. 美国地方政府的结构及运作特点论析 [J]. 吉林大学社会科学学报，2009（1）：77-83.

5. 受到更广泛的社会监督

美国社会是一个多中心、权力分散的公民集合体。美国地方政府受到来自方方面面的监督。监督的主体包括媒体、各类协会组织，普通公民通过信息公开法案实现监督。有的中国研究者曾陪同中国地方政府代表团访问美国，访谈过程中中国官员诧异为什么地方政府没有监察部门但却这么清廉。美国官员回答他们，原因是透明和媒体监督[1]。教育话题是舆论场上的优质话题，出于选举考量，美国地方官员在社区学院发展与改革问题上往往是积极的，至少让公众和媒体看起来是积极的。

三、受托人委员会：社区学院学区治理的关键载体

Board of trustees，有译为董事会，但前文已提到，更准确的翻译应该是受托人委员会。从外部治理的视角，对美国公立社区学院的组织优越性进行归因分析，受托人委员会是一个重要切入点。考虑到后文还会辟出专门章节论述受托人委员会的详细情况，这里仅从性质、州际差异和特点3个角度，对其进行概要性介绍。

（一）公立社区学院受托人委员会的性质

大体而言，美国公立社区学院的治理结构，可以分为外部治理结构与内部治理结构。受托人委员会，既不属于内部结构，也不是严格意义上的外部结构，准确地说，是内外治理结构的关键中间地带。美国公立社区学院的组织优越性和较强适应性，与受托人委员会的这一性质有密切关系。在美国学者中，很早的研究

---

[1] 蓝志勇，黄衔明. 美国地方政府管理[M]. 北京：科学出版社，2015：155.

成果就确认了受托人委员会的这一性质。Richardson, Richard C., Jr., Clyde E. Blocker, Louis W. Bender（1976）认为，受托人委员会是内部利益相关方和外部利益相关方的关键中间地点[1]，外部影响力和内部利益相关方的关键代理人[2]。受托人委员会的中间人性质，对于公立社区学院较强适应性的意义在于，他是把外部需求翻译为内部办学行为的关键载体。而且，这种翻译从外而内的意义要大于从内而外的意义。也就是说，内部利益相关方（如教师、校长、管理层、学生等）向受托人委员会反映的诉求更多的是利益性的，而从外而内的更多的是需求性的。因为，受托人委员会的直接利益并非教育利益，而是选举利益。为了确保选举利益，受托人委员会会自觉、本能地以维护外部需求为第一要务。

（二）公立社区学院受托人委员会的州际差异

美国是一个多元化的国家，各州之间的教育差异非常大，但在受托人委员会作为一种治理结构和治理体制方面，却几乎没有任何差异。全美各州的社区学院都普遍地设有受托人委员会。美国社会对受托人委员会治理体制具有非常深厚的文化根基和民意基础。相对而言，在各州之间有所差异的是，受托人委员会的构成方式。Cohen, Arthur M 梳理分析了全美各州社区学院受托人委员会的构成情况。数据显示，17个个州的受托人委员会为地方选举产生，15个州为地方任命产生[3]。前者包括亚利桑那州等，后者

---

[1] Richardson, Richard C., Jr., Clyde E. Blocker, Louis W. Bender. Governance for the two-year college [M]. Prentice Hall, Inc., Englewood Cliffs, New Jersey, 1972, p. 52.

[2] Richardson, Richard C., Jr., Clyde E. Blocker, Louis W. Bender. Governance for the two-year college [M]. Prentice Hall, Inc., Englewood Cliffs, New Jersey, 1972, p. 53.

[3] Cohen, Arthur M. Managing community colleges: a handbook for effective practice [M]. San Francisco: Jossey-Bass publishers, 1994, p. 81.

包括佛罗里达州等。

结束语：政府组织的利益及其对美国公立社区学院规范性的促进

作为一种重要的外部治理主体，政府组织的制度性利益诉求并不是，或者说并不直接是推动社区学院的发展，尽管在客观上也确实造成了这一点。之所以如此，是因为社区学院满足了政府组织的现实利益或预期利益。这些利益有几个方面。第一，公共利益的守护者。政府组织的基本定位是公共利益的守护者（watchdog），通过发展社区学院，容易在社会上造成重视民众利益的正向印象。这无论是对于党派，还是对于政治人物个人，都是非常有吸引力的。第二，高效财政的实施者。经费是政府的核心治理资源。但经费既不是取之不尽用之不竭，也不是可以随意而为的。从根本上说，政府手中的资源来自社会民众的授权，主要体现为立法机构的批准。在很大程度上，投向社区学院的经费会被认为是一种具有长期回报的战略投资。这显然有助于改善政府组织的公众观感。

前面分析已经表明，政府组织从一开始不仅对社区学院没有任何参与兴趣，还对社区学院的发展持否定态度。促成这一转变的根本原因，不是政府组织的良心发现，而是社区学院的发展和壮大为政府组织提供了一种利益获得满足的预期。这使得美国各级政府对参与公立社区学院治理不遗余力。

Thomas Norman C.（1975）曾经说过："教育对地方政府来说是责任，对州政府来说是功能对联邦政府来说是关切（Education is a local responsibility, a state function, and a national concern)"。虽然不是针对社区学院，而是针对全部的教育问题，但他对美国联邦政府、州政府和地方政府的治理分工做了非常精当的概括。就社区学院治理而言，对地方政府来说，这是责任（responsibility），必须为社区学院学区内的居民和企业需求负责。对州政府来说，这是一个功能（function），必须保证州内社区学院的功能性运转，确保州级经费得到合理和高效的使用。对联邦政府来说，这是一种关注（concern）。尽管社区学院离联邦政府较远，但社区学院的发展对于联邦政府也具有重要政治利益，为国家提供了丰富、优质的劳动力资源，而且从社会治理的角度，也根本性地消除了很多不稳定因素，让那些无法进入传统大学的生源群体，获得了合适的接受高等教育的机会。

第五章　潜在型利益相关者：非政府组织

"有限政府"是美国政府组织的自我认知和美国社会的广泛共识，"不信任政府"是美国民众的普遍心态。这样的政治文化，映射到美国公立社区学院的治理上，表现为政府组织并非唯一的外部治理力量。在某些特定时期，政府组织甚至是缺位或者对公立社区学院发展起到反动作用。历史地看，对政府组织进行平衡或者部分程度上纠偏的力量，是大量存在的非政府组织。

美国社区学院协会 AACC 等群体性组织对美国公立社区学院的战略方向，尤其是职业化进程起到了关键作用。从新制度主义理论的视角看，AACC 改善了治理制度的"文化—认知"成分，从根本上促成了美国公立社区学院的成熟和发展。认证协会、基金会组织分别从质量和经费两个方面对美国公立社区学院发展提供了养分。美国公立社区学院在不断满足非政府组织的生存性利益和发展性利益的同时，也实现了自身的发展。

第一节　非政府组织概况

一、基本分类

在美国，非政府组织具有非常扎实的群众基础。正如熊耕

(2010)[1]所说，美国民众对这类组织具有"无法形容的酷爱"。和政府组织相比，非政府组织比较具体和注重细节。与市场力量相比，非政府组织对社区学院的影响也更柔性、弹性和互动性。从某种角度而言，非政府组织是认识美国公立社区学院外部治理结构特点的一个绝佳视角。从目前搜索得到的资料看，没有直接反映非政府组织数量的文献。可能的原因是，这些组织的数量实在太庞大，统计起来技术难度非常大。更重要的，可能是统计出这些组织的准确数量也许意义并不大。从本书的角度看，更有价值的是明确美国公立社区学院治理场域中的非政府组织的分类与特点。

从成员的角度看，非政府组织可以分为院校类组织、个人类组织和协会类组织。院校类组织的成员为社区学院。最著名的要数美国社区学院协会（The American Association of Community Colleges，AACC）。AACC是美国高等教育六大核心组织（Big Six）之一。这些组织对美国社区学院的发展方向具有重要影响。个人类组织的成员为社区学院的教师或员工、学生。这些组织对于社区学院师生员工的利益诉求和专业性发展具有重要意义。比如，作为全美最大的社区学院系统，加利福尼亚州建有很多面向各类群体的个人类组织。比较著名的如加州社区学院同盟（Community College League of California，CCLC）。这个同盟会定期举办针对受托人委员的各类培训活动，并出版相关培训资料，对加州甚至全美的受托人委员会的专业性发展具有重要指导作用。协会类组织，又称为协会的协会，实质上是协会组织的协调性组织。著名的如

---

[1] 熊耕. 美国高等教育协会组织研究 [M]. 北京：知识产权出版社，2010.

高等教育认证理事会（Council for Higher Education Accreditation, CHEA）。CHEA 成立于 1996 年，是区域性和专业性认证组织的群体性组织，负责全美认证活动的协调和针对认证协会的民间认可。

从功能的角度看，非政府组织可以分为参与政策制定的组织、认证类组织和经费类组织。前面提到的美国社区学院协会 AACC，作为高等教育六大核心组织之一，就有实力参与政策制定，通过对美国议员和政府进行依法合规的游说活动，代表社区学院表达诉求争取利益。认证类组织主要负责社区学院教育教学质量的评估和认证，主要包括区域性认证协会、全国性认证组织和专业性认证组织。经费类组织，主要包括各类基金会。虽然和研究型大学相比，社区学院的校友经济实力和社会影响要稍逊一些，但各类基金会也会对社区学院发展起到重要的经费性影响作用。这些基金会既包括由校内人士或校友参加的基金会，也包括校外人士组成的基金会。前者数量较多，大部分社区学院都设有。后者数量不多，但经费影响力巨大。比如比尔·盖茨基金会、凯洛格基金会等。

二、主要特点

（一）独立性

这是非政府组织最重要的特点。独立性有几个表现：

1. 独立于政府组织。非政府组织和政府可以构建密切关系，并绝不意味着会变成政府的附庸。在美国，这既没有可能，也无必要。原因是美国民众具有对政府普遍的不信任感。

2. 独立于宗教。宗教文化是美国文化的重要组成部分，但在教育等专业领域，非政府组织本身不能以传播教义为目的，开展相关宗教活动。非政府组织更愿意代表更广大民众的利益,宗教的介入会降低这种可能性,至少让非政府组织的目标受众形成这样的不利认识。

3. 独立于政党和高校。非政府组织不服务于特定政党,不以谋取特定职权为目的。非政府组织有很多高校成员,但是这不意味着会受其中大多数高校的控制,成为他们发号施令的工具和平台。尽管非政府组织的会费来源于高校,但不会因此而成为高校的特定利益相关方。根据既有标准和工作程序进行独立判断,是非政府组织最珍视的工作方式。

(二) 组织性

主要体现在几个方面:

1. 定位的连续性。由于非政府组织之间的竞争非常激烈,要成功生存下来,各组织考虑最多的是定位问题。他们对自己的服务对象非常明确和坚定,而且随着历史的发展只会适当微调,很少做大的变动。

2. 运行程序公开透明。非政府组织根据自己的章程开展活动。前面一章提到,美国地方政府和私营公司一样具有服务性质。在这方面,非政府组织也是一样。为了争取到更多的目标受众,他们的规则感非常强,至少要表现得很规范。

3. 内部治理模式高效。非政府组织的治理机构通常差不多,都有理事会和各类咨询性委员会组成。长期的发展历史,形成了他们高效的治理结构。几乎任何事情都可以找到相关规定,有效避免了产生不必要的纠纷。

(三) 自愿性

非政府组织的发起成立,通常经过了较长时间的酝酿过程,组织设立表现出较强的自愿性。从成员的角度看，成员或成员单位拥有加入或退出的自由，表现出较强的流动性。非政府组织的核心文件是章程，当成员或成员单位对章程或章程修改有不同意见而又自认为无法得到充分考虑的情况下，随时会脱离该组织。非政府组织尽管不是营利性组织，但也有自己的发展利益。从根本上说，非政府组织的成长主要表现为社会影响和政治影响的壮大。影响更大的非政府组织尽管性质上仍是自愿的，但客观上也会形成某些柔性强制力量，比如认证类组织等就是这样的组织。

第二节　群体性组织对美国公立社区学院发展方向的治理性影响：以 AACC 为例

前面已经提到，美国社区学院的发展利益和政府组织的政治利益存在并不一致的可能。这种情况在 20 世纪中期以前表现得尤其明显。对社区学院来说，核心命题是明确战略定位和发展方向，进而在竞争激烈的美国高等教育体系中获得独立地位。对政府组织来说，随着财政经费压力的不断扩大，利益重心在于向选民树立高效负责的形象。此时的社区学院更多的是一种负面政治议题，政府在法律上允许其生存的同时，总是尽可能少地提供公共财政资金供给。社区学院和政府组织战略利益不一致的问题，随着"二战"后经济社会恢复和重建使得技术技能人才重要性的不断凸显，而变得相对缓和，但性质没有根本改变。在美国，永远不可能指望政府组织，尤其是不能指望联邦政府为社区学院确立战略方向。如果美国政府对社区学院有所重视的话，也是从自身的政治利益出发的。比如,克林顿政府被认为是对社区学院发展高度重视的。但仔细分析其政策内容,多是福利性内容,而非战略性内容。比如"希望奖学金"(Hope Scholarship)项目,目的是向每个美国家庭提供连续 2 年的每年高达 1 500 美元的税收优惠,以便使美国大学头两年的学习变得像今天高中学习一样容易。"直接借贷方案"(the Direct Lending Program)和提高联邦佩尔奖学金(PellGrant Program)的数额,也是类似福利性内容。上面章节提到过,联邦政府对社区学院的治理是指向学生的。克林顿政府印证了这一点。

从某种角度上说,政府组织的缺位使得美国社区学院的发展战略谋划与指导问题显得尤其突出。可贵的是,美国社区学院并没有因为政府组织的缺位,而忽略了战略规划职能。而是相反,通过明确定位、坚守定位,美国社区学院走出一条阳关大道。这其中,起到关键作用的正是非政府组织。非政府组织数量非常众多,面上探讨的意义小于点上的深入分析。这里选择美国社区学院协会(AACC)来进行。

AACC 是一个很合适的案例分析对象。第一,这是一个具有较强综合影响力的非政府组织。作为美国高等教育六大核心协会组织之一,AACC 是社区学院领域影响力最强的组织。第二,AACC 的发展与美国社区学院的发展壮大相伴生。历史地看,AACC 和美国社区学院是相互成就的。AACC 综合影响力的获得,正是由于其对美国社区学院的发展,尤其是对社区学院通过职业化而获得高等教育体系中的独立地位做出了关键贡献。

一、美国社区学院协会的沿革与现况

美国社区学院协会成立于 1920 年，初期名为美国初级学院协会（American Association of Junior Colleges，AAJC）。促成 AAJC 成立的关键因素是两个。第一，是初级学院的发展。在诞生后的 20 年间，美国初级学院虽然发展缓慢，但体量不断壮大。这使得商讨共性问题的必要性越来越迫切。第二，是关键人物的推动。这主要是指 George F. Zook 和 James M. Wood。前面提到非政府组织的独立性。应该说，这种独立性的来源，有一部分原因是组织骨干的专业性。这在 AAJC 的成立上，表现得很突出。George F. Zook 和 James M. Wood 都是教育专业人士。George F. Zook 在 20 世纪 40 年代还担任总统高等教育委员会主席，对推动初级学院向社区学院转变，发挥了重要而关键的影响力。另外几位领导人 Leonard V. Koos、Walter Crosby Eells、和 Doak S. Campbel 也都是教育学专业，具有丰富的理论和实践经验。George F. Zook 是美国教育署的高等教育研究专家，James M. Wood 是密苏里初级学院的校长、初级学院运动的精神领袖 William Rainey Harper 的信徒。Leonard V. Koos 是明尼苏达大学和芝加哥大学的教育学教授，Walter Crosby Eells 是斯坦福大学的教育学教授，Doak S. Campbel 具有初级学院校长的经历，也是田纳西州 George Peabody College 的教育学教授。除了在教育学方面的相似点，早期 AAJC 的 3 位领导人还有一个共同点就是他们的小镇新教背景（small-town Protestant）[①]，这也使他们更加务实。

[①] Steven Brint, Jerome Karabel. The Diverted Dream Community Colleges and the Promise of Educational Opportunity in America, 1900－1985 [M]. Oxford University Press, Inc., 1989, p. 34.

关于 AACC 的角色与作用，Dorothy Jane Duran（1998）[①] 在其博士学位论文中指出，在 1960 年代—1980 年代 AACC 发挥了领导作用；从全国范围来看，AACC 是公立社区学院命运的最重要的决定者之一。可以说，这样的评价对于 AACC 的作用是准确且适合的。

AAJC 的成立是诸多教育专业人士的思想激荡和共同酝酿的结果。1920 年，在美国教育署的支持下，来自 13 个州 22 个初级学院的 34 名代表在圣路易斯开会。经过 2 天的研讨，他们决定成立永久性的协会组织。成立初期他们面对的是初级学院的低社会尊重度问题，所以他们把 AAJC 定位为防御性的（defensive）。AAJC 的成立是美国初级学院运动中的关键事件，对初级学院发展，尤其是职业化发展起到了关键的决定性作用。

AAJC 成立初期也讨论过学术标准问题，也存在凝聚力不强的问题，被 Steven Brint 和 Jerome Karabel 认为是碎片化的（fragmented）[②]。随着时间的推移，AAJC 在内部一体化方面取得重要进展，职业教育成为重要的价值取向。AAJC 实施了 Terminal Education Project 等项目。值得注意的是，AAJC 的发展历程中，得到了其他非政府组织的助力和推动。这其中，既有杜鲁门总统高等教育委员会，也有凯洛格基金会等。

成立迄今，AAJC 已经经历了近 1 个世纪的风风雨雨。根据形

[①] Dorothy Jane Duran. Philanthropy and public policy: The W. K. Kellogg Foundation's influence on community colleges from 1960 to 1980 [D]. University Of Texas at Austin, 1998, p. 8.

[②] Steven Brint, Jerome Karabel. The Diverted Dream Community Colleges and the Promise of Educational Opportunity in America, 1900 - 1985 [M]. Oxford University Press, Inc., 1989, p. 32.

势发展，1972年，改名为"美国社区与初级学院协会"（American Association of Community and Junior Colleges，AACJC），1992年更名为"美国社区学院协会"（American Association of Community Colleges，AACC）。目前，AACC拥有1 200所社区学院会员，服务1 200多万社区学院学生。教育者个人也可以成为AACC会员，但没有投票权。AACC总部位于华盛顿特区的国家高等教育中心和美国劳工部教育部、能源部、国土安全部和联邦科学基金会等联邦许多重要机构和基金会具有广泛联系。AACC对自己的定位是社区学院的国家声音。

根据ERIC的数据，AACC的年度预算基本上在1 500万美元。收入排前的来源有拨款与合同收入会费收入国际服务收入等，支出排前的有拨款与合同支出政策开发与宣传费用、出版费用等。可以看到，资金筹措是AACC的头等大事，会员服务、政策促进和成果出版是重要使命。事实上，这些职能在协会成立后的相当长时间，都几乎没有大的改变。在成立初期，协会的资金筹措能力非常差，能得到的资金捐赠量非常少。随着社区学院的发展和民众的认知提升，越来越多的资金和政策资源向协会集聚。

二、美国社区学院职业化的基本过程与历史意义

职能定位，对于从诞生开始就不被看好的美国社区学院来说，是攸关生死存亡的大事。从转学教育开始的社区学院，究竟该走向何处，是社区学院和关心社区学院的社会各界共同关注的战略问题。前面已经提到，在这个问题上，政府组织没有兴趣，也没有精力。担当关键角色的是以美国社区学院协会为代表、为

核心的非政府组织。历史地看，职业教育职能是赋予社区学院独立地位、标志社区学院逐渐成熟的关键一招。正如 Steven Brint 和 Jerome Karabel 所说，职业化是美国社区学院发展历史上的最大一次变革[①]。事实上，这不仅是一种最大变革，也是最成功的一次变革。当然，从转学职能到职业教育职能，注定不会是一帆风顺的。AACC 一直起着定海神针的作用。在分析探讨 AACC 的作用和实现途径之前，应该对美国社区学院的职业化进程有概要认识。

从时间上看，美国社区学院的职业化进程，起始于 20 世纪 20 年代，完成于 20 世纪 80 年代。这个时间跨度正好与美国社区学院协会的诞生、发展与成熟相一致。可以说，美国社区学院协会在推动美国社区学院职业化的同时，也同时让社区学院协会本身走向辉煌。

课程是教育的核心，社区学院的职业化本质表现是课程的职业化。社区学院协会成立后的几十年间，美国社区学院的课程职业化进程不断加速，逐渐取得了压倒性优势。统计显示，1917 年职业教育课程比例只有 14%，1930 年比例达到 32%。而到了 1970 年，这一比例达 43%，1982 年达 71%。

表 5-1　1917—1937 年初级学院职业教育课程在所有课程中的比例

调查者	所有的初级学院		公立初级学院		私立初级学院	
	学院数量	所占比例（%）	学院数量	所占比例（%）	学院数量	所占比例（%）
麦克 道威尔（1917）	47	14	9	18	28	9
库斯（1921）	58	29	23	31	35	25

---

① 万秀兰. 美国社区学院的改革与发展 [M]. 北京：人民教育出版社，2003：94.

续 表

调查者	所有的初级学院		公立初级学院		私立初级学院	
	学院数量	所占比例（%）	学院数量	所占比例（%）	学院数量	所占比例（%）
埃尔斯（1930）	279	32	129	33	150	29
柯沃特（1937）	—	—	195	35	—	—

资料来源：周志群. 美国社区学院课程变革与发展研究［D］. 福建师范大学，2010：69.

表5-2 1970—2010年美国社区学院中职业课程占比情况

学 年	所有课程	文理通用课程	比例（%）	职业课程	比例（%）
1970—1971	253 635	145 473	57	108 162	43
1976—1977	409 942	172 631	42	237 311	58
1982—1983	456 441	133 917	29	322 524	71
1987—1988	435 085	148 466	34	286 619	66
1991—1992	504 321	195 238	39	309 083	61
1995—1996	555 216	211 822	38	343 393	62
1999—2000	564 933	249 975	44	314 958	56
2003—2004	665 301	308 064	46	357 237	54
2010—2011	942 327	398 091	42	544 236	58

资料来源：Arthur M. Cohen, Florence B. Brawer, Carrie B. Kisker. The American Community College: 6th Edition, Jossey-Bass, 2014, p. 305.

表5-3 1963—1975年美国社区学院修习职业课程学生数及其占比

年 份	全体学生数	职业课程学生数	百分比（%）
1963	847 572	219 766	25.9
1965	1 176 852	331 608	28.2
1969	1 981 150	448 229	22.6
1970	2 227 214	593 226	26.6

续 表

年　份	全体学生数	职业课程学生数	百分比（%）
1971	2 491 420	760 590	30.5
1972	2 670 934	873 933	32.7
1973	3 033 761	1 020 183	33.6
1974	3 428 640	1 134 896	33.1
1975	4 001 970	1 389 516	34.7

资料来源：牛蒙刚，于洪波. 美国社区学院独立地位的实现：过程与启示[J]. 当代教育科学，2011（7）：52.

从数据上来看，职业教育职能取得了对其他职能的压倒性优势。但数据不会显示其中的艰难过程。应该看到，这一过程的取得是数十年坚持不懈的结果。在社区学院职业化的历史进程中，美国社区学院协会充当了中流砥柱的作用。

社区学院的前身是初级学院。"初级"二字，明确无误地表明了作为一种高中后教育组织，其起始使命是转学教育。要让一个组织抛弃创办时的定位，走向另外一种职能，其难度可想而知。这种转变对社区学院来说，是一种痛苦的重生，面临着社会各界、方方面面的各种压力。而率领社区学院顶住这些压力的，正是美国社区学院协会。

在早期社区学院领导人面临除了内心的坚定信念，几乎没有任何可以依靠的力量。对职业教育职能的坚持，首先会让社区学院承受"不民主"的压力。职业教育是一种终结性教育，希望参加社区学院的学生在接受相关职业技能培训后直接走向社会，走向工作岗位。对于标榜民主、平等的美国社会来说，要达成这样的共识是很难的。比如，即使到了1970年还是有黑人学院的校长给时任总统尼克松写公开信，认为美国政府对社区学院的重视为黑人学生设置了成就天花板（ceiling on black educational achievement）[1]。事实上，在美国社区学院的初级学院时期对初级学院持积极态度的大学群体，在"二战"后对社区学院的职业化转向也不赞成。原因是，相当一部分应用型的四年制学院也想开拓职业教育与培训市场。社区学院的职业化发展，构成了对这些院校发展利益的侵犯。而且，在这些院校的固有认知里，社区学院甚至很难被认为是合格的高等教育提供者。可想而知，社区学院面临多大的压力。可以说，美国社区学院的职业化转型是在一片反对声中开展的。但这还不是最糟的，更困难的是，作为一种致力于服务学生发展和社会需求的高等教育类型，社区学院的职业化甚至也遭到了学生家长的反对和工商业界的漠不关心。顾客选择范式（Consumer-Choice Model）和工商业主导范式（Business-Domination Model），被认为是解释社区学院发展的重要理论基础。但在20世纪70年代之前，学生和工商业界都对社区学院的职业化持消极态度。Steven Brint 和 Jerome Karabel 认为，社区学院的职业化发展无法用上述任何一种范式做出合理解释[2]。很显然，是美国社区学院协会领导人超越短期利益的战略眼光和坚定信念促成了美国社区学院的职业化，并实质性地推动了美国社区学院取得了美国高等教育体系中的独立地位。不可否认，在美国社区学院职业化的漫长进程中，不可能只有社区学院协会一

---

[1] Steven Brint, Jerome Karabel. The Diverted Dream Community Colleges and the Promise of Educational Opportunity in America, 1900 - 1985 [M]. Oxford University Press, Inc., 1989, p. 124.

[2] Steven Brint, Jerome Karabel. The Diverted Dream Community Colleges and the Promise of Educational Opportunity in America, 1900 - 1985 [M]. Oxford University Press, Inc., 1989, p. 15.

种治理性力量。比如，大学的推动、州和联邦层面法律的认可等[①]。但无论从哪个角度看，美国社区学院协会都起到了核心和决定性作用。

三、美国社区学院协会推动美国社区学院职业化的基本途径

(一) 著书立说

著书立说是 AAJC 推动社区学院职业化的最基本途径。这个途径看似简单，却被协会坚持了几十年，并取得了积极成效。通过著书立说，达到了社区学院阵营内部统一思想，社区学院阵营外部改善认知的作用。

AAJC 早期领导人中，在著书立说方面成就最大的是 Leonard V. Koos。这位教育学教授，为社区学院职业化运动打造了牢靠的理论基础。他提出了半专业理论，有力、有效地廓清了社区学院的人才培养规格。可以说，在理论上为社区学院开辟了一片教育蓝海。半专业理论的提出，使得社区学院获得了相对于四年制学院和传统大学的人才培养方向，实现了理论自洽。随着时间的推移，这种理论对美国社会对社区学院价值的正确认知产生了关键作用。Leonard V. Koos 在 1925 年出版的专著 *The Junior College Movement* 被认为是决定性的（decisive contribution）[②]。事实上，至少从 1921 年开始，Leonard V. Koos 就开始对初级学院进行专门研究。1921 年，他发表了一份重要的研究报告 "Commonwealth

---

[①] 参见牛蒙刚，于洪波. 美国社区学院独立地位的实现：过程与启示 [J]. 当代教育科学，2011 (7).

[②] Steven Brint, Jerome Karabel. The Diverted Dream Community Colleges and the Promise of Educational Opportunity in America, 1900 – 1985 [M]. Oxford University Press, Inc., 1989, p. 42.

Fund Investigation"。他的研究成果为社区学院职业化起到了思想启蒙的作用，对后世很多重要人物都产生了重要影响。比如，Jesse Bogue 和 Leland Medsker 等。前者是 AAJC1946 年到 1958 年的执行秘书长（executive secretary），后者是战后领导初级学院运动的核心学者。不仅如此，在实践层面，Koos 和他的思想为很多州社区学院体系构建或改革发展也起到了直接的推动作用。比如，马萨诸塞州。该州的社区学院系统足够年轻且规模较小（both small enough and young enough）①。该州只有 15 所社区学院，且最早的社区学院 1960 年才成立。1956 年，该州选出了新的州长 Foster Furcolo。作为 Foster Furcolo 的教育助手的 John Mallan 就是 Koos 和其他 AAJC 早期领导人的忠实追随者。正是在 John Mallan 的带领下，Koos 等人的教育理想在马萨诸塞州得到了充分的贯彻落实，社区学院的职业化得到了有力的推动。

除了 Koos 外，其他 AAJC 领导人也出版了许多划时代的重要著作。比如，Eells 的 1931 年著作 *The Junior College*，Campbell 于 1930 年发表的著作 *A Critical Study of the Stated Purposes of the Junior College*。关于这些著作的历史功绩，Steven Brint 和 Jerome Karabel 认为是在 20 世纪 30 年代让政府部门的政策制定者确信：尽管社会需求不是难免强烈，但职业教育是初级学院理所当然的使命②。这应该说是对 Leonard V. Koos 等人著作的准确且极高的

---

① Steven Brint, Jerome Karabel. The Diverted Dream Community Colleges and the Promise of Educational Opportunity in America, 1900 - 1985 [M]. Oxford University Press, Inc., 1989, p. 140.

② Steven Brint, Jerome Karabel. The Diverted Dream Community Colleges and the Promise of Educational Opportunity in America, 1900 - 1985 [M]. Oxford University Press, Inc., 1989, p. 42.

评价。

尤其让人佩服的是，Leonard V. Koos 等人是在 AAJC 的运作经费捉襟见肘、社区学院阵营内外反对声此起彼伏的情况下进行自己的学术研究的。而且，在 AAJC 内部早期领导人的理念不仅显得超前与时代，领先于学生、家长和工商业界的认知，也在 AAJC 内部也是取得高度共识的。这些人不图经济利益，不惧内外反对，真正支撑他们的是关于社区学院职业化的信仰力量。在物质至上的美国，这恰恰是最能打动包括政策制定者在内的美国社会各界的。所以说，著书立说虽然是一种柔性治理方式，表面上看甚至和治理不直接相关，但由于 AAJC 早期思想家完全出于信仰力量，且坚持了几十年薪火相传，绵延不断，对社区学院职业化运动起到了理念支撑和思想奠基的重要作用。美国社区学院协会最终能够发展成为美国高等教育六大核心协会组织之一，与早期领导人的人格魅力和思想贡献密不可分。

(二) 搭建平台

AAJC 推动社区学院职业化发展的平台主要有两个，一个是每年一度的全国性会议；另一个是《初级学院》（*Junior College Journal*）杂志。AAJC 早期领导人 George Zook（1940）[①] 曾经有过一个很形象的比喻。他说初级学院运动是一个由边缘居民军团（army of struggling frontiersmen）推动的，而这个军团的将军是 Koos，Eells 和 Campbell 是上校。如果说 Koos 更多地是理论家的

---

① George Zook. The Past Twenty Years — The Next Twenty Years [J]. Junior College Journal, 1940, 10: 618, 转引自 Steven Brint, Jerome Karabel. The Diverted Dream Community Colleges and the Promise of Educational Opportunity in America, 1900–1985 [M]. Oxford University Press, Inc., 1989, p. 35.

话，Eells 和 Campbell 则更多地是实践者。Eells1930 年创办了《初级学院》（Junior College Journal）杂志并任主编，副主编正是 Campbell。

关于每年一度的全国性会议，美国学者 Brick 曾经感叹：1920 年代和 1930 年代，没有一次会议不是在讨论职业教育问题。每次年会都有职业教育阵营人发言，而 Koos 则在每次会议上都会发言①。关于《初级学院》杂志，在 Eells 和 Campbell 的主导下，尽管并非全部内容都是关于职业教育职能的，但是很显然占据了绝大多数的篇幅，具有明显的倾向性。值得注意的是，社区学院职业化进程中著名的代表性话语：向外看社区，而不是向上看大学（looking outward upon the community rather than upward to the university）正式发表在 1932 年的《初级学院》杂志上。上面提到的 George Zook 关于边境居民军团的比喻，也是发表在 1940 年的《初级学院》杂志上。除了这些研究外，《初级学院》杂志还发表了很多具有很强说服力的实证研究成果。AAJC 年会和《初级学院》杂志在美国社区学院职业化进程中发挥了不可或缺的关键作用。

依托全国性会议和《初级学院》，在 AAJC 周围聚集了当时社区学院研究到顶尖阵容，其中的著名学者有 William C. Bagley，Walter C. Eells，Robert M. Hutchins，Charles H. Judd，Grayson N. Kefauver，Leonard V. Koos，Earl J. McGrath，Homer P. Rainey，George F. Zook 等。

---

① Steven Brint, Jerome Karabel. The Diverted Dream Community Colleges and the Promise of Educational Opportunity in America, 1900 – 1985 [M]. Oxford University Press, Inc., 1989, p. 41.

(三) 经费支持

在 AAJC 早期的发展历史中，经费是捉襟见肘的。即使到了协会成立 10 年后的 20 世纪 30 年代，协会的年度获得捐赠额只有区区 2 323 美元[①]，而且职员也是没有薪金的志愿者。1926 年，时任协会主席 L. W. Smith 试图去争取捐赠收入，最终发现没有任何有意愿的捐赠者。无论是联邦还是州的立法者，此时都对社区学院的职业化进程没有任何兴趣。但尽管如此，AAJC 从没有放弃争取经费的努力。前面提到的 AACC 经费预算中，无论是收入还是支出，资金筹措都是首当其冲的。对经费问题的重视，可以说事关 AAJC 的生存，从协会组织诞生之初就具有尤其重要的意义。随着时间的推移，社区学院职业化的理念深入人心，实践深入发展，AAJC 的经费情况开始好转。

值得一提的是凯洛格基金会（W. K. Kellogg Foundation）。在资助社区学院职业化方面，没有哪一个基金会可以与凯洛格相比。这个基金会从 1959 年开始资助 AAJC。当时凯洛格基金会宣布了一个为期 5 年，总额达 24 万美元的捐赠项目。1961 年，凯洛格基金会又宣布了一个为期 6 年，总额达 34 万美元的捐赠计划。凯洛格基金会对社区学院的重视，与协会组织自身的努力有关，也与一些偶然因素有关。比如，当时凯洛格基金会的主任 Maurice Seay，在芝加哥大学正是在 Koos 的指导下开展研究工作。当然，无论从哪个角度说，大的趋势是社区学院以及社区学院职业化运动的公众认知已经达到了协会成立初期不可同日而语的水

---

① Steven Brint, Jerome Karabel. The Diverted Dream Community Colleges and the Promise of Educational Opportunity in America, 1900－1985 [M]. Oxford University Press, Inc., 1989, p. 46.

平。凯洛格基金会的捐赠，不仅是给 AAJC，也是通过 AAJC 向优秀社区学院辐射。由于经费的充裕，AAJC 得以资助优秀学者的最新研究成果。比如，Norman Harris1964 年出版的 *Technical Education in the Junior College*，对新时期社区学院的职业化发展起到了重要的推动作用。关于凯洛格基金会的作用和详细情况，下面一节会展开进行详细论述。

除了上述几个途径，AAJC 还有一些途径影响到社区学院的职业化进程。比如，游说活动和法院之友制度等。游说活动是基于按照美国法典第 1602 条，包括针对立法和行政官员的内部游说（inside lobbying）和直接针对公众、媒体以及其他社会组织和个人的外部游说（outside lobbying）。所谓法院之友（Amicus Curiae，拉丁语）是指"不是诉讼所涉及的任何一方，但认为法院的判决会影响其利益的人"[1]。美国绝大多数司法判决都使用法院之友制度，AAJC 可以通过递交书状（brief）来表达自己对于社区学院职业化的态度，影响相关判决。由于相对于其他高等教育核心协会组织（big six）AAJC 的相关案例较少，也限于篇幅，这些途径就不再详细展开了。

除了为社区学院发展提供战略方向外，非政府组织对社区学院的治理还体现在促进高等教育跨州、跨区域协作等方面。非政府组织承担重要的管理职能是美国高等教育管理模式的特色[2]。

---

[1] 熊耕. 美国高等教育协会组织研究［M］. 北京：知识产权出版社，2010：110.
[2] 黄敏，杨凤英. 第三方治理：美国高等教育协会组织的管理职能［J］. 河北师范大学学报（教育科学版），2014（3）.

第三节　认证组织对美国公立社区学院教育质量的治理性影响

质量，是高等教育治理的重要命题。在美国，质量治理任务主要由认证协会承担。准确地说，美国质量治理体系是以认证组织为中心的。联邦政府和州政府等政府组织尽管也承担质量治理任务，但主要是以与认证协会合作的方式实现的。社区学院的质量治理也不例外。认证协会在社区学院质量治理方面，同样也发挥着不容忽视、不可或缺、不可替代的作用。

一、认证协会社区学院质量治理的基本途径

(一) 确立质量标准

作为社区学院治理的核心议题，质量吸引着社区学院内外各方面的目光。从根本上说，质量治理的任务是两条：质量改进和质量保证。无论是改进还是保证，质量标准都是最核心的。认证协会在质量标准方面，可谓不遗余力。各大认证协会对质量治理的核心和首要工作便是确立质量标准。

相对于认证程序，各大认证协会之间在质量标准方面的区别要更大些。比如，西部学校与学院学会社区与初级学院委员会（Accrediting Commission for Community and Junior Colleges, Western Association of Schools and Colleges, ACCJC）的标准是4个方面：使命与效率、学生学习与服务、资源、领导与治理。负责中北部区域的高等学习委员会（HLC）的认证标准是5个方面：使命、诚实、教与学质量、教与学评估和改进、资源和组织

效率。两者标准有显著差异，和 HLC 的标准相比，ACCJC 的标准更强调治理。而相对而言，HLC 的标准更强调社区学院的诚信记录。这种区别是对区域社区学院特点的综合考虑，也是对政府相关政策的吸纳。加州是西部协会的重要认证区域，由于 AB1725 法令，协商治理（shared governance）成为法定要求。所以，ACCJC 的认证标准也加入了这一内容。

其他协会之间的认证标准，还会有细微差异。但总体而言，这些认证标准会根据形势发展，定期做修订。比如，HLC 的标准为每 5 年进行一次修订。通常，社区学院的认证周期为 7~10 年，也就是说在同样一个认证周期，认证协会的认证标准会经历至少一次修订。尽管认证协会的认证标准之间会有细微区别，但总体而言，还是共性大于个性的。

（二）建立认证程序

在认证程序方面，各认证协会之间区别不大。六大协会在社区学院认证协会方面的区别，要小于社区学院认证和四年制学院和大学认证方面的区别。一般来说，社区学院认证没有同行评议环节，而四年制学院和大学认证则通常会要求有这一环节。

社区学院认证通常包括 5 个步骤：社区学院向认证机构提出审核并获取认证候选资格，社区学院自我评估，认证协会实地考察并提交评估报告，认证协会作出认证结论，再评估。

认证协会对社区学院认证资格的认定是完全公开和十分严格的。公开体现在日程要求全部开放且透明。社区学院要想获得认证资格，必须事先研究认证协会的认证标准，确保完全满足标准。严格体现在，认证协会对提出申请的社区学院的考察必须按照既定程序和步骤进行，还必须接受公众监督。认证过程中，必须保证公众足够的知情权和评论权。认证资格通常有效期为5年。5年之内，提出认证申请的社区学院可以提出正式的认证申请。

自我评估是认证程序中的核心部分。社区学院对自我评估高度重视，一般由受托人委员会主持。在提交受托人委员会之前，自评报告必须经过相关专业委员会的评审。自评报告，通常包括学校基本信息、发展概况和对照认证标准的逐条分析。

实地考察通常为3~4天。考察结束，会出具考察报告。考察报告非常重视证据使用。根据实地考察情况，认证协会作出认证结论。社区学院获得认证资格，并不意味着一劳永逸，还必须接受定期外部评审。在评估的内容主要是针对反馈意见的整改落实情况。

认证委员会是社区学院认证的实施者，具有举足轻重的作用。有鉴于此，认证协会对认证委员会人员构成有严格规定，确保民主化和科学性。比如美国西部社区学院和初级学院认证委员会ACCJC的19名委员中人数最多的是一线教师（5人）、公众人员（5人）、管理人员（3人）和ACCJC人员（2人），其他委员的身份分别是加州社区学院院长、夏威夷州社区学院院长（ACCJC主要认证加州和夏威夷州的社区学院）、独立学院代表和太平洋西部院校的代表，均为1人。

认证协会在认证程序方面区别不大，但在一些具体细节要求上可能会有不同。比如，ACCJC要求提出认证申请的社区学院提交3种报告：中期报告、整改报告和专题报告（Midterm Report、Follow-Up Report、Special Report）。

(三) 构建议题网络

质量是社区学院的生命。对认证协会来说，这句话同样也是适用的。正如社区学院向社会公众和政府机构证明其高质量是一种本能一样，认证协会也总是在不遗余力地构建质量文化。美国是市场竞争非常充分的国家，不但社区学院面临着较大的生存压力，认证协会也一样可能因定位不准、操作不慎而走向不得不退出市场的尴尬境地。事实上，即使是作为认证协会的认证组织、号称是美国认证历史上第一个真正意义上的全国性认证机构协会的中学后认证委员会（Council on Postsecondary Accreditation，COPA），存续历史也不超过 20 年。因为 1980 年代末 1990 年代初对认证的信任危机而从 1993 年 12 月 31 日起停止活动。正是因为有了 COPA 的灭亡，才有了 1996 年高等教育认证理事会（Council for Higher Education Accreditation，CHEA）的诞生。

黑克罗（H. Heclo）在《议题网络与执行机制》（1978）一文中认为，多数政策议题的决策方式并非纯粹的"铁三角"模式，而可能在政党、国会、行政系统等正式组织结构之外所形成的一种非正式的、复杂的、开放的"议题网络"（issue network）[①]。议题网络的概念，对于美国社区学院围绕认证协会展开的质量认证是有解释力的。

认证协会的出现，是因为在美国成立高等教育机构是非常容易的。在公众和政府部门的质量问责诉求越来越强烈的情况下，认证协会逐渐登上历史舞台。而事实上，认证协会的成立也丝毫不比成立高校难度大。于是，这就产生了一个问题：负责认证社

[①] 胡伟，石凯. 理解公共政策："政策网络"的途径 [J]. 上海交通大学学报（哲学社会科学版），2006（4）：18.

区学院质量的认证协会的质量谁来监督。围绕质量这个核心命题，和认证协会这个中心组织，美国在长期的历史发展过程中形成了一个完备的议题网络。这个网络既包括认证组织，也包括对认证组织的认证者。王建成（2007）[1]认为美国认证机构的认可机制由两部分组成：认证行业的民间与非政府认可、联邦政府教育部的官方认可。

对认证机构的行业认可，是一种自律性认可，始于1949年成立的全国认证委员会（National Commission on Accrediting, NCA）。经过几次变形和重新组合后，目前 CHEA 发展成为美国高等教育界实施教育认证机构认可的最权威机构。社区学院认证组织无不以获得 CHEA 的认可为荣。不被 CHEA 认证的认证组织，通常不被社会公众和联邦、州政府所重视。

联邦政府对认证组织的认可，随着1979年联邦教育部的成立而不断加强。联邦层面对认证组织认可的主要手段是向公众提供一份经过评估的认证组织名单。由于联邦政府对社区学院的经费影响力越来越大，这份名单的含金量和综合影响力也越来越大。认证组织和社区学院都这份名单都高度重视。这样，由于联邦政府的认证需要，把原本自愿的认证过程成功转变为带有强制性的必备程序[2]。

认证组织和政府组织，既是认证需求的提供者和需求方，也有控制与反控制的博弈关系。两者的供需关系，可以从对认证的不同定义中得到说明。CHEA 对认证的定义是：认证是高等教育

---

[1] 王建成. 美国高等教育认证制度研究［M］. 北京：教育科学出版社，2007：102.
[2] Arthur M. Cohen, Florence B. Brawer, Carrie B. Kisker. The American Community College 6th Edition, Jossey-Bass, 2014), p. 136.

为了教育质量保证和教育质量改进而详细考察高等院校或专业的外部质量评估过程。美国联邦教育部 USED 的定义是:认证是认证机构颁发给高校或专业的一种标志,证明其现在和可预见的将来能够达到办学宗旨和认证机构规定的办学标准。前者是过程定义,后者是状态定义[①]。定义上的分歧,和两者的定位和目的相关。联邦政府需要的认证产品,是基于实用主义行政需要,要能明确无误地知道哪些社区学院是可靠的资助对象。而 CHEA 的发展利益要求,能实质性地改进社区学院的教育教学质量,从而也相应地提高认证组织本身的社会影响力和经费充裕程度。

随着联邦政府经费资助体量的不断扩大和社区学院规模的不断增长,联邦政府对社区学院的质量认证表现出越来越多的控制企图。这种控制企图,在 20 世纪 90 年代达到高潮。在 1992 年高等教育法修正案中,联邦规定在各州建立"州中学后教育评估机构"(State Postsecondary Review Entities,SPREs),并首次以法律形式对认证组织提出有关其组织、运作和标准的要求以限制这些民间组织的独立性,联邦政府借此企图将认证置于联邦政府的控制之下[②]。美国是一个注重分权与制衡的社会,很少有一种力量会处于绝对优势,即使是政府力量也不例外。政府组织加强对高等教育认证控制的同时,也遭到了认证组织的反控制。认证组织对政府组织的控制有着本能的反感和警惕。20 世纪 60 年代,有批评者认为:区域性认证组织已失去了其完全自治的传统,而成为与联邦政府签署隐性协约的一方,与教育局的这种关系改变了

[①] 王建成. 美国高等教育认证制度研究 [M]. 北京:教育科学出版社,2007:11.
[②] 熊耕. 简析美国联邦政府与高等教育认证之间控制与反控制之争 [J]. 比较教育研究,2003 (8):22.

认证组织在理论上和操作上独立于政府干涉的特性[①]。认证组织对政府控制的反制，还体现在加强行业自律上。上面提到的COPA就寄托了认证组织通过加强行业自理来提高公众认可，而实现与政府控制的抗衡。尽管这种努力遭到了失败，但却是一种有意义的尝试。总体上看，联邦政府的控制与高等教育认证的反控制之争形成了高等教育的外部管理与自我管理之间的相互制约、相互促进的良性关系[②]。正是这种良性关系，造就了美国社区学院认证和社区学院作为一种高等教育组织的繁荣。

二、认证协会社区学院质量治理的主要效用

（一）守门人

认证协会对美国社区学院的质量促进作用，首先体现在它提供了一种门槛。尽管各个认证协会的门槛高低不同，但毕竟提供了一种基本的准入标志。在美国，社区学院有1 200余所。如何保障如此大体量的社区学院系统是一个高质量的系统，是一个很重要的课题。与其他国家不同的是，美国社区学院的办学质量主要是靠认证协会来保障的。由此，形成了美国社区学院办学质量的认证模式。美国认证协会在美国社区学院的质量保障方面发挥了重要作用。随着美国社区学院的海外拓展，认证模式也越来越多地走出美国国门，走向世界。

（二）信息员

美国1 200所社区学院的服务对象，超过1 200万人。认证协

[①] 熊耕. 简析美国联邦政府与高等教育认证之间控制与反控制之争［J］. 比较教育研究，2003（8）：23.
[②] 熊耕. 简析美国联邦政府与高等教育认证之间控制与反控制之争［J］. 比较教育研究，2003（8）：25.

会的权威不是法定权威，而是基于公众认知。而获得美国公众利好认知的前提是认证协会向公众提供了有用、高效的信息。认证协会正是通过质量信息的生产和公布，而获得了生存与发展。值得注意的是，认证协会的信息员作用，不仅对学生及其家长而言极其有用，对政府组织来说也是同样。上面对政府组织的分析，更多地侧重于联邦政府。而事实上，州政府对认证协会的信息也是非常看重的。州政府对社区学院的管控手段，主要是通过办学许可来实现。认证协会的信息，对于州政府的办学许可审批具有重要意义。认证协会，是美国社区学院质量信息资源的中心。

(三) 风向标

前面已经提到认证协会的认证标准，是质量改进和质量保证的核心。由于标准的导向性作用，认证协会成为美国社区学院加强质量建设的风向标。由于认证协会的认证标准定期修订，且有严格、公开的修订程序，对于美国社区学院的质量建设起到了很好的引领作用。当然，这种引领也包含了对社区学院发展现状的某种妥协成分。因为认证协会的生存和发展，会费是一个重要因素。事实上，认证模式作为一种评估模式之所以受到批评，其中一个重要原因就是因为标准的下移倾向。用中国式的评估语汇来说明可能更清楚，那就是认证模式更多的是一种合格评估而不是选优评估。尽管如此，社区学院的认证模式还是很有先进之处的。目前，我国正在实行的审核评估，和美国社区学院的认证模式有某些理念上的相同之处。认证模式高度重视社区学院的使命与定位，并据此对办学绩效和发展水平进行评估，在美国社区学院的发展历史中发挥了重要的引领作用。考虑到政府组织的相对缺位，美国认证协会的引领作用是尤其值得称道的。

(四) 中间人

有研究指出，美国高等教育质量保障是一种包括州政府的办学许可、（得到联邦教育部认可的）认证机构的认证和联邦教育部对院校行政和财务能力的判断三元组合 (triad)[①]。认证组织不仅是其中重要一元，也承担着中间人的角色。从与政府组织的关系看，认证组织越来越具有政府的特殊代理人的特征。认证组织在与政府组织进行认证事务交往和认证标准互动的过程中，不自觉地吸纳了政府元素，并体现在自己的认证标准和认证行为中。从与社区学院的关系看，认证组织也充当了代言人的角色。社区学院的发展诉求，通过认证活动的实施，被准确地传达给政府组织和更广大的社会公众，用自己的认证产品为社区学院发展营造了良好的舆论氛围。事实上，承担中间人角色的不光是认证组织。上面提到的 AACC 也有中间人的作用。在 1961 年的年会上，AACC 就把自己定位为：National Interpreter[②]。

上面简要分析了认证组织对于美国社区学院质量建设的重要性。应该说，除了认证组织外，还有一些非政府组织对社区学院发展具有重要影响力。比如，媒体和民间排行榜等。美国社会有一种普遍而深入人心的以代表公共利益为荣的文化认同。这就造成了媒体具有较强的公信力。从某种程度上，媒体的公信力甚至

---

① 方乐．美国政府与高等教育认证机构之间关系的研究 [D]．上海师范大学，2005：2．
② Dorothy Jane Duran. Philanthropy and public policy: The W. K. Kellogg Foundation's influence on community colleges from 1960 to 1980 [D]. University Of Texas at Austin, 1998: 65.

比政府组织还要更强大。所以，媒体的报道对社区学院发展具有重要推动力。比如，《华尔街日报》曾经报道："常常有物理学博士在社区学院学习计算机课程、州和国会议员在社区学院学习外国文化课程。目前社区学院学习非学分课程的学生中大约有28%已经拥有学士学位甚至更高级的学位。《华尔街日报》（Wall Street Journal）因此称社区学院为'新型研究生院'"①。除了媒体力量，还有些非政府组织提供的排行榜产品也对社区学院发展起到了重要作用。比如，ASPEN INSTITUTE 是对全美社区学院进行排名的权威机构，每两年出一次排名报告，2015年排名报告已经公布。HUFFINGTONPOST 也公布了2015年全美排名前十的社区学院。ASPEN 对社区学院的排名分3个等级：卓越奖、杰出奖、十强。需要说明，上面提到的认证组织，更多的是院校认证，是对社区学院整体办学质量的评估。而值得注意的是，除了院校认证，还有专业认证。专业认证和院校认证一起，构成了美国社区学院质量认证的整体。鉴于专业认证和院校认证在很多方面具有共性特征，也限于篇幅，此处不再展开。

第四节　基金会组织对美国公立社区学院的治理性影响

基金会是一种重要的非政府组织，对美国社会发展具有重要影响力，被称为"20世纪美国社会三大渐进改良力量之一"②。

---

① 万秀兰．美国社区学院的改革与发展［M］．北京：人民教育出版社，2003：197-198．
② 李成军．20世纪美国社会三大渐进改良力量之一——兼评《基金会：美国的秘密》［N］．上海证券报，2013-11-12．

在美国公立社区学院的治理场域中，基金会也发挥着重要作用。通常来说，基金会有两种。一种是社区学院组织、作为社区学院附属组织的基金会（下简称校内基金会）；一种是大财团提供资金、作为社区学院外部治理力量的基金会（下简称校外基金会）。20世纪90年代以来，随着美国各州对社区学院资助力度的波动或减少，基金会逐渐受到越来越多的重视，对美国社区学院的改革发展起到了重要作用。

一、美国社区学院基金会概况

美国民众素有慈善传统。美国人虽然崇尚个人主义文化，但美国社会整体上表现出较强的个体志愿行动促进社会公共利益的特点（American society is characterized by private individuals voluntarily giving to promote the public good）[1]。作为社会事业的一部分，教育发展同样受到慈善组织的较大影响。

从与四年制学院和研究型大学比较的角度看，无论是校内基金会还是在校外基金会，社区学院都处于明显劣势。美国高等教育领域最早的校内基金会1893年在堪萨斯大学（University of Kansas）成立，而社区学院的最早基金会则晚了将近30年。1922年，Long Beach City College成立了基金会，这被认为是美国社区学院的第一个基金会[2]。从体量上看，社区学院基金会的资金量也非常有限。社区学院是美国高等教育的最大阵营，而基金会资

---

[1] S. Renea Akin. Institutional Advancement and Community Colleges: A Review of the Literature [J]. International Journal of Educational Advancement, 2005 (6), 1: 65-75.

[2] Thomas Luke Jones. The Community College Foundation Forest: Turning Real Property Into Real Revenue [D]. Mississippi State University, 2017: 20.

金量仅占美国私人捐赠量的2%左右①。按照美国社区学院协会（AACC）的统计，美国社区学院的平均受赠额为210万美元，而同期四年制高校的平均受赠额为350万美元②。尽管起步较晚，但相对来说，社区学院基金会的发展更快。尤其是在20世纪末期，加速趋势表现得更加明显。20世纪60年代是美国社区学院发展历史上的黄金时代，被担任美国社区学院协会执行主任、主席长达23年之久（1958—1981）的Edmund Gleazer, Jr. 称为最令人兴奋的10年③。在此期间，不仅美国社区学院发展的战略方向得以明确，职业化进程快速推进，政府组织对社区学院的经费支持力度也不断增加。这种情况在一定程度上，使社区学院领导层放松对了基金会问题的关注。再加上社区学院院长的任期相对较短，往往缺乏对经费问题的长远规划。从20世纪八九十年代开始，随着各州资助力度的减弱，成立基金会摆上了大部分社区学院领导层的议事日程。据统计，1987年仅有53%的社区学院成立了基金会，而10年后的1997年，成立基金会的社区学院猛增至88%④。尽管有越来越多的社区学院成立了基金会，但被认为是运作成功的只有45%⑤。

---

① Thomas Luke Jones. The Community College Foundation Forest: Turning Real Property Into Real Revenue [D]. Mississippi State University, 2017: 22.
② S. Renea Akin. Institutional Advancement and Community Colleges: A Review of the Literature [J]. International Journal of Educational Advancement, 2005 (6), 1: 65-75.
③ Dorothy Jane Duran. Philanthropy and public policy: The W. K. Kellogg Foundation's influence on community colleges from 1960 to 1980 [D]. University Of Texas at Austin, 1998: 67.
④ S. Renea Akin. Institutional Advancement and Community Colleges: A Review of the Literature [J]. International Journal of Educational Advancement, 2005 (6), 1: 65-75.
⑤ S. Renea Akin. Institutional Advancement and Community Colleges: A Review of the Literature [J]. International Journal of Educational Advancement, 2005 (6), 1: 65-75.

校外基金会对社区学院的态度也呈现出逐渐向好的趋势。随着社会公众对社区学院价值和办学绩效的肯定和认可，校外基金会对社区学院的资助力度不断加大。比较著名基金会有：美国钢铁基金会、卡耐基基金会、教育促进基金会、希尔斯·罗巴克（Sears Roebuck）基金会、奥尔弗德·索罗恩（Alfred P. Sloan）基金会等。此外，比尔·盖茨和梅琳达基金会也对社区学院重视有加，5年就注资3 480万美元。所有基金会中，值得深入研究的是凯洛格（W. K. Kellogg）基金会。这个基金会不仅是资助美国社区学院的最早、主要（first major）基金会，同时对社区学院资助的历史也最长①。下文关于基金会对社区学院的治理性影响，也主要依托凯洛格基金会详细展开。

二、校外基金会的作用：以凯洛格基金会为例

（一）凯洛格基金会概况

凯洛格（W. K. Kellogg）基金会由著名的早餐商人凯洛格（Will Keith Kellogg，1860－1951）于1930年创办。创办基金会时，凯洛格正值壮年。基于对教育的坚定信念，他希望通过创办基金会来帮助更多的儿童获得全部潜能。W. K. Kellogg 认为教育为一代有一代人提供了最好的机会。另外，凯洛格对儿童成长也高度关注。他曾经对基金会的工作人员说：基金会的经费要用在促进儿童的健康、幸福方面事实上，直到如今，凯洛格基金会一直坚守自己的定位和创办人的初衷，对儿童和教育问题倾

---

① Dorothy Jane Duran. Philanthropy and public policy: The W. K. Kellogg Foundation's influence on community colleges from 1960 to 1980 [D]. University Of Texas at Austin, 1998: 204.

心尽力。儿童茁壮成长、有工作的家庭和平等的社区是凯洛格基金会的战略支柱。

凯洛格基金会的核心理念和社区学院发展理念是高度契合的。Dorothy Jane Duran 是凯洛格基金会的职员，也是得克萨斯大学奥斯汀分校的博士研究生。在其博士论文中，Dorothy Jane Duran 认为凯洛格基金会之所以选择资助美国社区学院协会，原因有三：领导层（leadership），共同理念（shared philosophy）和人民与社区的重要性（the importance of people and communities）①。第一点原因是协会的体制性原因，后面两点其实都与和双方共同的发展理念有关。可以说，凯洛格基金会和社区学院以及社区学院协会是理念相通的。这也就解释了为什么在如此众多的基金会中，凯洛格基金会对社区学院投入了如此多的时间、经费和精力。不可否认，促成凯洛格基金会支持社区学院协会以及社区学院的所有因素中有偶然成分，比如 Gleazer 和凯洛格基金会在某次会议上的相遇，以及中间人的介绍等，但根本原因还是凯洛格基金会和社区学院协会的理念相通、价值共享。

值得称道的是，凯洛格基金会和其他基金会相比，一个重要区别在于：其他基金会是在社区学院发展进入成熟期后才逐渐加入资助行列的，而凯洛格基金会是在社区学院和社区学院协会还原未成熟，甚至可以说是举步维艰的时候以不求任何回报的方式进行资助的。上面在探讨美国社区学院协会推动社区学院发展的时候，曾经谈到理念与信念的力量。事实上，在资助社区学院发

---

① Dorothy Jane Duran. Philanthropy and public policy: The W. K. Kellogg Foundation's influence on community colleges from 1960 to 1980 [D]. University Of Texas at Austin, 1998: 102.

展方面，凯洛格基金会也闪耀着理念的光芒。

在相当长的时间内，社区学院协会作为社区学院的代表几乎是得不到任何基金会青睐的。在成立初期，协会不仅没有专职的工作人员，连办公地点也不固定。而正是凯洛格基金会让社区学院协会在1970年的工作人员人数达到28人，办公地点也固定在华盛顿特区。凯洛格基金会对社区学院协会的支持是全方位的。不仅在经费层面，也在理念层面。而正是由于理念相通，才使得社区学院协会获得了在其他基金会那里不可能获得经费支持。一个耐人寻味的事实是，即使到了协会成立36年后的1956年，协会向福特基金会14万美元的经费资助申请用于社区学院管理层培训，却遭到了拒绝。而同样的经费用途，在凯洛格基金会这里却得到了大力支持。1959年，凯洛格基金会宣布向社区学院协会提供经费资助，以在大学建立培训中心实施Junior College Leadership Program（JCLP）的方式，用以进行社区学院管理层培训。和向福特基金会同样的申请内容，有所不同的不仅是同意支持的结果，还是有经费数量：从原来向福特基金会申请的14万美元增加至160万美元。

凯洛格基金会对社区学院发展的支持，不光体现在最早进行经费支持，还体现在经费支持力度最大，持续时间最长。JCLP项目持续了15年。到1974年项目结束时，共计进行了438.9413万美元的经费支持，总计培训485人[①]。和原来的资助计划相比，增加了200多万美元。这只是凯洛格基金会倾力支持社区学院改革

---

① Dorothy Jane Duran. Philanthropy and public policy: The W. K. Kellogg Foundation's influence on community colleges from 1960 to 1980 [D]. University Of Texas at Austin, 1998: 159.

发展的缩影。正如 Dorothy Jane Duran 所说，没有其他基金会比凯洛格基金会把发展社区学院的火炬举得更高（no other foundation carried the torch for two-year colleges like the Kellogg Foundation）[1]。

（二）凯洛格基金会促进社区学院发展的主要举措与成效

作为一种基金会组织，凯洛格基金会促进社区学院发展的根本举措是提供经费支持。据统计，仅 1960 年至 1988 年 28 年间，凯洛格基金会就向社区学院投入了总计超过 6 000 万美元的经费[2]。这个经费额和其他基金会对四年制高校的资助相比，也许不算大，但这个数字已经是凯洛格基金会创始资金的规模。凯洛格基金会对社区学院发展的意志和力度，可想而知。除了上面概况部分提到的几点内容，凯洛格基金会促进社区学院发展的举措与成效体现在几个方面：

1. 影响社区学院的发展方向

凯洛格基金会对社区学院发展方向的影响，主要是通过社区学院协会实现的。具体措施是对该协会年度会议和相关研究的资助。在这方面，凯洛格基金会是不遗余力的。比如，1971 年社区学院协会发展到了一个关键节点。为了研究社区学院以及社区学院协会的发展趋势，时任协会主席的 Gleazer 获得凯洛格基金会的资助，脱岗进行了为期 1 年的专门研究。研究结果大大超出了预期。根据这份研究成果，社区学院协会进行了重组，加强了执

---

[1] Dorothy Jane Duran. Philanthropy and public policy: The W. K. Kellogg Foundation's influence on community colleges from 1960 to 1980 [D]. University Of Texas at Austin, 1998: 193.

[2] Dorothy Jane Duran. Philanthropy and public policy: The W. K. Kellogg Foundation's influence on community colleges from 1960 to 1980 [D]. University Of Texas at Austin, 1998: 15.

行办公室（the executive office）的功能。

在凯洛格基金会的支持下，社区学院协会的宪章得到了更新。协会从诞生之初，定位是防御性的。主要是作为社区学院的社团组织，对各个学院所面临的共性问题进行研讨。由于凯洛格基金会的支持，协会实现了从防御性组织到促进性（promotional）组织的转型。从宪章比较的角度看，会体现的很明显。社区学院协会最早的宪章是1921年年会上通过的。该宪章规定协会的主要目的是：明确初级学院在教育体系中的位置。1965年宪章规定协会的主要目的是：促进成员的专业发展和初级学院成长。可以看到从防御性向促进性的转变。这种定位转变的背后，是社区学院协会会员学院数量的大量增加。社区学院协会从原来的国家层面推动者（national advocate）发展成为政策开发者（policy developer）。

2. 提升社区学院管理层的管理能力

凯洛格基金会对领导力问题十分关注。在决定是否向社区学院协会进行资助时，就对协会的领导力问题进行了重点考察。事实上，对时任协会主席Gleazer的领导力具有较高评价，是最终促进决定对该协会资助的重要原因。同样地，凯洛格基金会也认为社区学院的发展管理层的管理能力密切相关。基于此，开展了Junior College Leadership Program（JCLP）项目。凯洛格基金会资助在10所大学建立了培训中心。无论是当时还是现在看来，这10所大学都是实力非常强的高校。包括：加州大学洛杉矶分校、加州大学伯克利分校、斯坦福大学、得克萨斯大学、佛罗里达州立大学、佛罗里达大学、密歇根州立大学、密歇根大学、怀俄明州立大学、哥伦比亚大学教师学院等。前面已经提到这个项目存续时间长达15年，经费投入也相当可观。这个项目的开展为社区学院管理层的管理能力提升做出了重要贡献。

3. 社区学院职能拓展

前面已经提到，在二十世纪六七十年代，美国社区学院协会对社区学院的定位是职业化。在这方面，凯洛格基金会也进行了支持。但是凯洛格基金会的支持不只局限在社区学院的职业化发展方面。基于自己重视社区和健康的定位与传统，凯洛格基金会对社区学院的成人教育、护士教育和社区教育也很关注，并开展了一系列专门项目。比如，Associate Degree in Nursing（ADN）项目，就是基础凯洛格基金会对护士教育需求的准确把握。20世纪80年代以来，随着美国人均寿命的延长，护理需求越来越大，既有的培训体系不能很好地满足需求，凯洛格基金会基于自己的定位，对ADN项目进行了重点支持。在社区教育方面，1968年凯洛格基金会实施了Community Services Project（CPS）项目。事实上，对社区教育的重视，基于凯洛格基金会的定位，也与美国人均寿命的延长有关。老龄化社会既需要越来越多的护理力量，也需要更多的社区教育服务。

总的来说，凯洛格基金会对社区学院以及社区学院协会的改革发展的影响是全方位的。凯洛格基金会提供的不仅是经费，更是影响力。由于凯洛格基金会的支持具有带动效应，越来越多的基金会组织投身于资助社区学院的队伍，社区学院的社会认知获得了很大的提升。同时，通过培训项目和职能拓展，美国社区学院的专业化发展也实现了新的推进。Dorothy Jane Duran 在其博士论文的结论部分，概括性地指出凯洛格基金会对社区学院的影响在于：增进了社区学院作为独立、自立的高等教育机构的社会信用度（credibility as an independent freestanding postsecondary educational institution)①。应该说，这是一种很高也很准确的评价。

三、校内基金会的作用

(一) 概况

在本节的引论部分，已经概略性地介绍了校内基金会的情况。这里作详细展开。总体上看，美国初级学院校内基金会要落后于四年制高校的发展。表现在几个方面：

1. 成立时间较晚

统计显示②，初级学院校内基金会在二十世纪七八十年代成立的较多，比例高达68%，甚至还有12.3%的比例是1990年以后才成立的。这从一个侧面说来，初级学院校内基金会的运作方式还有待进一步地向四年制高校学习、借鉴。

2. 理事会人员较多，而专职人员不足

统计显示③，有超过38%的社区学院的校内基金会理事会成员超过25人，有超过46%的社区学院的校内基金会理事会成员超过15人。而且，作为理事会成员大都需要每年固定地向基金会捐款，通常在1 000美元上下。而维持日常基金会运转的专职人员却相对不足。上述统计显示，有超过16%的比例的社区学院

---

① Dorothy Jane Duran. Philanthropy and public policy: The W. K. Kellogg Foundation's influence on community colleges from 1960 to 1980 [D]. University Of Texas at Austin, 1998: 199.
② Andrew Paradis. results from the 2014 CASE survey of community college foundations [R/OL]. (2015-02-01) [2016-12-18] http://files.eric.ed.gov/fulltext/ED571324.pdf.
③ Andrew Paradis. results from the 2014 CASE survey of community college foundations [R/OL]. (2015-02-01) [2016-12-18] http://files.eric.ed.gov/fulltext/ED571324.pdf.

校内基金会的专职人员不足2人，超过10人的比例仅为11.2%。关于专职人员的薪酬来源，59.4%的比例由社区学院支付，26.8%的比例由基金会自身支付，12.8%的比例由学区支付。这说明，社区学院虽然是独立法人，但其经费自给能力还不强，需要由母体社区学院支持。

3. 发展前景广阔

前面已经提到，社区学院校内基金会虽起步较晚，但发展势头较好。这体现在基金会工作人员的信心指数上。上述统计还调查了工作人员对下一财务年度的资金筹措预期，有32.3%的比例选择了200万美元及以上、低于500万美元，50万～100万美元、100万～200万美元的比例为20.2%、23.2%和24.2%。这组数据显示出基金会内部的乐观情绪。

4. 具有较强独立性

统计显示，关于校内基金会的时间去向，94%的时间指向了公司募捐活动，87.9%的时间指向了基金会募捐，指向政府的时间仅为35.9%（government grants）和28.2%（government relations）。说明政府的经费资源有限，社区学院也没有把政府来源作为首要的募捐方向。

(二) 作用

总体而言，社区学院校内基金会的作用在于加强与所在社区的联系。统计显示，有73%的社区学院与所在社区签署有谅解备忘录（MOU）。受访者对于基金会代表各方面利益的情况是：社区、学院校长、校友、受托人委员会的比例分别为97.5%、94.2%、80%和70%。这从一个层面说明，作为"社区"学院对社区诉求和利益的关照。

从另外的角度看，社区学院校内基金会也表现出与行政管理团队很密切的联系。通过校内基金会的运作，有利于加强社区学院的行政管理水平。统计显示，有55.1%比例的基金会CEO向所属社区学院校长汇报，向基金会理事会汇报的比例仅为11%，64.4%比例的校内基金会CEO是所属社区学院行政管理团队成员。这说明校内基金会与所属社区学院行政管理团队的紧密联系，有利于从体制上强化社区学院的外向型发展水平。

以上分析了美国公立社区学院治理场域中的非政府组织。应该说，这只是一种部分分析，非政府组织对社区学院的影响是全方位的。由于精力所限，本书还留下了以后深入研究的空间。比如，工会组织作为一种重要的非政府组织治理没有涉及，大学作为一种重要的治理力量也没有涉及。而事实上，在某些州（如夏威夷州）由于独特的大学管理社区学院体制，州立大学也是重要的治理主体。这些问题有待后续研究进一步深入。关于工会组织对美国公立社区学院治理的影响，将在后面章节探讨社区学院内部治理时做展开。

结束语：非政府组织的利益及其对美国公立社区学院先进性的促进

从根本意义上说，包括认证组织、基金会组织在内的各种非政府组织为公立社区学院的先进性提供了保障。历史地看，这个过程是双向的。很多非政府组织在促进公立社区学院发展的同时，也实现了自身的发展利益。这些利益体现在几个方面。

第一，非政府组织的生存利益。非政府组织要获得生存，首先要解决必要性的问题。美国非政府组织的成立非常方便，这直接造成了数量众多的现象。这同时也带来了另外一个问题，就是非政府组织其兴也勃焉其亡也忽焉，每年都有大量的非政府组织灭失。生存竞争，始终是非政府组织最关心的大事。社区学院作为一种正向和积极的社会资源，容易为非政府组织的正当性提供论证素材。第二，非政府组织的发展利益。美国是一个市场化程度很高的国家。任何一个组织兴旺发达的关键，都是满足市场需求。作为非政府组织的重要成员，群体性组织和认证性组织都通过治理社区学院提升了自身的社会地位。正是对社区学院的促进，促成了非政府组织在各自服务市场上有利地位的形成。

前面在讲到政府组织时，提高政府组织的作用更多的是保障社区学院的规范性。规范性本身不会实现发展，推动公立社区学院朝着自己该有的质量目标前进的是各种非政府组织。可贵的是，这样的推动力量是以一种基于市场选择的自然、持续的方式实现的。当然，这个过程是非常漫长的。无论如何，从治理的视角出发，非政府组织的存在为美国公立社区学院的优秀和卓越提供了非常宝贵的助力。这主要体现为发展性和先进性。仅有适应性而不具备先进性，美国公立社区学院同样走不远，不会具有世界影响力。事实上，直到今天还有很多私立的初级学院存在，这些学院固执地坚持转学教育作为核心职能，只要转学需求存在，就对适应这种需求而乐此不疲、坚定不移。所幸的是，美国社区学院群体并没有以此为主体，而是走上了职能拓展、转型发展的道路。政府组织仅仅造成了美国公立社区学院的规范性，但规范性本身并不会把社区学院引向服务社会的大道上,非政府组织在各自的职能范围内,给社区学院明确了发展方向,树立了质量至上的价值观。

第六章　确定型利益相关者：受托人委员会

作为一种确定型利益相关者，受托人委员会对美国公立社区学院发展的影响是直接的、即时的。受托人委员会是链接外部治理和内部治理的关键桥梁，也是社区学院主动、高效地服务社会的根本原因。选举机制和强调法治，是受托人委员会高效运行的制度基础。受托人委员会为美国公立社区学院提供了随动性。视野外向、需求导向、因变而变、主动服务，是这种随动性的体现。

第一节　社区学院受托人委员会的起源与构成

美国高等学校受托人委员会制度的历史渊源可以追溯至中世纪的欧洲大学。最早的受托人委员会，被认为出现在哈佛学院。1636年，哈佛学院创立之初，校监会由12人组成，包括总督、副总督、财政大臣、3名地方行政官员和6名牧师。1642年，哈佛校监会进行了改组，并被正式命名为Board of overseers。1650年，马萨诸塞议会颁布特许状，在哈佛学院成立第二个董事会，即：The Harvard Corporation，哈佛法人。哈佛学院开受托人委员会之先河，但却并没有成为后世普遍效仿的榜样。近现代以来，包括社区学院在内的大部分美国高校的治理模式原型，来自 1702 年的耶鲁学院。原因是，哈佛学院的两院制治理效率较低，容易导致矛盾。而耶鲁学院的单院制，更合适初创时期的美国高校。

尽管耶鲁学院的模式深刻影响了美国社区学院的治理传统，但从时间维度看，此时美国社区学院还远未出现。即使在 1702 年之后 200 年的 1902 年，美国社区学院也只能说处于萌芽阶段。尽管如此，耶鲁学院的传统仍深刻地影响着当今乃至今后的美国社区学院。美国社区学院治理的很多特点，都与此有关。因此，在对美国公立社区学院受托人委员会进行现状分析之前，有必要对其历史源流进行梳理。

一、美国公立社区学院治理的苏格兰基因

梳理美国社区学院治理的历史演变，会有一个有意思的发现：尽管哈佛学院的创始蓝本是英国高校，但其治理基因却来自苏格兰。哈佛学院的创始人约翰·哈佛是剑桥大学毕业生，他创立哈佛学院的初衷正是在于美洲殖民地复制英国高等教育的模式。但之所以采用苏格兰基因，不能不说是美国的实用主义文化发挥了关键的决定作用。英国等欧洲国家高校的治理传统是教师或学生掌握学校的主导权。而在一穷二白的美洲大陆，不仅办学经费捉襟见肘，而且师资力量也是普遍缺乏，不可能形成类似欧洲高校的师生治理范式。

这时，殖民地学院的领导人把目光投向了苏格兰。之所以选择苏格兰模式，是因为苏格兰高等教育也是在一穷二白的基础上建立起来的，对美国高等教育发展具有天然的吸引力。而苏格兰

治理模式的核心，即外行控制（lay board）。Lay 的原意是外行，在其他地方也许有某种贬抑意味，而在美国高等教育治理语境下，却是一个中性词语，甚至还有某种褒扬成分。所谓外行控制，准确含义是非学术（non-academic），即由学院之外的人士控制学院。这体现了美国社会普遍人认同的"谁出钱谁治理"的思维方式，对殖民地学院的早期发展起到了重要作用。前面提到耶鲁学院的单院制诞生于 1702 年。事实上，早在 1690 年，苏格兰国会形成了一个重要的委员会 Visitation Commision，可以翻译为视导委员会，对苏格兰高等教育进行治理。1819 年的达特茅斯学院案，进一步确认并强化了受托人委员会对于学院治理的法律地位，深刻地影响了美国高等教育及其治理。

二、美国公立社区学院治理的两个源头

美国社区学院把美国高等教育的概念由"高等教育"拓展至"高中后教育"。社区学院不是传统意义上的高等教育机构，它不仅与社区联系紧密，也与高中教育联系紧密。从治理的角度看，美国公立社区学院不仅有研究型大学的影子，更重要的，它也有高中的基因。目前，美国社区学院受托人委员会大体上分两种情况：由地方选举产生和由州政府任命。后者详细又可分为，州级协调委员会和管制性委员会。具体内容可以参考前面章节。

此处的核心问题是：美国公立社区学院受托人委员会为什么会有这样的划分？以美国各州如此多样化的情况，为什么又只分成了选举与任命这两种情况？答案要从美国公立社区学院的两个源头说起。

历史地看，美国公立社区学院的萌生与发展是沿着两个路径进行的：自下而上（bottom up）和自上而下（top down）。前面已经提到，美国社区学院受托人委员会是一个中间地带、关键桥梁。事实上，这种治理特性的背后，是美国社区学院的中间性质。美国社区学院是介于中等教育和高等教育之间的过渡地带。

所谓自下而上的途径，是指那些按照 K-12 模式建构起来的社区学院。这些学院多被认为是高中的扩展版。例如在加利福尼亚州，正是通过在高中增设大学前两年课程而实现社区学院的生发的。在这样的社区学院，治理模式往往沿袭 K-12 模式，受托人委员会多是选举产生的。而选举背后的治理基础，正是非常具有美国特色的学区制度。在 20 世纪前期，超过 80% 的社区学院都是通过这种治理模式建构起来的，其受托人是地方选举产生的。选举的方式有两种，一种是按照人口比例选举，地区内统筹；另一种是直接把名额分配到区域，仅在区域内而不是在整个地区内统筹。

所谓自上而下的模式，是社区学院作为高校的下延机构而存在。这类社区学院的受托人委员会，通常是政府任命的。这里有必要再次提到达特茅斯学院案。由于达特茅斯学院受托人委员会的胜诉，直接宣告了州政府试图控制该学院的企图遭到失败。这直接催生了州政府另起炉灶推动州立大学发展的决心。在这样的背景下，由政府任命的受托人委员会治理的社区学院也越来越多的发展起来。自上而下的模式和自下而上的模式，在受托人委员会的具体构造方式上是不同的，但在本质上却是一样的，就是对权力的让渡方负责，即选举而生的受托人委员会对选民负责，而政府任命的受托人委员会对政府负责。正如 Longanecker 所说：对谁负责决定如何治理①。

尽管对于谁是美国第一所社区学院有所争议，但可以确认的是，在社区学院成立初期就有了受托人委员会。尽管规模可能不大，职能发挥不能与目前相提并论，但可以确定的是受托人委员会的历史和美国社区学院的历史一样长。大部分研究者认为，Joliet Junior College 是美国第一所社区学院。在其网站上，该学院表明的建校时间正是 1901 年。历史记录显示，在学院成立 1 年后的 1902 年，该校受托人委员会有了审定相关培养计划的行为。这是目前我所能查到的资料中，最早关于受托人委员会的审议记录。

三、美国公立社区学院受托人委员会的构成

由于美国文化中对多样化的促成和注重，美国各州之间社区学院受托人委员会的构成也具有显著差异。所以对全美社区学院的受托人委员会进行分类，并不是一件容易的事情。Schuetz (1999)②认为可以从几个角度对其进行分类：州与地方，选举与任命，州任命与地方政府任命，有征税权和无征税权，自愿协商治理和强制协商治理等。

若仅从选举与任命的角度，可以对美国各州公立社区学院受托人委员会作如下分类③：

---

① JoAnna Downey-Schilling. How Governing Boards Provide Oversight for Community Colleges: Understanding the Differences Between State-Appointed and Elected Boards [D]. Oregon State University, 2012, p. 30.

② Edward J. Valeau, John C. Petersen. Systemic Change, Approval Processes and Governance: The Role of the Board of Trustees [C] // S. E. Sutin et al. Increasing Effectiveness of the Community College Financial Model: A Global Perspective for the Global Economy [M]. Palgrave Macmillan, New York, a division of Nature America Inc. 2011, p. 35.

③ Cohen, Arthur M. Managing community colleges: a handbook for effective practice [M]. San Francisco: Jossey-Bass publishers, 1994, p. 81.

表 6-1　美国各州社区学院受托人委员会构成情况

州治理委员会	地方选举委员会	地方任命委员会
亚拉巴马州	亚利桑那州	佛罗里达州
科罗拉多州	阿肯色州	伊利诺伊州
康涅狄格州	加利福尼亚州	马里兰州
特拉华州	弗吉尼亚州	马萨诸塞州
佐治亚州	爱达荷州	密西西比州
夏威夷州	伊利诺伊	新泽西州
印第安纳州	艾奥瓦州	新墨西哥州
肯塔基州	堪萨斯州	纽约州
路易斯安那州	密歇根州	北卡罗来纳州
缅因州	密苏里州	俄亥俄州
明尼苏达州	新墨西哥州	俄克拉荷马州
内华达州	俄克拉荷马州	宾夕法尼亚
新罕布什尔州	俄勒冈州	南卡罗来纳州
纽约州	得克萨斯州	华盛顿州
田纳西州	怀俄明州	威斯康星州
北达科他州		
佛蒙特州		
弗吉尼亚州		
西弗吉尼亚州		

关于美国社区学院受托人委员会的构成，是美国研究者的重要内容，相关成果较多。这为我们认识美国社区学院受托人委员会提供了重要基础。最早对美国高校受托人进行研究的是 Nearing（1917）[①]。早期的研究主要针对研究型大学和私立大学。这时的社区学院尚处于初创阶段，学院规模普遍较小。1967 年，美国教育测量服务中心（Educational Testing Service）的一项研究开始把社区学院受托人纳入调查范围。调查发现，公立社区学院受托人的基本特点是：男性、50～65 岁、白人、受到良好教育、

---

① Cohen, Arthur M. Managing community colleges: a handbook for effective practice [M]. San Francisco: Jossey-Bass publishers, 1994, p. 83.

财务自由、温和的共和党人。

Mary Lou Zoglin（1976）[1] 援引 Morton Rauh 的研究成果，给出了公立社区学院受托人的详细信息。具体如下。

经过对67所公立社区学院的261名受托人调查，发现基本信息是：男性84%。40岁以下12%，40—49岁26%，50—59岁36%，70岁以上7%。高加索种族（Caucasian）95%，黑人2%。关于教育背景，2%的比例为高中未毕业，5%为高中毕业，23%为学院毕业，26%为文理学院学士学位，10%研究生学院毕业，31%研究生以上。关于收入，3%的比例为年收入少于6 000美元，10%为6 000～10 000美元，30%为1万～2万美元，25%为2万～3万美元，20%为3万～5万美元，10%为5万美元以上。关于职业，制造业、银行业、商业、保险或基金会管理层比例为36%，律师、牙医、会计师、自由撰稿人等专业人士比例为33%，工厂主为9%，政府机构为8%，社区志愿者为4%。关于宗教信仰，新教（protestant）为77%，天主教为11%，4%为美国其他宗教。党派倾向性，52%为共和党，39%为民主党，5%为其他。政治倾向性，25%为比较保守，60%为中等保守，13%为自由派。

Drake1977年的研究表明，15%的受托人为女性，6%为黑人。1985年，Petty和Piland调查了伊利诺伊州175名社区学院受托人后发现：其中78%为男性、97%为白人、37岁到56岁的比例为54%、企业雇主或经理比例为67%、中等收入以上人群（年收入3万～6万美元）比例为51%、拥有学士学位以上学位的比例为56%、59%为共和党人。1987年，Whitmore调查了来自

---

[1] Mary Lou Zoglin. Power and Politics in the Community College [M]. California: ETC Publications Palm Springs, 1976, p. 52.

24个州的522名社区学院选举或任命的受托人,发现其中71%为男性、40—60岁54%、白人90%、73%学士以及以上、商业经理或专业人士61%、高收入年薪5.5万美元或以上52%。Whitmore的调查还发现,1/3的受托人自己或家庭成员是社区学院校友,54%的比例有公共服务的经历,50%认为他们政治上是温和的。另外发现,在任命和选举的受托人之间,区别是非常细微的。相对于选举的受托人,任命的受托人通常年纪较大,教育水平更低,更具自由倾向。美国社区学院受托人协会(ACCT)一项2010年的研究[1],通过对全美39个州750个社区学院受托人委员会的1600名受托人进行统计,表明82%的受托人是白人、9%是非洲裔美国人、4%为拉美族裔、2%为亚太族裔,其中32%是来自工商企业,29%来自教育界,39%来自卫生或制造业。受访者中的一半不具有高于学士的学位。

总体上看,美国公立社区学院受托人委员会以男性、白人、富裕且影响力较大的人士所构成。这一点在美国公立社区学院的发展历程中几乎没有改变。

具体到州层面,作为美国公立社区学院的重要发源地和社区学院体量最大的州(72个学区、112所社区学院、超过200万的在校学生),加州社区学院[2]的案例分析价值较高。加州社区学院

---

[1] 转引自 Edward J. Valeau, John C. Petersen. Systemic Change, Approval Processes and Governance: The Role of the Board of Trustees [C] // S. E. Sutin et al. Increasing Effectiveness of the Community College Financial Model: A Global Perspective for the Global Economy [M]. Palgrave Macmillan, New York, a division of Nature America Inc. 2011, p. 36.
[2] Cindra J. Smith, Ed. D., with updates by The League. Trustee Handbook [Z]. Community College League of California, Revised 2015, 2017 O S street, Sacramento CA 95811· (916) 444-8641·www. ccleague. org, pp. 35-51.

的受托人委员会，粗略可分为两种情况。72个学区中，有32个学区社区学院受托人委员会由5名公开选举的受托人组成，剩下的40个学区的社区学院受托人委员会由7名公开选举的受托人组成。加州社区学院受托人群体中，63%为男性，37%为女性；70%为盎格鲁族裔，13%为拉丁族裔，4%为非洲族裔，5%为亚洲族裔。加州社区学院学区通常在每年的12月份会召开年度会议，任命新当选的受托人入职和选举委员会办事员（seat any new members and elect officers）。办事员包括委员会主席、副主席（为了避免和学院院长president混淆，委员会主席通常称chairman）和秘书等。加州社区学院受托人委员会会组建临时委员会辅助决策，比如财务与审计委员会等。加州社区学院受托人委员会的津贴事宜，根据Education Code Section 72425执行。一份2011年的调查显示，42个学区按照法律允许的最高标准进行补偿。23个学区按照低于法律允许的最高标准进行补偿。7个学区对于受托人没有任何补偿。65个学区向受托人提供健康福利。

加州社区学院受托人任期为4年。大部分学区每两年举行一次受托人选举。48个学区的受托人选举在双数年进行，24个学区在单数年进行。通常选举在11月份进行，也有少部分学区（3个）选择在春季举行。概括起来，加州社区学院受托人选举有4种方式：46个学区按区域竞选和选举（Run and are elected by area）；12个学区按区域竞选，按人数学区选举（Run by area; elected at large）；13个学区按学区竞选和选举（Run and elected at large）；1个学区竞选制定席位（Run at large for a designated seat）。每种选举方式都各有利弊。按照区域选举，对少数族裔有利，但会造成区域的过度代表问题（over-represented）。而at-large elections 不利于少数族裔的代表性，却有利于让有大局观（big picture）的参选人更容易当选。加州社区学院受托人选举是一个非党派行为，受托人的定位是服务于公共利益而非党派利益。受托人在受托人委员会做决策更多地需要考虑各方面的利益诉求，而不是党派诉求。

当有受托人退休或迁出社区学院学区，该受托人的席位就会产生空缺。在这种情况下，受托人委员会可在60天内任命受托人。若没有发生选区内的选民请愿启动选举程序，则任命生效。若有足够多的选民请愿要求启动选举程序，则启动选举程序。相对而言，启动选举程序成本是较高的，所以很多学区对此颇为慎重。

加州法律规定在职人员不得参与受托人选举。这是为了确保社区学院受托人委员会的外行控制（lay board）性质，也有避免既是运动员又是裁判员的现象发生。加州法律还规定，严禁利用公共资源进行选举。从1995年开始，加州社区学院就开始对当选的受托人进行调查。结果显示：（1）学院的良好运行是促成现任受托人获得连任的重要条件；（2）良好的竞选口号非常重要；（3）强有力的竞选团队，尤其是吸纳草根努力的团队对于现任受托人谋取连任和新受托人参选都至关重要；（4）和社区联系紧密的参选者更容易赢得选举。受托人委员会是社区学院学区的最高权力机构。这些调查结果从一个角度说明，受托人与社区的紧密联系对于赢得选举是至关重要的。

四、美国公立社区学院受托人委员会中的学生受托人

大部分美国公立社区学院都有学生受托人。他们没有投票

权,且任期更短。这体现了美国的参与者之国(nation of joiner)的文化氛围。下面以加利福尼亚州①为例,介绍学生受托人的基本情况。

在加州,公立社区学院受托人委员会必须有学生受托人。统计表明,加州72个学区都有学生受托人。具体见表6-2。

表6-2 加州公立社区学院学生受托人情况

内 容	情 况
学生受托人数量	63个学区有1名学生受托人,9个学区有2名学生受托人
学生受托人选举时间	3个学区为3月选举,21个学区为4月选举,45个学区为5月选举,3个学区不定期进行选举
学生受托人就职时间	17个学区为5月就职,45个学区为6月就职,5个学区为7月就职,1个学区为9月就职
学生受托人能否提出动议	35个学区可以,26个学区不可以,1个学区仅在学区年度决定(district yearly decision)方面可以,6个学区由受托人委员会决定,4个学区学生受托人仅能附议(second only)
学生受托人参加闭门会谈情况	5个学区由受托人委员会决定,3个学区在学生受托人得到邀请的情况下可以,64个学区学生受托人不可以参加闭门会议
学生受托人建议性投票权利(Advisory vote)	50个学区有建议性投票权,17个学区无建议性投票权,5个学区由受托人委员会决定

资料来源:Cindra J. Smith, Ed. D., with updates by The League. Trustee Handbook [Z]. Community College League of California, Revised 2015, 2017 O S treet, Sacramento CA 95811 • (916) 444 - 8641 • www. ccleague. org, pp. 35 - 36。

---

① Cindra J. Smith, Ed. D., with updates by The League. Trustee Handbook [Z]. Community College League of California, Revised 2015, 2017 O S treet, Sacramento CA 95811 • (916) 444 - 8641 • www. ccleague. org.

受托人委员会法定必须包含学生受托人。这是法定行为，而非自愿行为。对此进行规定的是 State law（Education Code 72023.5）。学生受托人没有投票权，由学生选举产生，但选举办法由受托人委员会规定。要成为学生受托人的候选人，先决条件是该学生被某一个社区学院录取且已学习不少于5个学期。学生受托人的任期相对较短，通常是1年，在每年的6月1日或5月15日就职。学生受托人不得连任。

学生受托人和其他受托人的职责一样，可以对所有议题而不是仅对学生议题有发言权。加州社区学院学生受托人的权利和其他受托人一样，包括参加会议、参与讨论或专门提问、里程补贴（Mileage Reimbursement）。学生受托人的权利最终由该受托人委员会在州法律规定内自由裁定，所以在不同学区之间通常会有些许差异。总体而言，学生受托人的权利包括：提出动议和附议（Make and second motions）、获得补偿（Compensation.，基于Education Code 72425，由所在受托人委员会自由裁量）、建议性投票（Advisory vote）学生受托人可以投票，计入官方纪要但不计入总投票结果（仅适用于个别学区）、参加某些闭门会议（Attending some closed sessions）。

为了详细了解美国社区学院受托人委员会学生受托人的具体情况，下面结合洛杉矶社区学院进行案例分析。洛杉矶社区学院受托人委员会设学生受托人1名，任期为1年。每年的6月1日就职，次年的5月31日到期。学生受托人履职期间，必须遵纪守法且不得担任其他公职。

洛杉矶社区学院学生受托人的参选资格要求为：

1. 参加学区内一所或多所社区学院且声誉良好；

2. 最少学习5个学习单位；

3. 已完成最少12个学习单位最多80个可转学学习单位。

学生受托人申请每年是2月开始，有意参选受托人的学生必须在不晚于3月15日填妥表格并提交。参选者必须得到至少100名在校学生的签名、一封来自社区的推荐信、表明参选意愿的自荐信以及个人的详细信息。

学生受托人选举有严格、透明、公正的选举程序。通常，学生受托人选举通过在线的方式进行。每名有投票权的学生基于电子邮箱而获得一次完成投票即失效的投票资格。投票结果产生后，投票人还可以提出诉求（Complaint）。通过诉求程序诉求提出者要提供某参选人违反选举规则的证据和相关证明。

为了保证学生受托人的质量，洛杉矶社区学院还规定了召回程序（Recall Procedures）。启动召回程序的先决条件是，原投票人的35%提出需要召回某学生受托人。如果学生受托人席位因原受托人被召回而出现空缺，学区选举委员会应该在60日内填补该空缺。洛杉矶社区学院学区规定了对学生受托人的补助政策，通常是一事一议的（case-by-case）。尤其是对那些有残疾的学生受托人，其补助政策不光由学区决定，还要有专门委员会参与，比如残疾学生服务中心〔Director of the Disabled Student Programs and Services (DSP & S)〕。

洛杉矶社区学院学生受托人选举历时4个月。具体的选举时间表，如表6-3所示。

表 6-3　洛杉矶社区学院学生受托人选举程序

事　项	时　间
开放申请	2 月第一个工作日周一
提交申请	3 月 15 日或 3 月第一个工作日周一
非推荐参选者提交申请	3 月 31 日或 3 月第一个工作日周一
学区办公室提交完成申请并确认的参选者名单	3 月 22 日或 3 月第一个工作日周一
候选人信息提交给学院	4 月 1 日或第一个工作日周一
学生受托人选举	4 月 18 日至 4 月 30 日
计票	学院投票结束后的一个星期内
学生宣誓就职	5 月 31 号前的受托人委员会会议

五、埃尔默社区学院学区受托人委员会构成

埃尔默社区学院学区位于得克萨斯州，由 5 所社区学院组成，分别为帕罗奥塔学院、东北湖景学院、西北威斯塔学院、圣菲利浦学院和圣安托尼奥学院（Palo Alto College，Northeast Lakeview College，Northwest Vista College，St. Philip's College and San Antonio College）。这五所学院都是获得认证机构认证的独立实体。埃尔默社区学院学区受托人委员会有 10 名受托人组成，其中 1 名为学生受托人。在埃尔默社区学院学区的网站上，各种受托人委员会开会的视频、会议纪要、会议安排、政策规定都向外界公开。这为本研究的开展提供了便利，也佐证了美国公立社区学院普遍存在的透明特征。

埃尔默社区学院学区受托人委员会组成人员，详细信息如表 6-4 所示。

表 6-4 埃尔默社区学院学区受托人委员会组成

序号	受托人	选区	身份	初次当选	任期	详细信息
1	Joe Alderete, Jr.	1	副主席	2010 年 6 月	2016 年 5 月—2022 年 5 月	多个政府部门咨询顾问、基金会负责人
2	Denver McClendon	2	受托人	2004 年 5 月	2016 年 5 月—2022 年 5 月	房地产公司创始人
3	Anna Uriegas Bustamante	3	秘书	2008 年 5 月	2016 年 5 月—2022 年 5 月	前届主席，中学音乐教师
4	Marcelo Casillas	4	主席	2002 年 5 月	2016 年 5 月—2020 年 5 月	保险公司负责人
5	Roberto Zarate	5	受托人	2003 年 8 月首次获得任命 2004 年 5 月首次当选	2018 年 5 月—2024 年 5 月	具有 36 年经验的退休教育工作者
6	Dr. Gene Sprague	6	受托人	1994 年 5 月	2018 年 5 月—2024 年 5 月	放射学和药理学教授
7	Dr. Yvonne Katz	7	受托人	2012 年 5 月	2018 年 5 月—2024 年 5 月	退休中学校长
8	Clint Kingsbery	8	受托人	2014 年 6 月	2014 年 6 月—2020 年 5 月	数学教师
9	Joe Jesse Sanchez	9	受托人	2017 年 11 月	2018 年 5 月—2020 年 5 月	特殊学校管理层

续表

序号	受托人	选区	身份	初次当选	任期	详细信息
10	Markus Potter		学生受托人		2018年5月—2019年4月	St. Philip's College学生 $300 scholarship at the beginning of both the Fall 2018 and Spring 2019 semesters.

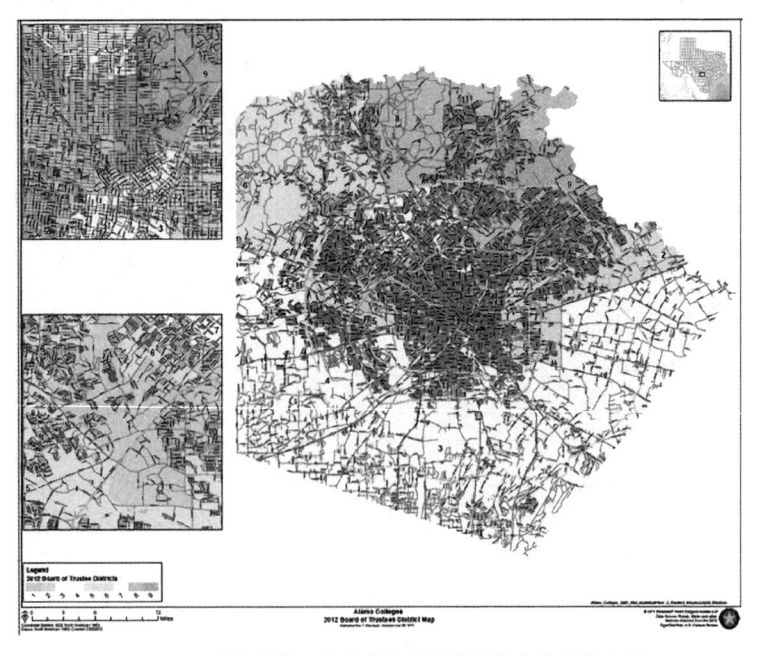

图6-1 埃尔默社区学院学区受托人委员会选区分布图

从表6-4可以看出,埃尔默社区学院学区受托人交叉任期的现象非常普遍。而这种现象本身,在美国也是非常普遍的。不同于其他国家的是，美国的受托人选举针对的是个人，而非受托人委员会。美国社区学院的受托人委员会没有所谓的届别，但受托人个体却有不同的任期。比如，Joe Alderete, Jr. 的任期为2016—2022年，作为受托委员会主席的Marcelo Casillas的任期为2016—2020年，Roberto Zarate的任期为2018—2024年。这样做的好处是显而易见的，受托人需要对选举自己的选民负责，选民也可以在某些特定情形下通过法定程序召回受托人。这在无形之中对受托人造成了履职压力，会更加主动地通过服务社会、促进经济发展而取得选民的欢心。值得注意的是，不光每个受托人的任期有所不同，他们的任期时长也是不一样的。比如，Marcelo Casillas任期为4年，而Joe Jesse Sanchez任期为2年。通常任期长短和选区的大小，以及候选人的意愿有关。学生受托人由于任期仅为1年，且考虑学生的精力和时间所限，埃尔默社区学院学区受托人委员会对于学生受托人又设置了替补人选。比如，学生受托人Markus Potter的替补人选为Monica Scraper。

埃尔默社区学院学区受托人委员会设有5个常设委员会，分别为：学生成功委员会、基建委员会、政策与战略规划委员会、审计预算与金融委员会、法律事务委员会。

值得注意的是，得克萨斯州公立社区学院受托人委员会都是选举产生的。事实上，还有不少州的受托人委员会是通过任命产生的。比如，佛罗里达州。本人曾在2016年8月，赴佛罗里达州Broward College调研，得到了不少第一手资料。

为了与ACCD的情况有所比较，下面对Broward College的情况作一简单介绍。Broward College原名Broward Community College。ASPEN INSTITUTE是对全美社区学院进行排名的权威机构，每两年出一次排名报告。ASPEN 对社区学院的排名分 3 个等级：卓越奖、杰出奖、十强；2013 年，BC 入围 ASPEN，获评"十强"（Finalists），是佛罗里达州乃至全美范围内优秀社区学院的典型。其受托人委员会的职责规定较为详细，涉及社区学院治理的方方面面。

Broward College 的受托人委员会由 5 名受托人组成。详细情况如表 6-5 所示：

表 6-5 Broward College 的受托人委员会组成

序 号	受 托 人	详 细 信 息
1	Gloria M. Fernandez	女，房地产公司创始人
2	Matthew Caldwell	男，运动娱乐公司创始人，西点军校毕业生
3	Dr. Rajendra Gupta	男，佛罗里达州教育政策研究负责人
4	David R. Maymon	男，家庭护理公司创始人
5	Mike Rump	男，佛罗里达保险公司 CEO

相对而言，通过州长任命而产生的受托人委员会人数相对较少，而职责规定相对更加详细。人数较少，可能的原因是州层面不希望增加受托人委员会内部不必要的博弈过程。职责较多，可能为了更好地实现政府对于公立社区学院的控制意图。

第二节 社区学院受托人委员会的职责与运行

如果说起源与构成是美国公立社区学院受托人委员会的纵向

考察，那么职责与运行则是对美国公立社区学院受托人委员会的横切面分析。职责是受托人委员会行使职能，确保社区学院高效运行的关键，对其进行考察与分析是重要且必要的。

一、美国公立社区学院受托人委员会的职责

职责问题是分析受托人委员会结构与功能的核心，很多研究者都对这一问题情有独钟，引发了诸多有价值的观点。就我检索到的文献资料，相对较早的研究来自 Nason（1982）[①]，他认为受托人委员会的职责包括如下 12 方面的内容：

1. 任命、支持和评估 CEO 的工作绩效；
2. 说明社区学院的使命（mission）；
3. 批准长期（long-term）规划；
4. 批准事关全局（long-range）的规划；
5. 确保教师、职员和学生的良好状态（well-being）；
6. 确保强有力的财务管理；
7. 确保重复的经费资源；
8. 保持机构自治；
9. 向社区推荐学院（interpreting the campus to the community）；
10. 把社会需求引入学院（interpreting the needs of society to the campus）；
11. 代表学院出庭；

---

① Shaun Lancelot McKay. Chief executive officers and board of trustee perceptions and preferences of their levels of involvement in institutional governance activities [D]. Morgan State University, 2003, p. 36. 另注：Shaun Lancelot McKay 现为 Suffolk County Community College 校长, https://www.sunysuffolk.edu/about-suffolk/office-of-the-president/about-the-president.jsp.

12. 评估受托人委员会本身的工作绩效。

可以看到 1—8 项职能都是社区学院的内部治理。第 9 项、第 10 项两项职责说明了受托人委员会的中间人、桥梁作用。第 11 项职责说明了受托人委员会的法律地位和法务职责，第 12 项职能说明了对自身工作绩效的重视。

Cohen（1994）[①] 的研究认为，受托人委员会的主要职责是 14 个方面。Cohen 是美国乃至世界范围内关于美国社区学院研究的领军人物，其观点具有非常重要的参考价值。本文多次引用 Cohen 的观点。事实上，Cohen 的很多观点为世界各国的研究者所引用，在世界范围内具有重要影响力。14 个方面的具体内容是：

1. 建立社区学院治理和运作的政策、规则；
2. 维持和运作（maintain and operate）社区学院；
3. 批准人才培养方案（approve programs）；
4. 授予学位、证书和各类证明；
5. 建立学生收费政策；
6. 决定教职工薪酬体系，雇用雇员；
7. 掌控预算；
8. 管控学区资产；
9. 与企业签署协议；
10. 向联邦和州的有关机构申请基金资助；
11. 雇用、评估或终结校长；
12. 制订长期和短期规划；

[①] M. Cohen, Florence B. Brawer, Carrie B. Kisker. The American Community College 6th Edition, Jossey-Bass, 2014, p. 88.

13. 制订最低学生学术要求；

14. 代表学院参与教职工集体谈判。

可以看到，Cohen 没有对社区学院受托人委员会的中介地位有所涉及，但对其功能划分却更加详尽，比如，与企业签署协议，管控学区资产，参与集体谈判等。

相对而言，加州社区学院协会（Community College League of California）的受托人培训手册[1]由于要考虑到可操作性和培训实效，规定得更加务实而详尽。培训手册首先列举了加利福尼亚州法律（Education Code Section 70902）规定的受托人委员会的职责：

1. 建立不违背州法律的社区学院规则体系；

2. 建立关于认证综合性、学术性和设施计划的政策；

3. 建立关于批准教育教学项目的政策；

4. 建立学术标准与毕业要求；

5. 雇用所有的员工；

6. 在法定限制范围内决定预算和征税的需求以及发行债券投票；

7. 管控学区资产；

8. 建立有关参与地方决策过程的政策程序；

9. 建立学生行为准则；

10. 建立收费标准；

11. 接受捐赠、礼物和奖学金；

---

[1] Cindra J. Smith, Ed. D., with updates by The League. Trustee Handbook [Z]. Community College League of California, Revised 2015, 2017 O S treet, Sacramento CA 95811 · （916）444 - 8641 · www. ccleague. org, p. 24.

12. 提供必需的辅助服务；

13. 决定学术日历；

14. 参与州长理事会决策咨询。

值得注意的是第6条，这反映了加州发展社区学院的经济基础。事实上，加州社区学院之所以能够开全美风气之先并长盛不衰，与社区学院的财政基础坚固不无关系。将受托人委员会可课税、发行债券的权利写入州法律，为社区学院的发展提供了牢靠的法律基础和经费条件。作为在全美率先实行协商治理的州，加州内部治理过程的变革也与法律层面的创新（AB1725法案的通过）也有很大关联。

作为加州社区学院的社团组织，加州社区学院协会[①]提出了受托人委员会的职责主要是：

1. 作为一个外行组织；

2. 作为一个集体发挥作用；

3. 通过政策治理；

4. 雇用、支持CEO；

5. 桥梁和缓冲器；

6. 营造利于学生成功的氛围；

7. 建立社区学院运作标准；

8. 确保社区学院的财务健康与稳定；

9. 建立有利于高校人际关系的标准；

10. 绩效管理；

[①] Cindra J. Smith, Ed. D., with updates by The League. Trustee Handbook [Z]. Community College League of California, Revised 2015, 2017 O S treet, Sacramento CA 95811 · (916) 444-8641 · www.ccleague.org, p.24.

11. 作为一个有思想、有道德、有教养的团队发挥作用。

相对而言，加州社区学院协会对受托人委员会的桥梁和缓冲器作用更加注重。所谓缓冲器，是指受托人委员会的重要职责就是要保持社区学院的自治权和自主权，在事关自身的重大问题上保持理性。与加利福尼亚州社区学院协会所认为的受托人委员会职责有所不同，佛罗里达州学院受托人联盟（The Association of Florida Colleges Trustees Commission）的观点[1]更加原则性。这可能与佛罗里达州的社区学院受托人委员会的产生方式为州长任命而非地方选举有关。该联盟认为受托人委员会的职责有：

1. 作为一个整体发挥作用；

2. 代表公共利益；

3. 确定政策方向；

4. 雇用、评估并支持管理层；

5. 定义学院运作的政策标准；

6. 创设积极氛围；

7. 绩效管理。

美国社区学院受托人协会是全美受托人的社团组织，在受托人培训、政策研究等领域具有广泛影响。ACCT认为受托人委员会的职责是：

1. 作为一个整体行动；

2. 代表社区、服务于公共利益；

3. 有远见、有战略思考；

---

[1] Florida College System. Trustee Manual. 2nd Edition, [R/OL]. (2013-01-01) [2016-08-05] https：//docplayer. net/6354297-Florida-college-system-trustee-manual-2nd-edition-september-2013. html.

4. 建立支撑社区学院使命的政策体系；

5. 雇用、评估、支持社区学院院长；

6. 创造一种促进机构绩效的文化氛围。

总体而言，ACCT 的说明由于考虑到全国的普遍代表性，而显得相对宏观。也就是说，受托人委员会更加注重的是社区学院的宏观管理，而不是微观操作。

应该说，不同的研究者、不同的社团组织对于社区学院受托人委员会的职责基于不同的研究角度提出了不同的观点。这些观点上的差异，既反映了美国各州在具体治理实践上的差异，也表现出不同的研究取向。尽管存在差异，但对受托人委员会职责的共性认识是主流。总起来说，受托人委员会并不从事具体事务管理，而是侧重于宏观治理，正如加州社区学院协会所说：受托人委员会不会从事学院的工作，但要保证这些工作被做好①。值得称道的是，美国社区学院受托人对自身的职责非常有认同感。受托人应该作为一个整体而发挥作用，是无论哪一个社团组织或研究者的普遍共识。比如，在 JoAnna Downey-Schilling（2012）② 的质性研究中，有受托人表示："我们中的任何个人都没有我们作为一个集体更加明智"。这说明，受托人对于受托人委员会的整体性有准确且清晰的认知。

为了更好地认识受托人委员会的职责，还可以通过与管理层

---

① Cindra J. Smith, Ed. D., with updates by The League. Trustee Handbook [Z]. Community College League of California, Revised 2015, 2017 O S treet, Sacramento CA 95811 · (916) 444-8641 · www. ccleague. org, p. 24.

② JoAnna Downey-Schilling. How Governing Boards Provide Oversight for Community Colleges: Understanding the Differences Between State-Appointed and Elected Boards [D]. Oregon State University, 2012, p. 117.

职责比较的角度进行分析。在很多共性议题上，受托人委员会和管理层的职责是有细微区别的。Cohen，Arthur M（1994）[1] 梳理了两者的职责侧重点，具体如表 6-6 所示。

表 6-6 受托人委员会与管理层职责对比

工 作 任 务	受托人委员会职责	管 理 层 职 责
建立使命与目标	提供输入性信息，批准使命与目标	校长向利益相关者咨询，初步表述使命与目标
制订短期与长期规划	确定方向，评价、修改、批准规划，向外界公开	向各类选民咨询，拟定规划，执行规划
制定政策	参与政策制定过程，修改、批准	提供基础信息，评价政策
制订预算	清晰地说明社区的需求，保持忠诚于社区需求，明确预算方向，批准预算	准备提出信息，执行预算
评价教学方案、服务和职员	提供支持与资源，批准认定方案，评论总体结果，评估校长绩效，评估委员会绩效	确保选民融入，开发评价体系，实施评价，提供总体结果，提出改进建议
促进社区关系	确定委员会总体方向，批准社区关系规划，参与社区促进活动，参与筹款活动，参与游说活动	确保选民融入，准备并实施计划，参与社区促进活动，与筹款公司建立工作联系，参与游说活动
校园建设	购买、出售土地，选择建筑方，寻求建筑资源	确保选民融入，提供基础信息，提出建议
形成学科规程	认定职员类和学生类规程，作为上诉法庭（serve as a court of appeal）做出学科决定	确保选民融入，解释行为准则，起草职员类和学生类规程，向受托人委员会提供足够信息

---

[1] Cohen, Arthur M. Managing community colleges: a handbook for effective practice [M]. San Francisco: Jossey-Bass publishers, 1994, pp. 94-95.

续 表

工作任务	受托人委员会职责	管理层职责
集体谈判	代表学校签署协议,向社区报告谈判结果,形成预期结果	参与谈判过程,举办谈判会议,作为工会和受托人委员会的桥梁,向受托人委员会提出建议,实施受托人委员会签署的协议

总体而言,美国公立社区学院受托人委员会的职责可以用3个关键词来概括:忠诚、战略和创造性。所谓忠诚,是指受托人委员会是公共利益的受托方,担当守门人的职责,受托人委员会不仅守护公共利益,还守护社区学院的资产和未来。所谓战略,是指受托人委员会避免陷入社区学院的日常管理实践,而以更加超脱的姿态和更加高的站位审视社区学院的发展。受托人委员会确定大的政策和规则,导引着社区学院朝着更有效率、更加服务社区的方向发展。所谓创造性,是指受托人委员会是游戏规则的制定者,这是一项非常具有创造性也非常需要创造性的工作。他们所面临的问题通常是需要政治智慧和教育思想的支撑的。

JoAnna Downey-Schilling (2012)[①] 对大量社区学院受托人进行了访谈和统计分析,得出了受托人对于委托人委员会作为一个整体的职责的认识。统计表明,为受托人普遍接受的职责包括任命、评估和支持校长,合作行动,代表学院或社区。其他除了

[①] JoAnna Downey-Schilling. How Governing Boards Provide Oversight for Community Colleges: Understanding the Differences Between State-Appointed and Elected Boards [D]. Oregon State University, 2012, p. 88.

"具体操作事务"外，受托人的职责认知差异不大。

关于受托人对自己作为一个个体的职责认知，JoAnna Downey-Schilling（2012）[①] 的调研和统计表明排名靠前的是评估校长绩效、保持社区关系和集体行动，其他内容除了微观操作外差异也不大。

二、美国公立社区学院受托人委员会的运行

分析美国公立社区学院受托人委员会的运行问题，可以有几个角度。第一，受托人委员会的组成，即受托人竞选的动机。这是从受托人委员会的起点。第二，受托人委员会的工作场景，也就是说受托人是在什么样的环境下工作的。第三，受托人主要职责的履行过程，也就是说受托人是如何完成其主要职责的。下面，分别从这三个角度进行阐述。

（一）受托人竞选成为受托人的动机分析

从普通公民成为公立社区学院受托人并非易事，不仅要付出时间和精力，也需要大量金钱。加州社区学院的一项访谈表明，每位参选者仅花费在必要的选票声明（Ballot statements）上的金钱就超过6万美元[②]。前面在论述受托人委员会的构成时，曾经提到受托人多为中高收入群体、年龄较大。事实上，这与这部分群体的经济基础更为雄厚非常有关。

[①] JoAnna Downey-Schilling. How Governing Boards Provide Oversight for Community Colleges: Understanding the Differences Between State-Appointed and Elected Boards [D]. Oregon State University, 2012, p. 89.

[②] Cindra J. Smith, Ed. D., with updates by The League. Trustee Handbook [Z]. Community College League of California, Revised 2015, 2017 O Street, Sacramento CA 95711・（916）444 - 8641・www. ccleague. org, p. 40.

花费不菲的经费、投入巨大的精力,必然或多或少地有所诉求。通常而言,参选受托人的首要动机获得公共服务经历、积累公共服务经验,从而为自己进入更高一级政治进程提供垫脚石。在美国,人们对于政府的理解相对宽泛。人们普遍认为,凡是由选票产生的即是政府官员。社区学院受托人虽然不是要害部门官员,但对于他们进入更高阶或更心仪的政府部门是具有非常大的铺垫作用。前面章节提到,社区学院受托人委员会有学生受托人。对于学生受托人的参选动机,较少有实证的调查数据,但从逻辑上推理,学生受托人参选通常是基于某种政治诉求的。

除了政治上的进阶诉求,参选受托人的其他动机还有很多。根据 R. Bendiner 的研究[①],参选受托人有几种动机:代理人、守护者、布施者(benefactors)、政客(politicians)、特立独行者(mavericks)。2016 年 8 月,本人在美国佛罗里达州布劳沃德学院实地调研期间,就受托人的动机问题和该院教职工进行了交流。从中得到的信息和启示是,美国文化背景下选票、信任对个体来讲都是非常优秀的标签,受到大家投票支持,获得民众广泛信任,是一件非常让人感到自豪的事情,这构成了受托人参选的成就动机。也就是说,通过当选实现的是自我成就的需要和受人尊重的需要。事实上,这种需要不仅在受托人身上表现明显,在其他通过选票表达信任的其他职位,比如学术评议会主席等,都给当选人带来非常正向的心理体验。

(二)受托人委员会的工作场景

受托人的工作场景是理解受托人委员会运行模式的重要载

---

① Mary Lou Zoglin. Power and Politics in the Community College [M]. California: ETC Publications Palm Springs, 1976, p. 57.

体。尽管很多受托人委员会的委员会大会向公众公开，但限于调研条件，作为中国研究者进入受托人委员会工作场景现场实地获取第一手资料的难度是很大的。本人曾经两次赴美，访谈了一些社区学院的职员和教师，并旁听了学术评议会的会议，由于种种原因，没能够旁听到委托人委员会的会议，不无遗憾。但幸运的是，本人检索到了美国学者通过实地访谈得到的资料。下面依据这些第二手资料，相对粗线条地勾勒受托人委员会的工作场景样貌。

JoAnna Downey-Schilling①经过2个月的时间，对3个社区学院受托人委员会进行了考察，为我们提供了一个关于受托人委员会工作场景的难得资料。尽管考虑到特定社区学院隐私保护的因素，作者使用的是化名，但还是具有非常高的参考价值。JoAnna Downey-Schilling的观测用3个维度展开：物理环境（Physical Setting）、会议结构（Board Meeting Structure）和会场互动（Board Interaction）。本书对于受托人委员会工作场景的分析，正是基于JoAnna Downey-Schilling的基础素材。

1. Northern Community College District（NCCD）

NCCD大部分受托人委员会会议是在主校区进行。JoAnna Downey-Schilling观测到的会议是在分校区进行。这是一次讨论较为敏感的土地议题的常规会议（regular meeting），会议开始之前有90分钟的工作会议（work session）。按照规定，工作会议的主要作用是受托人委员会为了听取充分的信息汇报。法务人员和

---

① JoAnna Downey-Schilling. How Governing Boards Provide Oversight for Community Colleges: Understanding the Differences Between State-Appointed and Elected Boards [D]. Oregon State University, 2012, p. 152.

咨询公司代表参加了工作会议，并回答了受托人委员会的问询。JoAnna Downey-Schilling 的观测主要是针对这次常规会议。

（1）物理环境

NCCD 的受托人委员会会议，在房间的前面放置了桌子，5 名受托人、学院院长和管理人员面对观众。桌子右侧有一个演讲台。在会议室的右侧，放置了一张桌子，供职员代表就座。两个摄像机和摄像人员位于会议室后部，记录会议情况并通过当地电视台向社区直播。在会议室的左侧，放置了 3 排座椅，供社区居民现场旁听用。大约 30 人旁听了会议。

（2）会议结构

会议按照既定的日程进行。受托人委员会各自按照自己的席卡就座。管理人员和旁听者都按照自己的席位就座。

（3）会场互动

在常规会议上受托人有比工作会议更多的互动。常规会议的气氛比较友好、相互尊敬、互相之间有幽默时刻。学院院长很好地参与了讨论，对会议准时进行、聚焦主题起到了很好的作用。受托人十分尊重学院院长的领导力。在演讲人发言时，受托人随时插话，提出了自己的疑问或评论。会议严格遵守州法律。议题最终获得了通过。

2. Western Community College District（WCCD）

JoAnna Downey-Schilling 旁听的受托人会议早晨开始直到下午才结束。在常规会议之前没有工作会议。由于 WCCD 校区较多，通常的管理是在决定某些一提前会实地查看。

（1）物理环境

与 NCCD 不同的是，WCCD 的受托人会议室是 U 型布置的。

受托人是面对面就座。受托人委员会主席、学院校长坐在U形会议桌的底端。在他们对面是一个演讲台。旁听席在演讲台的后面。但会场上除了研究者JoAnna Downey-Schilling外没有其他人旁听。

（2）会议结构

会议日程安排非常清晰，会议也确实是按照日程表进行。会议听取了90分钟的情况介绍，随后进行了实地查看。在午饭后会议继续进行。会议进行了讨论后，进入闭门会议阶段。

（3）会场互动

与会人员非常投入，问了很多很专业、很深入的问题。受托人尊敬校长的工作，对他充满信任。学院院长对会议有很好的控制。社区公众没有出席。正式投票前，会议进行了少量讨论。

3. Central Community College System（CCCS）

CCCS受托人委员会的常规会议之前通常会召开工作会议。在午餐时间，通常会有高等教育专家向受托人委员会做专题报告。工作会议也会进行深入的研讨。常规会议和工作会议都对公众开放。

（1）物理环境

CCCS的受托人会议室按照U形布置。受托人委员会主席和学区负责人坐在U形会议桌的底端，面向听众席。在听众席的前面，受托人委员会主席的对面有演讲台。社区学院各位院长、职员坐在听众席中。

（2）会议结构

会议日程安排非常清晰。会议严格按照日程表进行。在工作会议中，有优秀的教师代表、学生代表和职员代表参加。这次会议上，两位新当选的受托人也参会，但其中只有一个受托人具有投票权。

(3) 会场互动

与会人员非常投入，提出了很多很好的问题。会场气氛较为友好，但这不意味着没有不同意见。比如，是否在系统推荐标准的基础上在提高学费问题上，受托人之间就有不同意见。最终的投票结果是8∶1，即8名受托人赞成提高学费标准，1名受托人反对。议题最终获得了通过。相对而言，受托人和社区学院院长的互动不够多。仅在校长作为发言者介绍情况时，有过一些互动。旁听的公众没有发表评论。

根据上面 JoAnna Downey-Schilling 提供的会场信息，我们可以对美国受托人委员会的会议运行情况有所了解。应该说，几个学区之间是有些微差异的。这些差异主要体现在：会场的布置（U形布置还是面对面布置），公众的参与热情，会议的互动情况等。但总体而言，受托人委员会议的共性要大于差异性。共性主要体现在：常规会议通常都工作会议作为基础，会议议题都有较为详尽的会议资料和较为专业的呈现，严格遵守会议议程，准时，严格遵守相关方案进行信息公开，等等。

应该说，尽管 JoAnna Downey-Schilling 的研究具有良好的研究设计和认真地执行，研究过程和研究结论都是令人信服的，但无论如何这都是一家之言。为了更好地获得美国社区学院受托人委员会会议场景的准确样貌，本人又查阅了相关资料。这些资料有力地佐证了 JoAnna Downey-Schilling 的研究结论。

比如，埃尔默社区学院学区 Alamo Colleges District 也详细规定了根据得克萨斯州《信息公开法案》①社区居民和普通公众获取信息的政策和路径。值得称道的是，受托人委员会由于是选举而产生，从而被认为具有政府组织的性质和特征。所以，是参照政府组织标准执行相关信息公开法案的。除了一些政策性、路径性的信息，美国公立社区学院受托人会议的会议纪要也是公开的，公众可以方便地查阅到。事实上，奉行信息公开政策的不仅是得克萨斯州。作为美国社区学院的重要发源地、全美社区学院体量最大的州（72 个学区、112 所社区学院），加利福尼亚州的信息公开一样非常到位。加州社区学院信息公开的法律基础是布朗法案（Brown Act）。该法案对公立高等教育机构的信息公开作了详细规定。在司法实践中，也有不少关于信息公开的判例。2017 年 4 月 15 日，美国《长滩邮报》（long beach post）就报道了一则案例：长滩社区学院学区［Long Beach Community College District（LBCCD）］居民 Chris Prevatt 认为该学区受托人委员会在延长校长 Eloy Oakley's 的雇佣合同方面违反了布朗法案，并向法院提起了诉讼。Chris Prevatt 的诉求代表了很多普通公众的关心。他认为：从技术角度说，他们所做的都是他们可做的但他们不能以秘密的方式来做（Everything they did, technically, they can do, But you can't do it in secret）。受托人委员会可以做他们认为正确的事情，但是秘密地做是不对的。此外，佛罗里达州也对信息公开重视有加。该州被称为阳光之州（sunshine state），通过了被

---

① 该法案详细规定了公众获取信息的权利和路径。比如，规定信息公开若被认定为有益于大众，将实行免费收费。法案的详细内容，详见 http://www.alamo.edu/uploadedFiles/District/Employees/Departments/Communications/PIA2.pdf。

称为"阳光法案"("Sunshine" Law)的 Section 286.011 F. S.。该法案规定严禁选举或任命的受托人两人或两人以上的聚集。同时，受托人委员会之间的联络也被严格限制。受托人之间的电话、传真、email 都被纳入限制范围。违反 Section 286.011 F. S. 法案的成本是很高的，被定为 2 级不法行为（misdemeanor of the second degree），将会面临 500 美元的罚款，且增加律师代理费率。

除了信息公开，美国公立社区学院受托人委员会会议的精准与高效也给本人留下了深刻印象。在对美国布劳沃德学院（Broward College，原来为社区学院 Broward Community College，现提供少量四年制学士学位教育）调研的过程中，通过对该学院职员的访谈，初步认识到了受托人委员会的运作情况。通过检索资料，发现大部分美国公立社区学院都是如此。这体现在他们会议纪要的精准上。比如，洛杉矶社区学院学区的会议纪要中，说明了每名受托人何时到会、记名投票结果、哪些内容为经审议后增加或删除等。除了准确执行会议日程，精准记录会议细节外，关于受托人委员会会议的配套政策措施也非常值得关注。比如，JoAnna Downey-Schilling 的博士学位论文中，提到了社区学院的阳光法案（sunshine law）。该法案的规定详细到了明确受托人可以和校长、教师或职员进行电话沟通了解情况，但受托人委员会相互之间不可以打电话，因为这被认为会涉嫌暗箱操作，影响会议的公正性[①]。

---

① JoAnna Downey-Schilling. How Governing Boards Provide Oversight for Community Colleges: Understanding the Differences Between State-Appointed and Elected Boards [D]. Oregon State University, 2012, p. 126.

(三) 受托人委员会的履职过程

1. 受托人委员会主席

受托人委员会主席对于受托人委员会高效运行具有重要意义。加州社区学院有的学区，受托人委员会主席是轮流担任的，也有的学区是通过选举产生。主要的影响因素是受托人的意愿、精力和管理技能。有不少学区还设有副主席位置，便于有志于担任主席的受托人进行管理实践。

受托委员会主席没有个人的权力，只有在作为委员会主席行使职能时才有职位性权力。通常，受托人委员会主席的任务包括：打造委员会团队，代表委员会或学区出席各类活动（如纪念性活动等），建立与社区学院院长和管理层的良好工作联系，主持委员会会议。

2. 受托人委员会/校长关系

受托人委员会和校长是社区学院治理的核心力量。良好的受托人委员会/校长关系，对于社区学院的改革发展至关重要。受托人委员会负责任命校长，并评估其工作绩效。在很大程度上，受托人委员会是游戏规则制定者，校长是社区学院治理的实施者。受托人委员会是两者关系中的自变量，校长更多的是因变量。尽管如此，校长并非对受托人委员会没有反作用。在管理实践中，校长作为管理层的首要代表，对于受托人委员会的良好运作具有关键作用。原因是，校长具有相当程度的信息优势。校长是最了解社区学院运作状况的人，虽然校长由受托人委员会产生，在权力链条上处于次级地位，但由于其信息优势和受托人委员会的外行管理特性，校长同样对受托人委员会具有重要影响。某种程度上，这可以理解为受托人委员会和校长的制衡关系。在美国文化中,平等与制衡是广受共识的核心原则。正是通过由其任命但又具有反作用,这种看似矛盾的关系推动着美国社区学院治理的稳定与平衡。

(1) 校长遴选

校长遴选是受托人委员会的重要职责。通常来说,校长遴选过程包括几个关键步骤:评估需求(assessment)、组建遴选委员会(Search Committee)、工作支持(support)、制定时间表(timeline)、工作描述(Job Description)、招募和面试(Recruit, Screen, and Interview)、确定人员(Make the Final Selection)、签署合约(Contracts)。遴选委员会是受托人委员会的临时机构,主要负责初步面试和向受托人委员会提名。在多校区组成的社区学院学区,遴选委员会通常为遵循社区学区学监(chancellor)的建议。工作描述的最终决定权在受托人委员会,包括校长职责、资质要求和薪酬水平等重要问题,都需要受托人委员会确定。校长合约的中内容包括职责、任期、薪水、福利和评估过程等。

(2) 绩效评估

"No Surprises"是处理受托人委员会和校长关系的一个非常重要的原则。所谓 No Surprises,是指双方彼此尊重、充分沟通。当受托人委员会需要代表学区向公众发声时,不能出现公众已经知晓而受托人还不知晓的情况发生。同样地,受托人委员会的要求、社区的关心和期望受托人委员会也应该及时地向校长和管理层沟通,尽量不出现意外情况。而贯彻"No Surprises"原则的过程中,绩效评估是一种很重要的环节。绩效评估是把外界对于校长的期望以及学院的绩效较大程度的一次比较过程,既有利于受托人了解学院发展,也有利于校长和管理层更深切地体会外界期待。

通常，对于校长的绩效评估都是秘密进行的。有投票权的受托人必须参加，同时，也应该听取虽没有投票权但同样具有重要影响力的学生受托人的意见建议。绩效评估的标准，通常有两类：基于使命、愿景和发展目标的标准和基于领导职责、技能和特点的标准。校长需要向受托人委员会说明社区学院的组织绩效以及年度目标的实现情况。绩效评估的步骤通常包括：非正式讨论（informal discussions，相当于评估的务虚过程），针对特定标准的讨论（discussion of a specific set of criteria and questions，校长负责向受托人委员会具有特定指向性的述职报告），问卷调查（survey forms，通过实证研究获得相关数据支撑），访谈（interviews，通过访谈相关利益方，获得校长工作绩效的定性信息，有投票权的受托人和学生理事是必须访谈对象）。绩效评估对于校长的合约续签具有重要影响。所以在社区学院治理实践中具有重要作用，但由于社区学院情况各异，以上仅做了一些原则性探讨。

3. 受托人委员会的自我评估

关于受托人委员会的自我评估，社区学院认证协会多有规定。比如，西部社区学院和初级学院协会标准（Standard）IV.C.10规定：受托人委员会的自我评估过程应该被清晰定义、实施并标注在其政策体系或相关规定中。加州社区学院认证通常6年一次。社区学院自评报告中必须包括基于上述认证标准的受托人委员会自我评估的相关内容。加州社区学院受托人委员会的自我评估报告，被前面提到的布朗法案定义为公共信息，应该向公众提供。加州社区学院受托人委员会自我评估的基本内容有：学生成功与计划（Student Success and Planning），委员会政策角色（Board Policy Role，包括委员会是否理解其政策决策，是否清晰界定委员会和校长的治理边界等），委员会/CEO关系（Board/CEO Relationship，包括：两者关系是否公开、相互尊敬和良好沟通，委员会是否对CEO进行评估，委员会是否营造有利于CEO成功的治理环境等），委员会/社区关系（Board/Community Relationship，包括：委员会是否回应了社区需求，委员会是否向社区推介了学院等），教育方案与质量（Educational Programs and Quality，包括：委员会是否理解教育服务，委员会是如何促进学生成功，如何监管教育质量的等），受托责任（Fiduciary Responsibilities，包括：委员会是否确保学区的财务健康，预算管理情况等），委员会/职员关系和人力资源（Board/Staff Relations & Human Resources，包括：委员会是否平等对待所有雇员，是否做到宏观管理，委员会能否确保教师、职员和学生参与协商治理等），委员会领导力（Board Leadership，包括：是否遵守相关法律法规，是否避免利益冲突，不得因组织行为而为个人谋利，是否作为一个集体发挥作用，是否有明确的目标和实现路径等），委员会会议和日程安排（Board Meetings and Agendas，包括：会议安排是否高效等），受托人教育（Trustee Education，包括：新当选受托人，含学生受托人，是否得到良好教育和培训等）。

4. 受托人委员会在社区学院预算管理中的作用

预算是社区学院治理的核心，几乎社区学院治理的所有内容都与经费有关。而且，预算管理是横跨内部治理和外部治理的，既是校外诸多治理性力量博弈结果的集中体现，也是校内利益相关方表达诉求形成治理方案的重要平台。前面已经提到，受托人委员会的准确定位既不是内部治理机构,也不是一种外部治理机构,而是一种中间地带。作为一种横跨内部治理和外部治理边界的核心活动,预算管理对于认识受托人委员会的重要作用具有重要意义。

经费是社区学院发展的重要因素,预算是经费的年度体现。前面章节曾经提到了美国公立社区学院的经费来源构成情况。那时候的分析更多的是面上情况,现在将结合加利福尼亚州的具体情况,聚焦受托人委员会在预算管理中的作用,在点上作有一定深度的展开。

总体而言,美国社区学院的经费来源有州政府、地方政府、学费、联邦政府、基金会等几个方面。加州的情况也是这样。和其他州不同的是,加州的社区学院的萌生和发展,是前文提到的"自下向上"模式,即使由中学拓展职能承接前两年大学教育的自下而上模式。基于这种模式,加州社区学院的受托人委员会都是经由选举而非州长任命产生。另外,由于历史与传统因素,社区学院的经费来源中地方所承担的比例较大。事实上,1978年之前加州社区学院受托人委员会一直是有权力征税的,具体的税基是财产税。1978年Proposition 13获得通过,限制了社区学院财产税的征收权力。社区学院的经费支持重心,开始逐渐从地方向州过渡。尽管联邦政府的资助从绝对量上来讲,呈现稳定增长的趋势,但从与其他经费来源横向比较的角度看,仍然居于相对次要的地位。统计显示,加州公立社区学院的经费构成中,州政府占35%,地方财产税占36%,地方其他资助占16%,学费占7%,联邦资助占3%,其他州的资金占7%。学费收入由州政府对社区学院进行返还,在统计意义上也被算为州政府经费来源内。州政府的经费由几部分构成:一般性拨款(general apportionment)、专项资金（categorical funds）、基建资金（capital construction）、彩票收入（the lottery, less than 3 percent）和其他资金。加州对于社区学院的年度拨款，每年都是不同的，会根据经济形势和发展需求进行适当调整。但从总体上，加州向公立社区学院拨款的比例约占州政府总预算的10%以上，这是由Proposition 98法案规定的。

对于州向社区学院拨款有影响力的通常有地方机构、州政府分支机构、立法机构和州长。每年的9月，各机构向州财政部（Department of Finance, DOF）提出预算建议。这些建议以预算改变建议（budget change proposals, BCPs）的形式提出，主要是考虑到与上一财年的对比情况。加州社区学院的预算建议，由州社区学院办公室经与相关利益相关方充分协商后想DOF提出。DOF经过听取各方面意见建议，最终在12月份向州长提出建议预算，并向加州社区学院总监沟通（Chancellor of the Community Colleges）。第二年的1月10日前，州长将向议会提交州预算供审议。5月，州政府根据审议结果提交修改版预算，通常称为"五月修订"。6月15日，是州议会向州政府确定预算审议结果的最后期限。6月30日，是州长签署预算的最后期限。在这期间，各方面还会对最终结果进行博弈，并有适当修改。若发生6月30日预算没有获得通过的极端情形，大部分社区学院可通过备用经费维持运转。在美国，预算即使确定后，也是可以微调的。这种微调主要是由州层面触发的，触发的因素包括经济形势的改变、学生注册人数的变化等。相对于其他国家而言，美国公立社区学院的预算管理压力是较大的。他们总是在一个永远变动的预算环境中办学。而这正是对受托人委员会政治能力和教育智慧的考验。

州层面的预算确定之后，接下来是州理事会（Board of Governors）和州社区学院办公室（System Office）向社区学院分配经费的过程。加州社区学院经费分配，在 2006 年进行了重要调整。2006 年议会通过了 Senate Bill 361 法案。这个法案变 1990 年开始的基于教学计划的经费分配（program-based funding）为基于学生 FTES-based funding（FTES，为全日制学生 full time equivalent student，在加州 FTES 的定义是学满 525 学时的学生）的经费分配。对于社区学院来说，18 754 名学生和 9 377 名学生为两个关键点。超过和低于这两个关键点的学院，分别会得到不同的经费拨款。

在整个预算过程中，受托人委员会都发挥着重要作用，他们需要向社区和州立法机构、州长、州社区学院系统办公室解释相关预算改变的内容和依据，也需要向相关校内利益相关方说明外部预算环境的改变和优先预算考虑。受托人委员会也可以寻求相关协会组织的帮助，比如加州社区学院受托人协会等。

社区学院获得来自州的经费拨款后，受托人委员会将在学校层面进行资金配置。所有经费使用均需严格按照相关法律法规进行。比如，除了常规拨款外，还有一些专项拨款，如计划内修缮项目（scheduled maintenance）、远程通信项目（telecommunications）等。这些项目必须严格遵守州法律规定。除此之外，加州法律还规定社区学院获批经费的 50% 必须用于学生教学，75% 的学业支持时间（student contact hours）教学任务必须由全职教师担任。

除了州层面的拨款，社区学院还可以通过发行债券（bonds）、筹款活动（fundraising and grant-seeking）、资产管理（asset management）、与企业或政府伙伴关系（Partnerships with industry and government）来获得经费支持。在这些经费争取过程中，受托人委员会都作为社区学院的代表人发挥着重要作用。债券发行主要针对大型基建项目。在加州，发行债券的相关事宜由议案39规定：发行债券的门槛是获得55%以上的选民支持。资产管理受益，是指社区学院的土地、建筑和智力资本。这部分受益法律也有全面规定，受托人作为公共利益的受托方是核心监管者。社区学院也可以和企业进行专项项目合作，获得相关收益。除了行业和企业，社区学院也可以通过与政府组织合作获得收益。常见的合作有建立联合设施，如市民休闲区和公共图书馆等。在这些活动中，受托人委员会都发挥着重要的领导作用。

社区学院获得各方面经费支持后，受托人委员会将在学院层面对经费进行配置，形成详细的学院年度预算。与争取预算相比，制订校内预算的过程，受托人委员会的作用发挥更加具体和全面。总体而言，受托人委员会主要承担4方面的职责：建立预算标准（Establish policy criteria to guide the budgeting process）、确立预算优先方向（Set general priorities for the budget early in the process）、审议预算建议（Study and understand budget proposals）、通过预算（Adopt budgets after assessing proposals against policy criteria and priorities）。

在美国，公立社区学院的内部预算性质可以从4个方面认识：预算是规划与管理文件（planning and management document）、预算是政策文件（policy document）、预算是政治博弈结果（political document）、预算是动态变化的（dynamic document）。规划的落实需要预算的配合，学院的政策导向需要预算的支持，内部各利益相关方的协商需要依托预算，经费使用效率的提高也需要预算的调整，在这四个方面，受托人委员会都发挥着重要作用。比如，在内部协商方面，通常管理层和教师或职员工会对于教师或职员薪酬水平会有不同的预算建议。这个时候就需要受托人委员会站在全局的高度，从为公共利益负责的角度出发，合理确定薪酬水平。

为了更好地说明受托人委员会在预算管理中的作用，可以通过受托人委员会与管理层对比的角度进行认识。Cindra J. Smith (2014)[①] 比较了在社区学院预算管理中受托人委员会和 CEO 的职责。

表 6-7　预算管理方面受托人委员会和 CEO 的职责

内　容	受托人委员会	管　理　层
总体作用	管理财务政策 确保财务健康 提出长期项目要求	管理学院经费使用规程 向受托人委员会汇报
预算	形成预算标准 审议预算 提出经费使用影响的汇报要求	应用预算标准 确保利益相关方参与预算管理过程 向受托人委员会提交预算 汇报财务信息 提出预警信息 确保预算促进学院利益，并和教育方案相关
经费活动	形成各方面政策 形成经费使用政策 形成法律规定的相关报告 审议现金管理 发起发行债券投票等	形成实施细则 管控经费使用 形成工作流程 向受托人委员会报告形势 评估现金管理需求 评估发行债券需求

---

① Cindra J. Smith, Ed. D., with updates by staff. Introduction to fiscal Responsibilities: a Resource for Governing Boards [Z]. [2016-08-25] http://www.hartnell.edu/sites/default/files/u285/intro_to_fiscal_responsibilites-a_resource_for_governing_board.pdf, 7-8.

续　表

内　容	受托人委员会	管　理　层
资产保护与管理	制定政策 管控政策实施情况	实施受托人委员会政策 确保资产受到保护和管理 建立风险管理系统
资金筹措	评估需求 提供领导力支持 支持基金会和资金筹措活动 依法接受捐赠 把握捐赠的长期和短期要求	提供决策信息支持 参与资金筹措活动 向受托人委员会提出审定请求
监管财务健康	提出财务状况报告要求 熟悉财务术语和管理 定义审计要求 管控债务 制定审计工作标准 审议审计报告 提供工作指导	定期汇报 提供信息 协助确定审计公司 与审计公司共同做好审计 协助受托人委员会审议审计报告 审计整改

　　经费管理处于治理体系的核心位置。由于这种重要地位，相对于其他治理内容，受托人委员会对经费的治理深度更深，管控更严。在经费治理问题上，受托人委员会和管理层的边界并没有像其他问题那样泾渭分明，一个是宏观治理；另一个是微观实施。为了确保社区学院的良好经费保障，受托人委员会和管理层表现出更多的合作特征。在上述表格的很多维度上，管理层对于受托人委员会的信息支持作用表现得更加明显。尽管在宏观与微观这个分类维度上，两者还有区隔，但不像其他治理事务那样明显。比如在资产保护与管理上，受托人委员会要负责管控政策的实施情况，在发起债券投票方面，管理层仅是作为支持力量存在，最终代表社区学院或学区提出发起债券行为的还是受托人委员会。在经费管理上，受托人委员会和管理层更多地表现出上下

级管理，而不仅仅是宏观与微观层面的分工有所不同。

5. 受托人委员会在其他治理议题上的作用

（1）社区关系

社区学院的生命力在于保持与社区的天然、紧密联系。社区学院的根本任务是通过平衡社区内部的各种利益，对社区的需求做出及时和高效的反应。受托人委员会在这个过程中起到了桥梁和缓冲器（bridge and buffer）的作用。桥梁作用体现在，受托人委员会要保持社区与社区学院的畅通联系。同时，也体现在社区学院的内部利益主体（如教师、职员、学生群体等）与管理层的信息沟通和管理互动。从这个意义上说，受托人委员会的桥梁作用，更准确地说，应为双桥梁作用。受托人委员会的桥梁作用，既是双向的，也是双层的。受托人委员会的缓冲器作用，主要体现在保持社区学院必要的自治权，避免外界力量过多的干预社区学院发展。弗莱克斯纳曾经说过，大学应不断满足社会的需求，而不是它的欲望[1]。中国高等教育学泰斗潘懋元教授也说，自由是崇高的，功利是强大的，人们总是在两者之间平衡。对美国社区学院来说，实现平衡的关键便是受托人委员会的缓冲器功能。美国社区学院尽管与外界联系紧密，但社区学院毕竟不是政府的分支或者外部特定利益集团的映射。美国社区学院受托人委员会缓冲器功能的实现，既源于学术自由的传统，也建基于其经费的地方（local）提供。无论是对联邦政府，还是对州政府而言，社区学院受托人委员会的选举体制还是经费基础都有其一定程度的自主性。

---

[1] 弗莱克斯纳. 现代大学论：美英德大学研究［M］. 徐辉，陈晓菲，译. 杭州：浙江教育出版社，2001：3.

对美国公立社区学院而言，建构社区关系的前提是找到"谁是社区"（Who is the Community?）的答案。社区的需求不仅是多样化的，有的时候也是竞争性的和零和的。在这种情况下，作决策对于受托人委员会的决策过程、决策方法和决策效果都提出了非常高的要求。具体地说，社区至少包括以下群体：选民、多样化群体（如单亲家庭、下岗工人等）、纳税人、州政府、工商企业、地方与区域代理机构、学生等。在所有社区利益相关者之中，学生处于中心地位。如果说纳税人是社区学院运作的源头和基础，那么学生则是社区学院的核心和体现。正是基于这个原因，在绝大部分美国公立社区学院的愿景描述中，总是把学生成功置于显要位置。

美国社区学院建构与社区良好互动关系的机制很多，比如学区受托人委员会和其他委员会之间的紧密交流、社区对话、公共论坛、工作坊等（board-to-board discussions, community conversations, focus groups, public forums, study sessions, and being trustee "ambassadors" to other groups）。由于受托人是大都经由选举而产生，通常他们也被认为是政府官员，再加上他们的非党派性质，他们面对公众与立法机构与社区学院内部人士（包括校长和职员群体）都要有说服力得多。正是由于这个原因，受托人通常也承担了筹措资金的责任。比如在立法机构，他们的游说并不被认为是个人行为，而是被认为是选民代表的集体性行为。美国很多社区学院都设有基金会，受托人在学区受托人委员会和基金会受托人委员会交叉任职的现象较为普遍，这有利于他们的筹措资金行为。

（2）受托人委员会在社区学院认证中的作用

非政府组织认证，是具有美国特色的高等教育质量保障模式。认证虽然是自愿过程，但由于认证结论受到政府组织重视和社会各界关注，对社区学院争取尽可能多的发展资源至关重要，所以社区学院普遍接受了认证组织的认证。比如，加州社区学院普遍接受 Accrediting Commission for Community and Junior Colleges（ACCJC）of the Western Association of Schools and Colleges 的认证。受托人委员会的作用发挥本身是认证的重要内容。同时，受托人委员会也对社区学院的认证全过程具有重要作用。

社区学院提交给认证组织的自评报告，是由受托人委员会审议通过，且由委员会主席签名提交。受托人委员会负责对社区学院接受认证的总体方案进行审核，具体工作细则由校长负责。认证组织的认证指向，是学院而不是学区。对于拥有数所学院的学区来讲，受托人委员会的重要性还体现在要辅助受认证的学院做好接受认证的各项准备工作。

除了上述方面，还可以从法律的角度分析受托人委员会的运行，但限于篇幅和本书的教育研究性质，这里不对受托人委员会的具体法律条文作过多涉及，只是笼统的说明受托人委员会的相关法律责任问题。前面已经提到，经选择产生且使用公用税收者被美国社会普遍认知为官员，从这两点来看，受托人委员会具有政府性质，必须遵守相关法律条文。总体而言，涉及受托人委员会的法律可分为两类。一类是涉及程序正义的；另一类是涉及不当得利的。前者是过程，后者是结果。涉及程序的规定，比如前面提到的布朗法案。该法案把受托人委员会的会议和决议信息定义为公共信息，应该及时向社会公众公开。而且不光是加州有布朗法案，其他各州也都有类似的法律规定。本人在美国社区学院的调研表明，美国社区学院之所以自觉、主动地公开信息，并非一种主观需要，而是一种客观要求。美国社区学院领导层和管理者，并非天然地比其他国家更加公开，是法律条文的完备和惩罚体系的高效使然。值得注意的是，关于程序性法律，不光是信息公开，还有关于竞选规定、受托人不得参与与受托人委员会相关性较高的其他同类组织等。第二类法律，是涉及受托人不当得利的。作为准政府官员，受托人不得利用工作之便谋取个人利益。这是法律的底线要求。在加州这样的法律主要是两个方面。一个是《政府组织法1090》；另外一个是《政府组织法81000》。这些法律规定受托人不得利用职务便利为自己及家庭成员谋取利益，不得利用与职务相关的信息优势，向特定群体提供有可能使其谋利的信息。美国公立社区学院受托人委员会的高效和廉洁，更多的不是因为道德品质，而是因为法律的完备。美国的法律条文大都非常具体，指向性非常明确，较少原则性呼吁，而更多的是罪行与其后果的一一对应。当然，美国公立社区学院法律体系的完备是一个长期演化积累的结果。

以上从宏观角度，介绍了美国公立社区学院受托人委员会的运行情况，应该说，还可以从微观角度对其进行分析。限于篇幅和研究精力，这里就不再展开。而事实上，有相当多的素材值得认真分析和研究。比如，埃尔默社区学院学区的受托人委员会运行规则已经整理成册，并公之于网上，成为理解、研究该受托人委员会运行的重要资料。埃尔默社区学院学区的规则体系，分为政策（Policies）、程序（Procedures）、当庭出示的证据和相关表格

(Exhibits and Forms, illustrative charts, forms, definitions, and other supplemental material)等。还有其他不少学校也公开了类似运行规则体系，比如佛罗里达州的 Broward College。考虑到下一节将结合具体事例对受托人委员会的运行情况进行细节性、过程性分析，这些规则性的静态信息就不作详细展开了。

第三节 社区学院受托人委员会的案例与分析

前面小节介绍了美国公立社区学院受托人委员会的各方面情况。本节将从案例分析的角度，对两所学院的受托人委员会进行深入分析。本节既是前文的深化，也为探讨受托人委员会的特点与评价打下基础。

本节以 Hillsdale Community College[①]（下简称 HCC）和 Alamo Community College District（下简称 ACCD）[②] 为例，分别从课程变革和经费拓展的角度，分析美国公立社区学院受托人委

---

① Mary Lou Zoglin. Power and Politics in the Community College [M]. California: ETC Publications Palm Springs, 1976, pp. 38-50. 原作者注：Hillsdale Community College 及文中人名均为化名，但都有事实依据。该案例虽然不晚于 1976 年，但考虑到二十世纪六七十年代正是美国公立社区学院职业化运动的黄金时段，而且也正是职业化运动造成了美国社区学院的独立地位，开始在美国高等教育系统中站稳脚跟。此处案例分析的任务，正是职业化运动。所以综合多方面因素考虑，这个案例素材还是非常有针对性和适切性的。同时，虽然 Mary Lou Zoglin 的专著主要是阐述美国公立社区学院中的权力与政治（Power and Politics），但由于政治和治理的天然联系，也说明这些素材是适用于分析美国公立社区学院受托人委员会的案例分析的。

② Stewart E. Sutin, Daniel Derrico, Rosalind Latiner Raby, Edward J. Valeau. Increasing Effectiveness of the Community College Financial Model: a Global Perspective for the Global Economy [M]. New York: Palgrave Macmillan, 2011, pp. 205-214. https://www.alamo.edu/, https://www.alamo.edu/about-us/our-district/.

员会的作用。Hillsdale Community College 案例，聚焦受托人委员会在促成课程职业化过程的促成作用。ACCD 案例，聚焦受托人委员会在发行债券促进基建方面的作用。在前面分析政府组织和非政府组织的作用时，都一定程度上说明了职业化对于美国社区学院的作用。事实上，正是职业化的实现造就了美国公立社区学院的独立地位，让社区学院在竞争激烈的美国高等教育体系中站稳了脚跟。前面的分析侧重宏观分析，本节将聚焦 Hillsdale Community College 分析公立社区学院课程职业化的微观机理以及其中受托人委员会的作用。前面已经提到，经费是所有治理议题的核心，古今中外概莫能外。ACCD 案例将聚焦债券发行，分析受托人委员会在其中起到的核心作用。

一、Hillsdale Community College 受托人委员会案例分析

（一）HCC 概况

Hillsdale Community College 处于远离大城市 San Cristobal 的郊区，地广人稀。Hillsdale 人口在 5 万人左右，以水果种植和加工为主要经济支柱。Hillsdale Community College 早期的经费相对充裕，主要原因是学生人数较少。一部分居民的孩子，进入了州立大学学习。而更大部分居民的孩子（多为墨西哥裔）连完成高中都有困难。早期 Hillsdale Community College 的主要职能是转学教育，主要服务于为有志于进入州立大学或其他研究型大学的学生服务。早期 HCC 的受托人，全部都是转学教育理念的坚定拥护者。受托人委员会雇用了一名校长，名为 Scott Wilkinson。Wilkinson 校长也是转学教育理念的坚定拥护者，基于这个理念，他组建了教师队伍。这时的 HCC 全校上下都坚定地认为学院应

该是学生谋取学士以及更高学位的垫脚石（stepping stone）。

（二）HCC 受托人委员会基本情况

HCC 受托人委员会由 7 名受托人组成，全部由选举产生。其中，Roger Merkens 和 Raul Lopez 为新当选受托人，对现状不满。Roger Merkens 是一个年轻律师，社会联系广泛，对 HCC 的发展现状颇有微词。他是 HCC 课程职业化运动的核心人物，正是他提出的学院转型计划（College Transition Program，CTP，主张 HCC 由转学教育职能为主转型为转学教育和职业教育并重，即增加职业教育内容），激发了支持和反对双方的辩论和博弈，并最终实现 HCC 的转型发展。Raul Lopez 的理念和 Roger Merkens 接近，是一个成功的小企业主，社会联系广泛，对企业需求和社会需求有广泛了解和深刻认识，尤其是对墨西哥裔美国人的需求有较为深入的理解。

其他 5 名受托人均有受托人委员会工作经验。其中，Ralph Jones 是 San Cristobal 的银行副总裁，性格开明务实，对新思想、新观念较为接受。Bertram Marshall，为州立大学退休教授，年龄较大，思想保守，是转学教育理念的坚定支持者。Jim Carpenter，是一个 55 岁的房地产经纪人，认为 HCC 应该以转学教育为主，坚定地相信 HCC 应该是一个学院而不是贸易学校。Mike Hultgren，是一名 50 多岁的果园主。水果种植和加工是 Hillsdale 社区的传统产业，Mike Hultgren 希望给校长充分的自主权，以更好地发展学院的转学教育职能。Alfred Bugliotti 是一名 Hillsdale 社区的著名牙医，属自由派人士，观点倾向于支持转学教育。

（三）HCC 课程职业化过程

在 HCC 成立早期的 10 年间，随着 San Cristobal 城市边界的扩大，来到 Hillsdale 社区的人数在不断增多，相应的税收也较有保障。HCC 建了一个新校区，课程也有了拓展。Hillsdale 的水果种植和加工业继续兴旺，HCC 各方面形势看起来相当不错。但是，随着 1964 年汽车工厂在 Hillsdale 的建立，情况开始逐渐发生变化。这个汽车工厂雇用了大量的墨西哥裔美国人。这些人在汽车厂建厂之前，多是在果园主的果园工作。正是在这种形势下，对 HCC 现状颇为不满的 Roger Merkens 和 Raul Lopez 当选为新的受托人。认证协会的认证报告认为 HCC 在发展职业教育发展行动迟缓。州社区学院协调委员会也以职业教育发展不力为由驳回了 HCC 的 5 年计划。州调查机构的调查显示，HCC 包括墨西哥裔在内的少数民族族裔学生比例偏低。尽管全州社区学院的学生人数不断增长，在州立法机构没有扩大面向社区学院的预算规模。州财政部也以没有获得州认可的 5 年计划为由，威胁对 HCC 进行惩罚。2 年后，将迎来认证组织的实地考察，受托人委员会内部开始出现较强的危机感。Roger Merkens 提出了 CTP 计划（College Transition Program，学院转型计划）并得到了 Raul Lopez 的支持。CIP 计划得到了学生群体组织的支持，比如墨西哥裔学生会，亚裔学生联合会赫尔德黑人学生会等。在 HCC 内部，人心开始浮动。在这种形势下，迎来了制订年度预算的时间节点。HCC 的财务委员会（Fiance Committee）由教师、职员和受托人代表组成。由于经费紧张且总量保持不变，对职业教育拨款的增加，意味着其他类型教育经费的同量缩减。由于 HCC 年度预算的 3/4 流向了教职工的薪资，对新教育计划的资助意味着教职工薪资增长的可能性为零。基于此，再加上通货膨胀因素，教职工普遍对旨在通过增加职业教育课程实现 HCC 转型的 CIP

计划持消极态度。Roger Merkens 作为受托人委员会的代表，虽然强烈建议增加职业教育职能，但还是遭到了大多数人的反对。校长 Wilkinson 也提出要高度重视认证组织的发展建议，但财务委员会最终仍然没有就增加职业教育课程而达成一致。这让 Roger Merkens 感到非常失望。

4月15日，包含少量职业教育课程的预算方案提交给了受托人委员会工作会议（study session），5月3日，受托人委员会举行常规会议（regular meeting）进行了正式审议。Roger Merkens 强烈建议大量增加职业教育课程，实施 CTP 计划。受托人 Raul Lopez 和 Ralph Jones 表示支持。从而，CTP 计划在总数为7人的受托人委员会中得到了3人的支持。其他4人均表示反对。

按照州法律，HCC 的预算获得受托人的正式通过之前，要举办公开的听证会。5月17日听证会进行，平时空荡的会议室人声鼎沸。学生会支持 CTP 计划，少数族裔学生群体也表示支持。妇女投票者联盟（League of Women Voters）经过对 CTP 计划的深入研究，也表示支持。San Cristobal 工商业俱乐部（Business And Industry Club）希望 HCC 能提供适需的技术教育。一个退休的社区居民，向受托人委员会提出希望考虑居民的生活成本，无论受托人委员会作什么样的决定，都不希望居民的税收有所增长。由于 HCC 学区的收入应达到州法律规定的高点，所以任何增加税收的行为都必须得到社区居民的投票通过。而这计划是不可能实现的。最终受托人委员会以4∶3的结果审议通过了预算法案。CIP 计划，由于只有3个受托人支持，而最终没有通过。

此后，一些对 CTP 计划一直情有独钟的群体开始频繁集会，商讨对策。这些群体包括学生群体、墨西哥族裔等少数民族族裔群体组织、地区雇工协会、工商业俱乐部等。经过讨论，他们组成了 CICH 联盟，即 Coalition Interested in Change at Hillsdale，并达成共识：推动 CTP 计划的最好方法是改组受托人委员会。CICH 制订了计划，希望通过 10 月份的受托人选举，改组目前的受托人委员会。首当其冲的是寻找支持 CTP 计划的合适候选人。从 5 月份开始，CICH 组织了遴选委员会开始物色候选人。最终，他们的目标落在了两个人的身上：Ted Nakamura 和 Yvonne Perkins。前者是一名 30 岁的年轻律师，也是 HCC 的毕业生。后者是一名女性，是一名社区工作者、妇女投票者联盟的前主席。由于得到了得力的候选人，CICH 决定把他们的竞选计划公开。随着 10 月选举的临近，谋求连任的现受托人 Jim Carpenter 由于感到来自 Ted Nakamura 的竞争压力过大，选择退出竞选。另一名谋求连任的受托人 Alfred Bugliotti 和 Yvonne Perkins 的选战打得十分艰苦。因为两者都在社区有较大影响力。Yvonne Perkins 的社区工作非常出色，得到了大部分居民的认可，尤其是很多女性居民普遍倾向于选择她作为受托人。Alfred Bugliotti 的支持者多来自 HCC 校内，尤其是教职工群体。另外，很多保守的果园主、农场主也普遍支持 Alfred Bugliotti，不希望改变 HCC 的转学教育性质。也有不少居民和相关组织（Taxpayer'S United Association）由于担心从转学教育转型为职业教育，会增加税收负担，而选择支持 Alfred Bugliotti。最终，Ted Nakamura 和 Yvonne Perkins 赢得了选举，如愿以偿得到了受托人职位。

第二年的 1 月 2 日，新受托人委员会进行了就职仪式。新受托人委员会决定在三方面推动 HCC 的职业化运动：通过体现职业教育哲学的政策、为职业教育课程计划分配资金、雇用员工确保职业教育课程计划的高效实施。在推进 HCC 职业教育运动的过程中，Scott Wilkinson 校长的去留成为一个关键问题。最终，Scott Wilkinson 校长去了东部的一所社区学院基金会任负责人。在春季关于学年预算的讨论中，新的职业教育课程计划得到了通过，转学教育课程计划得到了削减。同时，受托人委员会开始启动新校长的遴选程序。

这样，经过短短的 1 年时间，HCC 从一个转学教育占主导地位的社区学院，变成了职业教育占主导地位的社区学院，变革性战胜了惯性（motion triumphed over inertia）。作为一所地方选举产生受托人的社区学院，HCC 通过受托人委员会的改组实现了社区居民对社区学院的控制。

（四）案例分析

以上聚焦 HCC 课程计划职业化，全景性地展示了美国社区学院受托人委员会的运作过程。前面章节在介绍政府组织和非政府组织的作用时，也提到过社区学院课程计划的职业化问题。但这只是一种宏观角度的描述，指向的是美国社区学院的面上情况。当我们把研究聚焦缩小到一所具体的社区学院时，更能看清宏观的治理力量在个体社区学院具体过程。前面已经提到，尽管 HCC 以及上面的人物名称，从保护隐私角度，均用了化名，但正如作者提到的那样，案例中展示的情形都是基于真实生活的（real life），具有较高的参考借鉴价值。从 HCC 的案例中，可以看到其受托人委员会有几个特点。

1. 外向性

前面在理论探讨部分，曾经提到相对于美国的公司型组织，包括社区学院在内的美国高等教育机构，其受托人委员会是一种中介和桥梁，既不是外部治理机构，也不是内部治理机构。从 HCC 案例中可以看到，这种中介性，并不意味着受托人委员会在内外治理力量之间是处于中点位置，而是表现出更倾向于接受外部治理力量影响的外向性。HCC 职业教育课程计划的实施，并没有得到内部利益相关方的支持，大部分教师从教育惯性和自身切身利益的角度出发，反对引入职业教育课程计划。作为位于管理层顶端位置的校长甚至也对这一符合社会发展趋势的 CIP 计划持保留态度。但这种内部意见，最终通过受托人委员会的改组，让位于外部治理力量的强大影响力。这说明，HCC 的受托人委员会总体上是外向性的，也会估计内部利益相关方的关切，但这是严格控制在法律底线的界限内的。当内部利益相关方和外部治理力量的发展愿景产生矛盾时，受托人委员会毫不犹豫地选择了后者。这也可以从部分程度上回答本文的核心问题，即美国公立社区学院为什么保持了成功与高效。受托人委员会的外向性特征，是美国公立社区学院成功经验的重要内容。

2. 自主性

HCC 的案例表明，外向性是美国社区学院的重要甚至首要特征，但这不是其唯一特征。美国社区学院的外向性，并非唯外部力量马首是瞻，通过受托人委员会这个平台充分展示了社区学院作为一个有自主思考决策能力的成熟组织的特征。受托人委员会代表社区学院对外部治理力量的各种诉求，有一种基于自身定位和发展设想的自主选择。这种自主选择是通过利益博弈的形式实现的。HCC 案例中，外部治理力量的诉求也是不一致的。作为政府组织和认证组织，州政府和认证协会希望 HCC 增加职业教育课程计划的比重。而作为选民，他们希望不增加税收，对 CIP

计划持反对意见。经过比较与权衡，HCC最终选择了遵从更有利于学院长远发展的政府组织和认证组织的意见。而在此前，HCC居然对州政府对职业教育课程计划的鼓励熟视无睹。这一方面说明了州政府对于社区学院的治理是柔性的、间接的，从另外一个方面也说明了美国社区学院的自主性。对外部需求并非亦步亦趋、来者不拒，这也是美国社区学院可贵的品质。事实上，不光是公立社区学院，私立社区学院也表现出较强的自主性。美国社区学院天生地具有服务的意识，但服务哪些群体、如何服务却表现出可贵的独立思考能力。这种可贵的能力，可能与美国高等教育市场的竞争激烈有关。

3. 系统性

受托人委员会位于美国公立社区学院权力链条的顶端位置，对学院发展的战略性、全局性议题具有关键影响力。在HCC案例中，无论是预算管理还是课程计划，受托人委员会都有最终决定权。无论是对校长等管理层，还是对教师群体组织都有关键影响力。这种特征赋予了受托人委员会系统性特征。受托人委员会对美国社区学院的领导，更多的是宏观领导，但这不意味着这是一种局部领导，而是一种全局领导。在社区学院的全部议题、全部成员上，受托人委员会都具有影响力。HCC案例中，职业教育课程计划的实施意味着要在预算总量保持不变的前提下，减少其他课程计划的规模、压缩原本可用于教师薪酬福利支出的预算，经过艰难的博弈过程，最终受托人委员会作出了自己的决策，从全局高度协调了各方面关系。受托人委员会的系统性，集中体现在他的核心职能是决策这一关键点上。决策，是受托人委员会的核心职责。这种职责是受托人委员会系统性的基本来源。

二、埃尔默社区学院学区受托人委员会案例分析

(一) ACCD 概况

ACCD 位于得克萨斯州,是该州第二大社区学院学区,也是全美第八大社区学院学区。根据 ACCD 网站上的数据,学区学生规模为 98 774 人,课程计划规模为 300 个,2017—2018 学年授予学位数为 12 756 人。另据学区网站数据,学生种族分布情况为:62.4%为西班牙裔,23.9%为白人,8.1%为非洲裔,5.5%为其他族裔。学生中,57.5%为女性,42.5%为男性。全日制学生(Full-Time Students)为 19.5%,非全日制学生(Part-Time Students)为 80.5%。值得注意的是,ACCD 的学生中绝大部分为非全日制学生。

(二) ACCD 的发行债券与实施过程

ACCD 由 5 所社区学院组成,1998 年学生人数为 38 850,到 2005 年增加为 52 781。这种增长幅度,使原本就已紧张的办学空间更加捉襟见肘。得克萨斯州规定日常运行经费不得用于租借教室之用。经过一段时间的酝酿后,ACCD 受托人委员会决定启动发行债券(general obligation bonds)工作。该债券为期 30 年,需要学区内有投票权的公民投票通过。ACCD 受托人委员会由选举产生,包括 9 名受托人,任期为 6 年。受托人之间的任期有交叉,可以连任,没有任期限制。

2004 年 10 月,ACCD 受托人委员会发出了拟于 2005 年 2 月发行债券的请求。这个提议得到了 ACCD 内部各社区学院管理层的认同,但遭到了社区居民的反对。主要原因是居民普遍担心这个提议意味着税收增加,而且该项投票的民众参与率较低。

经过这次失败后,ACCD 受托人委员会认识到向社区局面详

细解释基建提升项目（Capital Improvement Program，CIP）的必要性，尤其是需要向公众说明 CIP 项目的优先方向、具体地点和预算构成等。ACCD 受托人委员会采取了 5 个步骤。

1. 明确预算安排

受托人委员会协同各社区学院校长和管理层，利用得克萨斯州高等教育协调委员会（Texas higher education coordinating board）的基建标准，对 CIP 的项目预算进行了定义和说明。最终确定的标准是翻新项目预算标准为每平方英尺 100 美元，新建学术性建筑的预算标准为每平方英尺 210 美元，护理类建筑的预算标准为每平方英尺 300 美元。这些标准包括硬件建设和软装修。学区就此项社区居民进行了详细说明。

2. 论证项目需求

学区受托人委员会在学区行政负责人（chancellor）Daniel Derrico 的帮助下，对项目需求进行了充分论证。从学生和用户的角度出发，详细说明了项目的地点、外形、建筑面积等信息。受托人委员会专门任命了一个公民委员会，主持整个论证过程。在学区的其中一个学院，Northwest Vista College，论证过程中详细确定了所需教室的数量和使用要求，尤其一直缺乏的美术和表演场地进行了明确。新建筑相应的停车配套设施等，也得到了统筹考虑。经过公民委员会论证过的项目需求先是提交到了各个学院校长和学区行政负责人，并最终提交给了受托人委员会。后来的实施过程表明，这个步骤对于基建债券发行的顺利通过，打下了非常牢靠的选民基础。

3. 细化项目实施

这个步骤的步骤二是同时进行的。通过劳动力市场调查，学区确定了柴油机械、兽医技术和护理相关卫生事业（diesel mechanics, veterinary technology, and nursing allied health careers）为基建优先方向。随后，学区进行了3项专题研究：存量空间与空间利用研究（space inventory and space utilization study）、整体服务范围人口统计研究（overall service area demographics study）、社会效益与经济效益研究（socioeconomic benefit study），并把研究成果向公众和学区内利益相关方广泛宣传。

4. 听取公众评价

学区行政负责人把项目论证报告向受托人委员会提交，并随后向社会公众公开，接受评议。受托人委员会任命了一个27名委员组成的委员会（27-member community-wide committee）对所有项目进行评议，其中包括1名具有崇高威望的退休检察官。实践证明，他对该委员会的工作起到了重要的推动和促进作用。审议委员会在2005年的6月和7月开了很多次会议，对所有项目进行了评议。2005年8月3日，审议委员会通过匿名投票的形式决定向ACCD受托人委员会建议可以发起发行债券请求。事实证明，组建审议委员会对项目进行评议的做法，是一个很好的创新，对于发行债券请求的顺利通过起到了关键作用。

5. 正式发行债券

在诸事具备的情况下，ACCD受托人委员会决定在2005年11月举行发行债券投票。为了确保投票获得通过，还成立了投票促进委员会。由于得克萨斯州规定，公共经费不得用于此类选举推广互动。所以，投票促进委员会为自发形成，也不使用公共资金。投票促进委员会在电视媒体、社区内部等做了相当多的推广工作，并收到了很好的效果。同时ACCD受托人委员会也出台了获得普遍好评的政策，即残疾人士的税收冻结，也就是说无论CIP项目是否获得通过，都不增加这部分人群的税收负担。

此次债券总量为4.5亿美元，30年还清。债券投票得到60%的支持率。而且，投票率也比9个月之前的失败的那次投票也高了很多。ACCD的资产税有两部分组成，一个是运维税，税率为0.911 05美元/1 000美元（评估价格）。另一部分为利息税，税率是0.147 5美元/1 000美元（评估价格）。债券发行投票获得通过，ACCD受托人委员会获权把利息税税率调高至0.447 5美元/1 000美元（评估价格），运维税保持不变。应该说，此次税率提高幅度还是很大的，但依然得到选民认可，这说明以受托人委员会为代表的学区得到了普遍认可。

投票获得通过后，实施的问题又开始逐渐浮上水面。因为该学区从来没有管理如此大的资金量的经验。这对受托人委员会的治理能力，又是一个很大的考验。学区组织力量进行了横向研究，比如达拉斯社区学院学区（Dallas County Community College District）此前也发行了经费总量同样是4.5亿美元的基建改善计划，但项目进度和预算管理的缺陷使这个项目进展不够理想。休斯顿社区学院学区〔Houston Community College District（HCCD）〕也有类似项目，但由于建筑体量发生变化，且对信息技术更新考虑不够，而进展不尽如人意。有鉴于此，ACCD受托人委员会决定发挥在筹划投票过程中的成功经验，即积极吸纳公民参与，来应对实施过程中可能出现的问题。2006年1月，ACCD受托人委员会任命了由来自社区有影响力群体的20人组成的公民委员会，并通过了该委员会宪章。委员会每月会晤，委员任期为1年，可以连选连任。委员会每年向学区受托人委员会提交年度报告。委员会会议通过当地电视台直播，会议出席情况和会议纪要在学区网站上公开。发行债券获得通过后，选择什么时候售卖债券，以什么价格售卖，都是很关键的问题。受托人委员会通过充分听取各方面的意见建议，选择了合适的售卖价格和售卖时间。最终，获得了3 100万美元的负债套利利息收入（arbitrage liabilities）。为了做好CIP项目的相关管理工作，受托人委员会还决定用服务外包的形式实现。因为得克萨斯州法律规定，发行债券的收入不得用于支付管理人员开销。而学院的管理人员，本身就不充裕。同时，ACCD学区还聘请了Chris Moran公司作为工程监理方。相关服务和咨询费用，在债券发行所得经费中列支。随后，2006年8月受托人委员会又为所属的5个社区学院都监理了风险管理团队（construction manager at risk，CMR）。这个决策收到了很好的效果。CMR团队的薪酬可以通过得克萨斯州法定最高价格（guaranteed maximum price，GMP）列支对项目成本进行了有力有效的控制。统计显示，CMR团队从项目实施到2010年1月31日，总计减少建设成本180万美元。这部分结余资金有力地支持了学区其他项目的建设。在项目实施过程中，受托人委员会发挥了学区内最高权威的作用，对项目之间、5所学院之间进行了有效的统筹协调。具体的手段是，根据形势的发展进一步论证建设需要，调整建设计划。比如考虑到通货膨胀因素，对一些项目的必要性进行了进一步的论证。有些可以通过现有教室实现功能正常运转的项目，做了相应的调整。这样，整个项目获得了顺利和全面的推进。

CIP项目实施过程中，也有遗憾。比如，得克萨斯州法律规定要尽可能多的采用SMWBE公司（small, minority, women-owned business enterprise，小微企业、负责人为妇女的企业等）。ACCD在这方面也有良好的记录。但在CIP项目实施过程中，由于时间跨度长、资金和建设体量巨大。ACCD学区中负责SMWBE多样性的部门负责人从2006年12月至2008年3月一直空缺。这显然不利于工作的开展。

总体上看，CIP项目取得了令人称道的成功。而且值得注意的是，ACCD学区此前并没有建设如此体量的基础工程、在如此长的时间跨度下使用如何体量巨大的资金的经验，但最终这成为在社区学院发展领域一个非常成功的案例。这不能不说，是受托人委员会起到了非常关键的引领、协调和组织实施作用。在CIP项目建设的5年时间，名誉校长换了3次，校长换了4次。而作为最高权威的受托人委员会整体上保持稳定，仅有2名受托人进行了改选。最高领导层的稳定和强力推进，是CIP项目顺利推进并获得成功的关键。在受托人委员会的主持下，不仅学区与外界的沟通顺利进行，学院之间和学院教职工、学生群体之间的沟通也顺利进行。在当地的主要报纸 *The San Antonio Express News* 和在学生群体中有重要影响力的报纸 *San Antonio College Ranger*，经常刊登公民监督委员会提交给ACCD受托人委员会的咨询建议和相关情况报告。在基建过程中，作为使用者的教师和学生被允许进入施工现场进行实地探访，提出了不少进一步改进设计的意见建议。同时在绿色节能方面，也根据相关技术的发展提出了很多很好的建议。监理公司也高效工作，有效地确保了建设成本严格控制在预算范围内。

（三）案例分析

以上结合ACCD发行基建债券并实施基建项目的案例，说明了受托人委员会在其中的关键作用。这个案例从经费的角度，为我们呈现了受托人委员会运行的另一番图景。与HCCD案例相对于宏观的课程计划职业化不同，ACCD的案例指向的是更加微观（但体量巨大）的基建改善项目。巧合的是，HCCD和ACCD两个学区的案例都与CIP有关。当然，两者是有根本不同的，一个是资本改善计划（Capital Improvement Program），一个是学院转型计划（College Transition Program）。无论是学院转型还是资本改善，都是社区学院发展中的重要命题。ACCD的案例使我们对美国公立社区学院受托人委员会的运行有了更加清晰的认识。

1. 权威性

与很多美国公立社区学院一样，ACCD的受托人委员会也很有权威。这首先体现在其可以征税的法律地位。受托人委员会是社区学院学区法律意义上的代表，具有民事行为能力。一旦发行债券的提议获得通过，就将变成所有居民都必须遵守的税收义务。尽管有些居民可能在投票时持反对意见，但当发行债券获得通过，就将对区域内的所有局面具有强制性约束力。这种强制性，是受托人委员会的权威的重要体现。权威性的另一个体现，是相对于社区学院而言。ACCD一共有5个社区学院，在社区学院和学区之间还有一个管理层，即名誉校长和校长，包括社区学院的校长在内，他们的任何动议需要经过受托人委员会的审议通过方为有效。可以说，受托人委员会充当了社区学院学区内部各种利益博弈的最终裁决人。这从ACCD资本改善计划的后续实施中，可以很明显地看到。获得4.5亿美元债券资金支持后，学区内部的各种利益主体纷纷提出了基于自身立场追求自身利益最大化的不同诉求，比如建筑功能的设计和面积，5个社区学院之间的资金分配等。在这些关键问题上，受托人委员会都享有至高无上的裁决权。形成决议前充分听取意见，一旦形成决议，则强力执行。受托人委员会的权威性，是其发挥作用的重要基础，对于担当起外部治理与内部治理的中间地带和关键桥梁作用，具有十分重要的意义。

2. 稳定性

ACCD发行债券和实施基建项目的案例表明，美国社区学院受托人委员会具有很大的稳定性。这对于CIP这样的大体量、长时间跨度的项目来说至关重要。前面已经提到，在CIP项目实施的5年时间内，学区管理层经过了3～4次变化，这意味着不到一年即有一次重要人事变动。而受托人委员会总体上却保持稳定，尤其是在ACCD学区，受托人的任期要更长些，达到6年。5年时间内，仅有2名受托人更迭。这对于总数达9人的受托人委员会来说，完全可以说是一种正常范围内的变动。这种稳定性，对于CIP项目的发起和成功实施起到了制度保障的作用。事实上，受托人委员会作为一种治理制度安排，从社区学院的诞生之初，甚至美国高等教育的诞生之初，就绵延至今。基本制度理念和制度安排几乎没有大的变动，这种制度本身就是非常稳定的。这种稳定背后有文化因素，也和美国高等教育机构普遍的服务社会意识密切相关。美国公立社区学院受托人委员会稳定性的来源，还与其公开性有关。包括ACCD在内，美国公立社区学院学区的信息公开意识普遍较强，公众和学区内利益相关方非常容易得到有关信息，信息公开尽可能地规避了受托人委员会内部暗箱操作的可能，从外部保障的角度逐渐形成了受托人委员会的稳定性特征。

3. 独立性

上面分析 HCCD 案例的时候，提到了其自主性特征。ACCD 的案例分析，为这种自主性找到了经济基础，即美国社区学院受托人委员会在经济上是独立的。美国社区学院学区有中学学区的传统，具有别的国家高等职业院校所很难具备的征税权。尽管征税事关重大，并因此使决策过程变得非常漫长，但毫无疑问这种法律地位给了美国社区学院独立思考、自主谋划未来的意识和能力。在 ACCD 案例中，受托人委员会广泛听取学区外各方面的意见建议，有些反对的声音（比如因担心税收增加而反对 CIP 的居民）并没有使委员会放弃了发行债券的能力，而是采用各种技术手段努力争取更多选民的支持。这说明了 ACCD 对自己发展愿景的清醒和坚定，事实上，不光是 ACCD，其他美国社区学院也是一样，他们对自身的发展利益有清晰而坚定的认识。在本人赴美对 Broward college 的教职员工进行访谈时发现，他们更容易把学院利益和个人利益一致起来，对自己的学院未来有清晰的认知和坚定的信心。在与其国际交流处员工做私下交流时，本人曾经问过他们对自己学院的信心来自何方，对方回答是：学院的定位。他们认为作为一所社区学院的定位是准确而自豪的，所以一定有美好的未来。这种情绪在 ACCD 案例中也得到了印证。ACCD 案例中，受托人委员会的独立，还体现在对学区内各种利益相关方的仲裁和距离。受托人委员会没有任何党派属性，也不属于任何单独利益相关方，他们在实现公共利益的前提下实现着社区学院学区自身的利益。这种独立性，可能与受托人委员会作为一个集体发挥作用有关。受托人个人可以就某事发表观点，但这仅仅是个人行为，不代表委员会观点。对学院事项尤其是重大事项最终裁决的，是受托人委员会这个机构，而非受托人个人。从 ACCD 案例所揭示出的受托人委员会独立性，可能是从治理视角出发，美国社区学院能在世界高等职业教育舞台上发出耀眼光芒的重要原因。

第四节　社区学院受托人委员会的特点与评价

前文从多个角度说明了美国公立社区学院受托人委员会的基本情况。这更多的是一种信息铺陈，较少观点呈现，也就是说侧重于叙而不是议。本节的展开逻辑是：先介绍美国公立社区学院受托人委员会的共性特点，再从与州立大学和研究型大学比较的角度说明美国公立社区学院受托人委员会的个性特点，最后从受托人委员会作为一种有效和特色的制度安排的角度出发，为美国公立社区学院的成功和高效提出归因和解释。

一、美国公立社区学院受托人委员会的共性特点

作为美国高等教育系统中的重要组成部分，美国公立社区学院的受托人委员会也不可避免地具有美国高等机构的共性特点。

(一) 外行控制

外行控制对于包括美国公立社区学院在内的高等教育机构来说，意味着较强的外向性。高等教育的第三大职能服务社会之所以在美国诞生，本质上就是因为美国高等教育机构的外向性。美国高等教育体系复杂、数量庞大，市场机制的发达也使得高等教育机构为了生存与发展，天然地具有向外界证明自身能力和价值的特点。前面分析时已经提到，美国高校的受托人委员会之所以以外行控制为共性特点、关键特点，与美国高等教育萌生初期的一穷二白和缺乏类似欧洲大陆的优秀教师群体有关。借助于外行控制，美国高校自然地度过了诞生之初的危险期。可贵的是，这一特征并没有随着高等教育机构的逐渐强大而变得模糊甚至消失，而是逐渐成为美国高等学校的独特基因，这里面不能不说美国的实用主义文化哲学起到了根本作用。美国高校的价值，首先是证明对社会有价值。这不仅是高校的安身立命之本，也是兴旺发达之要。当然，外行控制中的 lay，并非是贬义词，而是非学术的意思。美国高校的外向依赖，不是依赖于某一种外部利益群体，而是多元依赖，兼容并包的。受托人委员会正是提供了外部各种利益诉求汇聚、交锋、博弈的平台和机会，让美国高等教育机构获得了源源不断的发展动力。

（二）集体作为

和其他美国高等教育机构一样，美国公立社区学院的受托人委员会只有在作为一个集体时候才能履行职责，享有权威。受托人个人要对自己的行为负责，但任何个人言论均没有法律效力，只有当受托人委员会作为一个整体才能具有治理作用。受托人有特定的利益代表群体和专业技能，这种代表性是让位于受托人委员会的集体性的。当前者有利于后者时候，这是被法律法规所认可的，而当后者危及后者时，不管是个人受托人还是作为集体的受托人委员会都会提高警惕。个人受托人不得代表受托人委员会向社会公众或学院内部发表评论或提供指导。

美国高校受托人委员会的权力，不可以分解为个体受托人的权力，也并非个体受托人的权力总和。即使是受托人委员会主席，也不享有高于其他受托人的个人权力。大部分受托人委员会主席是选举而产生的，也有的是轮流担任的，但无论哪一种任职方式，受托人委员会主席仅仅在基于集体决策的基础上才能起到发言人或主持人的职能，其法律地位并不比任何其他受托人更高。这是美国的传统，也在各类法律法规中有明确规定。应该讲，美国高校受托人委员会是一种高效而先进的制度安排，原因之一就是这种制度既发挥了集体决策的优点，又避免了个人独断专制的可能。可贵的是，"集体"作为一种受托人委员会的重要特点，得到了受托人的普遍认可和严格遵守，上面提到的在JoAnna Downey-Schilling（2012）的研究中一位受访受托人表示"我们中的任何人都不像我们作为一个整体那样英明。"很能说明问题，也很有代表性。

（三）制定政策

政策是美国高校受托人委员会的基本治理手段。受托人委员会作为一个集体是游戏规则的制定者，通过制定政策，源自外界的教育需求通过受托人委员会这个关键桥梁和中间地点变成高校内部各利益相关方的认知和行动。受托人委员会和管理层面的治理边界是非常清晰的，上面已经分析了在相同的治理任务上，两者的治理侧重点是不同的。受托人委员会偏重宏观管理，管理层致力于微观的实施和落实。本人在美国调研期间，听到关于受托人委员会作用的一个非常形象的说法：nose in，hands out。也就是说受托人委员会要对外界需求和内部动态保持敏锐，而在具体管理问题上又要高度相信管理层，远离日常的具体操作（day-to-day operations）。从权力链条的角度上，尽管受托人委员会要高于管理层，但这不意味着它可以超越治理边界，行使法定属于管理层的职责。在违法成本普遍较高的美国，没有受托人愿意这么做，也没有人敢这么做。一个真正优秀的受托人委员会，应该把校长的双脚置于火焰之上，使之时时警觉却又要保证校长不会受到伤害。

除了上述几个主要特点外，美国高校受托人委员会还有其他一些特点。比如，受托人都是没有薪金报酬的，但可以获得履职所必需的相关津贴或补偿（no salary but have reimbursement）。事实上，认证组织也是一样，认证组织对社区学院或其他四年制机构进行认证并不收取费用，而只是需要正常工作过程的一些履职费用。这种经费上的独立，规避了他们利益不中立的嫌疑。而且，受托人委员会和认证组织的关键利益诉求也并非薪酬，而是社区或市场对他们的认可。有了这个认可，带给受托人和认证组织的利益就远远不止薪酬这么简单。

二、受托人委员会：美国公立社区学院与研究型大学的区别

分析美国公立社区学院受托人委员会的特点，至少可以有几个角度。第一，国别比较，即美国与他国的比较。第二，层级比较，即受托人委员会和管理层的比较。第三，类型比较，即美国公立社区学院的受托人委员会和研究型大学相比有什么特殊性。第一个问题会在本书的启示与借鉴部分详细论述，这里仅稍作展开。从受托人委员会性质的角度看，美国公立社区学院的受托人委员会都是决策性质的，而其他不少国家的类似机构大多为咨询性质。基于性质上的根本区别，美国社区学院受托人委员会的议题范围也比其他国家要来得宏观和重大。关于第二个问题，在本章的前面几节已经结合案例做了展开，这里不再涉及。这里重点

聚焦第三个问题。

美国社区学院和研究型大学的主体都是公立机构。两者的受托人委员会，在受托人的产生方式、受托人规模和职责侧重上有所不同。

(一)产生方式不同

公立社区学院受托人委员会的产生方式，分为州政府任命和地方选举。而且同一个社区学院的受托人委员会内部，受托人的产生方式都是一样的，要么是基于选举；要么是基于政府任命。相对而言，研究型大学的受托人委员会来源更加复杂，也有混合的情形发生。具体有校友选举、州官员任命、公共选举、当然成员程序、其他方式等①。也就说，研究型大学的同一个受托人委员会内部，受托人既有基于选举而产生的，又有基于政府任命而产生的。美国公立社区学院受托人来源中，没有校友选举、当然成员程序等。这反映了社区学院和研究型大学在性质上的区别，社区学院通常人数较多，但以部分时间制学生为主，前面提到的ACCD学区，部分时间制的学生规模更是大大超过了全日制学生，达到80%以上。但由于社区学院的学生的社会与经济地位普遍较低，校友影响力非常有限。让公立社区学院的受托人通过校友选举的方式产生，既不现实也无必要。从各种产生方式所在比重的角度看，研究型大学的政府任命比例也远远高于社区学院。郭为禄、林炊利（2011）统计的14所研究型大学受托人委员会信息显示，241名受托人中有194名为政府任命，通过共同选举途径产生的受托人只有寥寥23人。这说明社区学院的中

① 郭为禄，林炊利．美国大学董事会的运行模式［J］．全球教育展望，2011（12）．

学学区基因在受托人委员会的产生方式上起到了很大的影响作用。

(二) 受托人规模有别

美国公立社区学院受托人委员会的规模相对较小，通常是10人以下，而研究型大学的受托人委员会规模则相对较大。比如北卡罗来纳大学的受托人委员会由102人组成，加利福尼亚大学23人。这还仅是公立大学，私立大学受托人委员会的规模，规模要更大些。比如布朗大学54人，麻省理工学院56人，宾夕法尼亚大学41人[①]。社区学院和研究型大学受托人委员会的规模区别，与两者的核心任务不同有关。社区学院更多的是偏重实际治理的，研究型大学更多偏重名义和身份。这也正是私立研究型大学受托人委员会规模更大的原因。之所以说社区学院受托人委员会更偏重实际治理，有一个现象可资佐证，即很多社区学院受托人委员会明确规定，一旦受托人离开所居住的社区，即自动失去受托人资格。而且，对竞选谋取受托人身份者而言，在特定社区或特点选区的居住年限也是一个重要的准入门槛。事实上，在很多社区学院受托人委员会的受托人详细介绍中，大都明示此人在社区的居住年限及服务经历。相对于社区学院，研究型大学对地域性没有如此严格的要求。如果说研究型大学的受托人委员会更多的和筹款等经济活动相关的话，那么社区学院的受托人委员会则不仅和筹款有关，也和社区密切相关，这里既包括社区需求也包括社区文化。也正是从这个意义上说，服务社区是社区学院的内在基因，是自然而然的行为特点。

---

① 郭为禄，林炊利. 美国大学董事会的运行模式 [J]. 全球教育展望，2011 (12).

（三）社区学院和研究型大学的职责各有侧重

Adam A. Morris 和 Michael T. Miller（2014）[①] 在全美范围内调查了 250 名社区学院领导人和 250 名研究型大学领导人，统计结果显示：社区学院受托人委员会的主要职责是筹措经费（raising money for the institution，4.634，中位数，满分值为 5，下同）、任命学院高级管理人员（approving senior administrator appointments，4.633）、决定经费优先方向（determining financial priorities，4.60）、战略管理（engaging in strategic mission development，4.39）；而研究型大学受托人委员会的主要职责是战略管理（engaging in strategic mission development，4.839）、评估受托人绩效（assessing board member performance，4.77）、任命高级管理人员（approving senior administrative appointments，4.629）。这个调查结果显示，社区学院受托人委员会的职责更侧重于经费筹措和管理人员任命，而研究型大学的受托人委员会更侧重于战略管理和绩效评估。这个数据说明，在社区学院经费比发展方向更加重要，而在研究型大学发展方向比经费更加重要。对社区学院来说，重要的是尽可能多地筹措经费，而对经费相对充裕的研究型大学来说，受托人委员会的职责更加突出大学的发展方向和战略管理。

三、美国公立社区学院受托人委员会的评价

以上分析了美国公立社区学院受托人委员会的各方面信息。

[①] Adam A. Morris, Michael T. Miller. A Comparison of Community and State College Leader Perceptions of Trustee Involvement in Decision-Making［DB/OL］(2014 - 08 - 15)［2016 - 09 - 20］http：// files. eric. ed. gov/ fulltext/ ED546888. pdf, 7.

总体上看，这种制度安排是一种科学、合理的治理结构。从社区学院诞生之初迄今，这种制度安排一直没有根本性的变动，这本身就说明了它的合理性。而且，不光是社区学院，这种制度安排也是美国所有高等教育机构治理结构的标配，也说明了受托人委员会具有强大的生命力和适应性。美国被称为"参与者之邦"（nation of joiners），受托人委员会这种制度设计的核心理念之一是参与性。事实上公立社区学院受托人中共和党人居多，本身也说明了这一点。相对而言，美国民主党更注重平等，共和党更注重参与，事实上"共和"二字的本义就是参与。经过长时间的积累和发展，美国有成熟配套的法律体系，让这一制度的实施细节越来越完备，对美国社区学院发展起到了关键的促进作用。

但凡事总是利弊相连。受托人委员会制度本身也有与生俱来的不足。主要体现在：外行控制虽保证了公立社区学院的外向性，但也造成了受托人因对教育事务不熟悉而产生的学习成本较高的弊端。受托人委员会实现了政治家办学，而离教育家办学的理念还有不小的距离。虽然由于相关中介组织的发达，为受托人提供培训的组织很多，但这依然解决不了根本问题。另外，受托人的时间和精力投入程度也不尽相同，受托人委员会作为橡皮图章的尴尬境地的情况也时有发生。所以也无怪乎马克·吐温不无调侃地说：上帝先在傻子身上做了实验，然后发明了受托人委员会。再有，正如 ACCD 案例所展示的那样，美国公立社区学院由于太过重视程序与细节，甚至到了影响事业推进的地步。ACCD 学区中负责 SMWBE 多样性的部门负责人从 2006 年 12 月至 2008 年 3 月一直空缺，对于 CIP 项目的实施是不利的。事实上，包括社区学院在内美国社会建设的很多方面都是进展较慢的，这一定程度上有过分囿于繁复细节的原因。但无论如何，受托人委员会这种制度本身总体上是好的，对美国公立社区学院的发展起到了重要的推动作用。

结束语：受托人委员会的利益及其对美国公立社区学院随动性的影响

前面章节从政府组织、非政府组织的角度对美国公立社区学院的成功与优秀进行了归因。尽管在社区学院的发展初期，政府组织要么不起作用，要么不起什么好作用，但随着时间的演进和政府组织认识到社区学院的价值所在，政府组织将社区学院纳入政策视野中，不管是联邦政府还是州政府都出台了一系列重要政策。这为美国公立社区学院提供了规范性。非政府组织中，无论是基金会组织还是认证组织和各类群体性、培训性组织，对公立社区学院的发展方向进行研讨、对质量进行保证、对人员进行培训，让各类群体找到了归属感。这为美国公立社区学院提供了发展性。

综合本章的铺垫和分析，如果说从受托人委员会的角度对美国公立社区学院的优秀和成功提供某种解释的话，那么可以说受托人委员会为美国公立社区学院提供了随动性。视野外向、需求导向、因变而变、主动服务，是这种随动性的体现。这种关键的随动性，对于跨界的高职教育来说，是一种宝贵的财富。也正是这种随动性，让美国公立社区学院具有了拥有世界级影响力的扎实基础。

政府组织和非政府组织分别对于美国公立社区学院规范性、

发展性与先进性的形成，作用主要是促进性的。而受托人委员会对美国公立社区学院随动性的形成，作用是决定性的。受托人委员会的利益和公立社区学院的利益是融为一体的。没有公立社区学院的发展，受托人委员会的价值就无从谈起，利益也就无从实现。受托人委员会的本质是开放性的。无论是选举产生，还是政府任命，受托人委员会的本质都是外向的。由于受托人委员会与公立社区学院利益高度一致，所以受托人委员会的外向性就自然而然地形成了美国公立社区学院的随动性。这是美国公立社区学院对经济社会发展需求保持高度敏感，提供高效服务的决定性因素。上面分析了受托人作为个体的运作动机。可以说，社区学院的发展，无论对于追求自我实现的受托人，还是对于谋求政治进阶的受托人来说，都是一个重要而又关键的体验。也就是说，受托人虽然门槛较高、门票不菲，但依然能够满足他们的心理需求或政治需求。

结合前面几章的分析，可以得出结论。纵观美国公立社区学院的发展，政府组织、非政府组织、受托人委员会等对美国公立社区学院的发展起到了关键作用。但有一个关键问题应该看到，那就是：与其说是这些主体推动了社区学院的发展，逐渐走向卓越，不如说是公立社区学院的发展壮大使得它自身具备了满足外界治理主体各方面利益需求的能力。公立社区学院作为一种整体和阵营，保持着旺盛的生命力和竞争力。这是外部主体愿意推动公立社区学院发展的重要基础。在实用主义文化根深蒂固的美国，有为才能有位，比其他任何国家都要来得实际。

受托人委员会作为一种制度设计，为美国公立社区学院在世界高职教育舞台上发出耀眼的光芒做出了重要贡献，但为此做出贡献的不止受托人委员会，还有美国公立社区学院的内部治理。如果说政府组织为美国公立社区学院提供了规范性，非政府组织为美国公立社区学院提供了发展性，受托人委员会为美国公立社区学院提供了随动性，那么可以说内部治理则为美国公立社区学院提供了协调性和一致性。这部分内容将在下一章作详细展开。

第七章 美国公立社区学院的内部治理结构

美国公立社区学院的内部治理是以校长为代表的管理层、教师群体、学生群体和商业性教师工作组织博弈互动的过程。协商治理造成了美国公立社区学院内部的协调性和凝聚力。总体上看,协商治理是一种高成本的治理制度安排。协商治理发挥先进性同时又规避局限性的关键前提是,成员内部各利益群体的信任感。从这个意义上出发,新制度主义理论又提供了较强的解释力,通过学术利益和行政利益的博弈、劳方利益和资方利益的博弈,为各方面主体宣示诉求争取利益提供了法定舞台和渠道。而这正是美国公立社区学院内部凝聚力的核心来源。

第一节 美国公立社区学院内部治理的主体与互动

以上从纵向的角度,分析了美国公立社区学院内部治理的历史流变。本节将聚焦美国公立社区学院内部治理的现状进行分析,主要是结构与过程两个方面。前文介绍现有研究综述的时候已经提到,相对于国内学者对外部治理的青睐,美国本土学者更注重对内部治理问题进行研究。这里可以进一步说明的是,美国学者对内部治理的注重，既是理论家的研究兴趣所在，也是实际工作者的普遍愿望，所以在理论与实践层面都有很多成果。这些成果既有定量分析，又有质性研究。

一、美国公立社区学院内部治理主体的总体情况

美国各州的公立社区学院内部治理各有特色，表现出多样化的特征。但从总体上而言，在治理结构方面也有一些共性特征。影响治理结构的因素中，除了所在州的文化政治体制、文化取向外，最主要的因素的学院规模。Cohen 等人认为可以以学生规模 2 万人为界。大型社区学院的内部治理结构要复杂些，小型社区学院的内部治理结构要简单些。此外，还可以用是否多校区、州控制还是大学代管等角度对其进行区分[①]。

值得注意的是，在美国公立社区学院内部治理场域中，还大量地存在各种咨询、指导类组织。由于是非常设机构，通常不出现在社区学院的组织体系中。而这恰恰是社区学院保持对外界需求高度敏感的关键所在。在 2016 年 8 月本人对美国佛罗里达州 Broward 学院的调研中了解到，主要有两种方式。第一，组成咨询委员会。这与我国高职院校的教学指导委员会类似，主要起到输入企业需求信息、论证课程培养计划科学性的作用。第二，组成商业性的机构。这类机构专门为企业提供需求信息，但这个过程是营利性的。也就是说，要得到相关的商业信息服务，社区学院是要支付费用的。这些措施对我国高职院校的改革发展也是有重要启发的。

---

① M. Cohen, Florence B. Brawer, Carrie B. Kisker. The American Community College 6th Edition [M]. Jossey-Bass, 2014, pp. 122 - 130.

二、美国公立社区学院校长

国内研究成果中，对具体到社区学院校长职责的研究相对不够重视。有不少是想当然的说法，有些是对州立大学、四年制学院或研究型大学情况的简单照搬。已有研究成果中，朱子君（2015）[1]的成果令人印象深刻。他在其硕士学位论文《美国社区学院治理结构研究——以加州圣莫尼卡社区学院为例》中，以加州圣莫尼卡社区学院为例介绍了该校校长的权力及其制衡情况。该校校长的权力包括作为行政首脑的行政权力、作为学院筹款者的企业家权力以及处理利益相关者关系的政治家权力。同时，该校校长受到多方面的权力制衡，包括董事会（原文如此，应为受托人委员会）和学术评议会对校长的权力制衡。应该说，这种分析是有价值的。但相对而言，该硕士论文的展示多为定性分析，缺少把美国公立社区学院校长作为一个整体的详细数据和材料。而且，更重要的是，受托人委员会对校长的权力不是制衡关系，两者并非平等的权力主体，校长位于受托人委员会的下阶。另外，关于学术评议会对校长的权力制衡也多为粗线条描述，缺乏相关案例支撑。

在访谈和检索外文资料的基础上，本人希望以现有成果把美国公立社区学院校长职责的研究推向深入。本人2016年对美国佛罗里达州Broward学院调研期间，和访谈对象进行了交流，关于校长的职责，他们的一句话："第一和均等之间"。这个说法很形象、准确地说明了社区学院中校长的定位。校长是行政管理层的首要人物，但前提是他和其他教师和职员地位是平等的。这也

---

[1] 朱子君. 美国社区学院治理结构研究——以加州圣莫尼卡社区学院为例 [D]. 石河子大学，2015：29.

解释了校长受到其他利益相关方权力制衡的制度基础。

关于社区学院校长受到的权力制衡案例，其实在美国一些本土报纸上并不少见。比如，Pasadena City College 的校长 Mark Rocha 2014 年 7 月不得不宣布退休，原因是他因为自己的领导方式不被教师和学生所认可，而遭到了不信任投票（no confidence vote）。另外，在 2003 年 Santa Monica 学院校长 Robertson 因为遭到学术评议会的不信任投票，而遭到罢黜（oust）。

关于美国公立社区学院校长的一些面上情况，国外研究资料相当之丰富。比如，Edward J. Valeau, Rosalind Latiner Raby[①] 援引其他人的调查结果显示，美国社区学院校长的平均年龄为 50 岁以上，统计显示 1984 年美国社区学院校长的平均年龄为 51 岁，2001 年为 56 岁，2007 年为 58 岁。美国社区学院协会（AACC）2013 年的调查表明美国社区学院校长的平均年龄已达 60 岁，其中一半的比例年龄在 55～64 岁。1/4 甚至在 65～74 岁，另外 1/4 为 45～54 岁。美国社区学院协会（AACC）2013 年的调查显示，80%的校长为白人，6%为黑人，3%为西班牙裔，1%为亚裔。关于学位情况，Gardner, R. Gene; Brown, Hilton D. 的调查表明，美国社区学院校长中 77.2%的比例拥有博士学位，受访校长认为最重要的素质是：正直（诚实）、与人共事能力、客观以及与受托人委员会的良好关系。关于美国公立社区学院校长的职业生涯基础，2017 年 12 月的统计显示大部分校长（超过 70%）拥有社区学院管理层高层工作经历，只有 11%的比例是从高等教育之

---

① Edward J. Valeau, Rosalind Latiner Raby. Building the Pipeline for Community College International Education Leadership［M］. International Education at Community Colleges, 2016.

外的行业就任校长之职的。这与受托人委员会的大部分非高等教育人士，形成了鲜明的对比。同时也说明，受托人委员会更多的是决策职能，而校长作为管理层首脑，更多的是实施和执行。

关于在成为社区学院校长之前从事的具体资料，AACC 的调查表明，最大的比例来自学术事务主管（比例为 37.3%）。

AACC 还对校长的工作时间分布情况进行了调查。数据显示，社区学院校长最多的时间花在了内部事务上比例为 53.2%，内部事务中比例最高的是学院会议和行政任务。花在外部事务上的时间比例为 34%，主要是社区活动、筹款活动和立法宣传。其他活动时间的比例为 18.5%，主要是与专业人士会谈。

关于美国社区学院校长的任职时间，AACC 的调查显示，受访者在校长职位的平均时间为 6 年，和 2001 年和 1996 年的调查结果相仿。超过一半的校长任职时间不足 5 年（52%），16% 的校长在校长职位上仅有不到 1 年的时间，21% 以上的校长在校长职位上已工作 11 年以上，27% 的校长在校长职位上已任职 6～10 年[①]。

三、美国公立社区学院学术评议会

学术性，是高等教育区别于中学教育的重要特点。在社区学院，这主要体现为学术评议会（academic senate）。本人 2016 年在美国佛罗里达州 Broward 学院调研期间，对该学院课程计划开发情况进行了调研，并有幸旁听了一次学术评议会会议。关于课程开发，令人印象深刻的是，课程开发负责人用了 3 个词说明了教

---

① IRIS M. WEISMAN AND GEORGE B. VAUGHAN. The Community College Presidency: 2006, ED499825.

师的重要,她说:课程是教师所有(owned)、驱动(driven)和导引的(guided)。关于学术评议会,令人印象深刻的是,会议气氛轻松,但结构化程度很高,会议安排紧凑而高效。一个细节颇为耐人寻味,在学术评议会召开之前的上午时间,本人参加了Broward学院新教师入职培训,教学副校长是绝对的会场主人,把控节奏,有问必答。该副校长也参加了同日下午举行的学术评议会,不仅坐的位置随意且靠边,而且发言的分量也突然变得很轻,学术评议会成员普遍没有把她当做是一个位高权重的校领导,而只是认为她是一个非常普通的参与者,甚至是客人。在会议讨论中,这为副校长只是在试图解释学校的教学情况、回应教师代表的关切,而没有提出任何实质性的提议。真正提出提议并进行审议的,还是按照会议程序安排上的相关内容。这是本人关于社区学院学术评议会的第一印象,直观印象。随着在Broward学院图书馆查阅外文资料的深入,以及回国后的整理其他各方面材料,对社区学院学术评议会有了更为完整的认识。

美国公立社区学院学术评议会的活动大多体现在以下方面[①]:确保管理层和受托人委员会在执行政策时尊重学术评议会的作用,就全职教师雇用、管理人员权益和课程最低要求与管理层协商一致,确保社区学院的课程计划开发和执行做到平等对待学生,确保社区学院在专职与兼职教师比例方面符合相关法律,评论与通过课程,为教师更好地参与协商治理创造有利条件。

美国公立社区学院学术评议会通常有自己的章程,且由全体

[①] Thomas J. Nussbaum. Evolving Community College Shared Governance To better serve the public interest [DB/OL] (1995-01) (2017-09-20) https://files.eric.ed.gov/fulltext/ED397922.pdf, 17.

教师审议通过并公布网上。比如，旧金山社区学院的章程就详细规定了学术评议会的名称、会员、议事规则等方面事宜。学术评议会通常仅吸纳全职教师，也有个别社区学院对兼职教师也有考虑，但这种情况并不多见。学术评议会由会员选举产生执行委员会（Executive Council），在内部治理的日常场合代表学术评议会发出声音。学术评议会成员大多通过选举产生，选举方式为得票多者当选（elected at large），同时也适当考虑学科构成。比如旧金山社区学院学术评议会章程规定，来自同一教学单位的评议会成员不得超过3个，考虑到英语作为第二语言教学部的特殊性可以超过3个，但不得多于6人。通常，学术评议会成员任期为2年，每月至少举行一次会议。学术评议会设立4个职位：主席，第一副主席，第二副主席，秘书。如果罢黜某位成员得到评议会2/3的成员的赞同，则罢黜成立。学术评议会执行委员会成员也可能遭到罢黜，在旧金山社区学院，罢黜的条件是得到150名及以上全职教师的联名同意。

总体而言，学术评议会是在公立社区学院内部治理场域中，重要性仅次于校长的重要力量。在校长等管理层的横向上，能与其进行权力制衡的主要力量就是学术评议会。职员委员会和学生委员会，虽然也是协商治理的法定参与主体，但无论是法律地位还是实际影响，都不及学术评议会。上面提到的学术评议会通过对校长发起不信任投票而致校长离职的案例，从一个侧面说明了学术评议会的影响力。在法律地位上，学术评议会是协商治理的参与主体，尤其是在学术事务方面，受托人委员会要充分考虑学术评议会的专业意见。在加州，关于法定的11项学术事务，受托人委员会需要首先考量学术评议会（rely primarily upon the advice and judgment of the academic senate）或与学术评议会达成一致（reach mutual agreement with the senate）。而同样是在加州，关于职员和学生群体在协商治理中的作用，法律的说法仅是提供他们参与的机会，并不需要达成一致或首要考量他们的意见建议。

四、美国公立社区学院工会组织

严格来说，集体谈判（Collective bargaining）并非美国公立社区学院内部治理的一个主体。但在社区学院的内部治理场域中，这又是一个非常重要的因素。之所以重要，不仅是因为这是一个美国高校内部治理的特色，是分析探讨美国社区学院内部治理一个离不开的话题，另外一个方面也是因为，集体谈判囊括了社区学院教师、职员等群体，和美国社区学院内部治理的方方面面都有关联。学术评议会作为一种治理结构或制度安排，主要是指向教师群体的。除了教师群体，还有学生群体和职员群体。学生群体在社区学院的内部治理的地位相对次要，这主要是因为社区学院学生中部分时间制学生的比例非常大，而且有些学生年龄也较大，对参与社区学院内部治理既没有兴趣也没有时间。这就造成了在内部治理上，社区学院学生群体的地位虽然和四年制机构一样，但在治理实践中，影响力是有限的。关于职员群体，应该说其地位也是不及教师群体的，不论是从数量规模还是从实际影响力的角度看，都是相对较弱的。所以，在探讨公立社区学院内部时，就不对职员群体做专门探讨，而只是在集体谈判和后面的协商治理过程分析时候有所涉及。

前面在探讨美国公立社区学院外部治理机构的非政府组织

时，提到了美国人对各种协会有着无法形容的热爱。这源于美国人的历史与文化基因，也体现在美国人生活的方方面面。这种传统从第一批踏上美洲大陆的早期居民开始就有体现，由于恶劣的生存条件，他们唯有抱团才能有更多生存和发展的可能。随着美国历史的演进，协会组织渗透到了普通美国人的生活细节和思想深处。协会组织，或者说协会组织的思维方式在美国人的生活中是无处不在的。但尽管如此，美国公立社区学院教职工的协会组织化过程是相对较晚的，原因在于不管是美国社区学院教职工的体量还是本身的组织程度都相对较弱。尤其是在社区学院的初级学院阶段，教师队伍的主体是兼职教师，而兼职教师中的大部分又是高中教师。他们要么对社区学院没有归属感，要么本身已经有了高中的教师工会。和四年制机构相比，美国社区学院的教师群体组织程度相对较低，参与某种协会组织并由其代表自己进行利益博弈的动机相对不强。前面提到的 1966 年提出协商治理理念的 AAUP，其实就是大学教授协会。在社区学院层面上，一直缺乏这样的群体性组织。而且，从时间轴的角度看，20 世纪 70 年代还是美国公立社区学院利益性协会组织的婴儿期。而这个时间，AAUP 不仅早已存在，而且已经是提出协商治理声明 10 多年后。历史地看，从 20 世纪 70 年代开始公立社区学院内部教职工利益性协会组织开始迅速成立，与几个因素有关。首先是民权运动的迅速兴起。社会各界普遍地意识到维护自身权益的重要性，更加自觉地聚集起来争取自己的利益。其次是经济下行迫使社区学院对课程计划进行调整，有些调整甚至还是规模很大的调整。这打破了有些教师平静的生活，他们开始寻求协会组织的帮助。当然，在美国，这些协会组织进行维护教职工利益的行为，不是慈善性质的公益行为，而是基于市场逻辑的营利性行为。教职工如果要寻求协会组织的帮助，不仅要缴纳会费成为其会员并签署委托代理合同，在某些特定情况下比如代理诉讼，还需要缴纳额外专门费用。20世纪70年代，公立社区学院经过快速扩张之后，带来的很多法律诉讼问题，使众多协会组织看到了有利可图。这也是社区学院教职工相关协会组织迅速扩大的原因。相对而言，大部分公立社区学院集体谈判仅涉及全职教师。据一项2003年的统计，167所公立社区学院的集体谈判仅涉及全职教师，而只有134所社区学院既涉及全职教师也涉及兼职教师[①]。

关于这些协会组织的类型，应该说是多种多样的。这里仅以几个例子进行说明。比如，雅可马社区学院（Yakima Valley Community College）和美国教师联盟雅可马通过集体谈判达成了共识。内容涉及工作条件（Working Conditions Applicable to All Academic Employees）、绩效评估（Personnel Files & Performance Evaluations）、参与治理与课程计划评估（Governance, Curriculum, Program Review and Contract Committees）、专业发展（Professional Development）等方方面面。社区技术学院和美国教师联盟社区技术学院进行了集体谈判，并达成了共识。除了美国教师联盟及其分部，还有其他一些组织类型。比如，中新墨西哥社区学院[Central New Mexico Community College（CNM）]就是与该校雇员工会达成的集体谈判共识。共识分为几个类型：全职教师、兼职教师等。全职教师集体谈判合同非常详细，涉及工作描述、

---

① Sue Kater, John S. Levin. Shared Governance in the Community College [DB/OL]. (2003 - 07 - 01) [2015 - 12 - 13] http://www4.ncsu.edu/~jslevin2/KATERJune041.DOC, p. 12.

工作条件、救济程序、教学绩效评估、工作负担等教师工作的方方面面，甚至还包括停车规定等内容。也有些集体谈判的协会组织是单一指向性的，也就是说，仅对特定学校其作用。比如，在万可昆社区学院（Vancouver Community College）代表教师进行集体谈判的是该校教师协会。经过集体谈判，双方达成了共识，共识文件共计210页，涉及教师工作的方方面面。值得注意的是，双方集体谈判的过程是公开和透明的，网上还能检索到双方谈判的草稿。相较之下，最终稿比原稿多了4页。下面案例分析部分将会提到的赛拉可索社区学院（Cerro Coso Community College），其集体谈判代理机构是加利福尼亚州雇员联盟〔California State Employees Association（CSEA）〕。这个机构和其他学院集体谈判代理机构的不同之处在于，CSEA不只针对社区学院，甚至不只针对教育机构，而是针对加州所有机构的各类雇员。

由于集体谈判囊括了教职工工作的方方面面，成为研究公立社区学院内部治理的重要视角。相对于州层面法律对于公立社区学院内部治理的粗线条、规定性描述，集体谈判共识对于公立社区学院内部治理的描述是列举性、细节性的。因此，集体谈判中对教职工参与公立社区学院内部治理的措辞，会很生动地反映出学院和教职工双方对于教职工参与内部治理的性质定性和程度框定。可以说，通过考察集体谈判共识，可以很好地认识公立社区学院内部治理的真实样貌。比如，关于教师权利，全美教育协会（National Education Association，NEA）与 Gogebic Community College 1998 至 1999 学年的集体谈判共识是："期待教师参与"。而同样是NEA，与McHenry Community College 1995 至 1996 学年集体谈判的共识表述是:"课程发展对于教师来说是一种共享责任"。与 Sullivan Community College1998 至 1999 学年集体谈判共识的描述是:"教师有权决定课程政策"①。

代表学院一方进行集体谈判是学区受托人委员会,在单学院学区也就是学院受托人委员会。这是社区学院的最高权力机构,说明了集体谈判的权威性和严肃性。这里也从一个侧面说明,受托人委员会的治理地位并非外部治理结构,而是一个中间地带。另外,集体谈判通常都是有有效期的。谈判合同在约定期限内存续且生效,超过有效期,则需要另行谈判确定。

集体谈判在美国高等教育界素有历史。总起来说,传统四年制机构早期的集体谈判以争取物质性利益,尤其是货币利益为主,后期逐渐开始过渡到教师在高校内部治理中的参与地位和作用。社区学院作为美国高等教育的新生力量,其集体谈判可谓后来居上,发展非常迅速。据统计,1998 年 116 018 名公立社区学院教师委托了相关集体谈判机构代理自己的利益。这个规模占到当年所有公立高校参与集体谈判教师规模的 47.5%②。

概括起来集体谈判设计的共性领域有:预算、校历、课程、学科、评估、教师录用、一般问题(general problems)、投诉(grievance)、袭扰(harassment)、管理层雇用、新职位(new positions)、专业发展(professional development)、课程变革

---

① Sue Kater, John S. Levin. Shared Governance in the Community College [DB/OL]. (2003-07-01) [2015-12-13] http://www4.ncsu.edu/~jslevin2/KATERJune041.DOC, p.15.

② Sue Kater, John S. Levin. Shared Governance in the Community College [DB/OL]. (2003-07-01) [2015-12-13] http://www4.ncsu.edu/~jslevin2/KATERJune041.DOC, p.8.

（program changes）、裁员（retrenchment）、学术休假（sabbatical）和终身教职（tenure）等。根据领域性质的不同，教师参与的程度也不尽相同。美国著名社区学院研究专家、北卡罗来纳州立大学教育学院 W. Dallas Herring 教席教授 John S. Levin 和 Sue Kater[①]，采用定量分析的方法，对 301 所美国公立社区学院的集体谈判共识进行汇总梳理后得到的统计数据分布。

联合行动（joint action），指的是教师和管理层在决策时是共享决策权的。教师参与（faculty participation），指的是教师具有建议权。管理层决定（management）指的是管理层或受托人委员会代表独享决策权。静默（silent），指的是某项议题在集体谈判合同中没有涉及，或没有明确说明。

可以看到，大部分公立社区学院的集体谈判合同中联合行动（joint action）的情况都较少见，仅在投诉（grievance）上有 247 所社区学院采用这一决策模式，占比达 82%。这说明集体谈判合同上，主要还是权益救济性质的。在教师参与（faculty participation）方面，比重最大的是在课程领域（比例为 55%），其次是学术休假（比例为 48%）和裁员（retrenchment，比例为 47%）。在课程领域，考虑到有些社区学院认为课程领域需要教师参与是不言而喻的，所以没有出现在集体谈判共识中。所以，55% 的比例可能低于实际存在的比例。在实际治理实践中，这一比例可能会更高。类似的情况，还适用于袭扰（harassment）领域，由于认为这一领域的共识程度非常高，所以就很少在集体谈判共识中体现。在管理层决定的事项中，最高的比例是裁员（32%），其次为学

[①] Sue Kater, John S. Levin. Shared Governance in the Community College [DB/OL]. (2003-07-01) [2015-12-13] http://www4.ncsu.edu/~jslevin2/KATERJune041.DOC.

术休假（24%）、管理层录用（21%）、教师录用（21%）和评估（20%）。

以上介绍了集体谈判在美国公立社区学院的大致情况。应该说，集体谈判作为一种契合美国民众社会文化心理的适需的制度安排，总体上作用是正面的，有利于增强教职工群体的凝聚力和安全感。但从另外一方面来说，这也成为协会组织、教职工和社区学院进行利益博弈的重要载体和渠道，在局部上存在增加治理成本、削弱治理成效和让治理过程变得缓慢的可能。

第二节　美国公立社区学院内部治理过程

美国公立社区学院的内部治理的显著特征就是协商治理。前面提到，在加州协商治理是法律美国公立社区学院的法定要求。在加州社区学院，内部治理和协商治理是同义词。社区学院有很多协商治理的专门机构，只不过名称各异。常见的名称有：学院咨询理事会（College Advisory Council）、学院领导集团（College Leaders Group）以及校长理事会（President's Council）。

在其他州，尽管没有强制要求，但大部分公立社区学院也采取协商治理的模式进行治理。比如，怀俄明州的公立社区学院就也采取协商治理的模式，尽管没有法律刚性规定。该州拉勒米社区学院〔Laramie County Community College（LCCC）〕也采用协商治理模式（shared governance）。再如，本人 2016 年 8 月调研的佛罗里达州 Broward 学院。在与该学院课程开放管理部门访谈的过程中，负责人多次向本人提及该学院的合作治理特点。尽管佛罗里达州法律没有硬性规定，但考虑到高等教育的发展趋势，包括 Broward 在内的很多社区学院都采用了类似协商治理的治理模式。因此，本书对公立社区学院内部治理的分析，也结合加州社区学院的具体情况，从协商治理的角度进行。和前文一样，考虑到学术评议会在内部治理中的相对重要性，下面的分析不涉及学生和职员参与。他们的参与和教师参与在公立社区学院内部协商治理中的地位是不可同日而语的，加州法律只是要求给他们提供机会，而不确保相关程序或结果。

一、公立社区学院内部协商治理的议题选择

加州 AB1725 规定了在 11 个领域，教师可以用两种方式参与公立社区学院协商治理：主要依靠学术评议会的判断和与学术评议会达成一致。这两种方式是选择关系，11 个领域中的任何一个领域可以选择一种方式。具体到 11 个领域哪些领域采用哪一种方式，由受托人委员会最终审定。第一种方式，主要依靠学术评议会的判断，也不意味着最终必须听从学术评议会的意见。相对而言，对学术评议会的重视，主要体现在程序上，而非结果上。为了确保协商治理的顺利实施，规避其中不必要的纷争和冲突，加州法律还规定了在例外情况和不可抵抗原因（exceptional circumstances and compelling reasons）下，受托人委员会可以利用自身的自由裁量权，决定是否采用上述两种方式。如果受托人委员会认为上述两种方式不利于学院发展，则可以采用他们认为合适的其他方式。而且，加州法律没有明确规定例外情况和不可抵抗力原因的具体定义，这些内容由受托人委员会判断和决定。

比如，在凯雅斯学院（College of the Canyons）学院①，受托人委员会认定的需要主要依靠学术评议会的领域是：a. 课程开发（The development of curriculum, including the establishment of prerequisites and planning of course disciplines）；b. 学位与证书要求（The determination of degree and certificate requirements）；c. 建立审议政策（The establishment and review of grading policies）；d. 建立学生准备和成就标准（The establishment of standards and policies regarding student preparation and success）；e. 任命教师到学区和学院委员会（The appointment of faculty members to District and College committees）；f. 建立教师专业发展政策（教师专业发展的经费政策除外）［The establishment of policies, procedures and programs for faculty professional development activities （excluding financial expenditures for faculty development）］。需与学术评议会议达成一致的领域为：a. 开发新的课程计划（The development of new educational programs）；b. 学区治理流程（District governance processes, except 1. e. above）；c. 学院认证中的教师缺色描述（The delineation of faculty roles and involvement in accreditation processes, including the development of the self-study and strategic plan updates, annual reports）；d. 教师专业发展经费政策（Financial policies of faculty professional development activities）；e. 学院规划和预算流程（The determination of processes to be utilized in institutional planning and

---

① Dr. Dianne G. Van Hook, Mr. Russell Waldon. DECISIONMaking AT COLLEGE OF THE CANYONS ［Z］. COLLEGE OF THE CANYONS（2014 - 01 - 01）［2015 - 06 - 15］http: // www. canyons. edu/ Offices/ Chancellor/ Pages/ DecisionMaking, 2014, p. 107.

budgeting)。

二、公立社区学院内部协商治理的实施流程

议题选择的问题解决之后，接下来的问题是流程保障。通常，公立社区学院会检视现有治理机构能否覆盖协商治理需求。若不能覆盖，则需要成立新的专门机构。这些机构通常是专门委员会。校长等管理层人员对专业委员会的人选没有决定权，甚至也没有建议权。专业委员会的工作任务是形成提议（proposal）。这些建议的形成过程，需充分尊重和听取教师群体的意见建议。此后，这些建议提交给学术评议会讨论。学术评议会审议通过，这些建议可以称为建议（recommendation）。建议一旦获得受托人委员会审议通过，则可以称为政策（policy）。在后续的实施过程中，还会形成一些操作性的文件，主要是流程和实施要点（procedures，implementation）。

关于学术评议会和集体谈判代理机构的关系，加州法律规定：在集体谈判机构和公立社区学院达成的共识在有效期内的情况下，加州社区学院不得以听从学术评议会意见建议为由，违反集体谈判代理机构的相关谈判结果。也就是说，在公立社区学院的内部治理上，法律界限是非常分明的。尽管集体谈判和学术评议会的业务有交集，但学术的归学术，谈判的归谈判，而且后续决定不得与前续有效规定相抵触。

在实施层面，加州法律还详细规定了违法责任：若公立社区学院不执行相关法律法规，那将意味着他们失去了获得州经费资助的合法资格，无法获得公立社区学院赖以生存和发展的经费。相关的法律规定是加利福尼亚州法典第53200－53204条款。同时，加州社区学院学监办公室设有法律事务办公室（Legal Affairs Division of the Chancellor's Office），专门受理教职工关于学区违反相关法律法规的诉讼。

三、公立社区学院内部协商治理的案例分析

下面结合 Bakersfield College、Cerro Coso Community College 和 Cosumnes River College，从案例分析的角度，对公立社区学院内部协商治理进行说明。

在 Bakersfield College，成立了 college council，作为校长的建议机构。其他机构还有选民代表组、雇员组、常设委员会、工作小组和利益相关方小组。其中既包括非正式渠道，即不通过学院理事会向校长提供信息或建议的渠道，也包括正式渠道，即通过学院理事会向校长提供信息或建议的渠道。可以看到，各利益相关方面对校长的建议渠道是多种多样的。反过来说，校长在向受托人委员会提出意见建议时，有多个渠道获取各利益相关方的关切、信息和建议。

在赛拉克索社区学院（Cerro Coso Community College），也成立了学院理事，作为校长的首要建议机构。学院理事会和管理层团队是并列关系。学院理事会的主要任务是：就关于学区政策、学院流程、教学、学生服务、设施、金融规划、职员与组织发展向受托人委员会提出建议。社区学院联盟［Community College Association（CCA）］和加利福尼亚州雇员联盟［California State Employees Association（CSEA）］是代表教师和职员的集体谈判代理机构。学生的代表机构为赛拉克索学生会［Student Government of Cerro Coso（SGCC）］。

在克索默河学院（Cosumnes River College），协商治理机构是协商治理委员会（Participatory Governance Committee）。该委员会由管理层、教师、职员和学生组成。管理层由1名副校长和两名管理人员代表，教师由学术评议会代表，包括3名代表：现任主席、副主席和前任主席。职员也有3名代表组成，包括职员会现任主席、副主席和前任主席。学生有学生会推举的3名代表组成。代表教师进行集体谈判的是拉斯瑞欧斯教师联盟［The Los Rios College Federation of Teachers (LRCFT)］。可以代表职员进行集体谈判的是3个机构中的其中一个：拉斯瑞尔斯分类雇员联盟［Los Rios Classified Employees Association (LRCEA)］，服务业雇员国际联盟［the Service Employee International Union (SEIU)］，拉斯瑞尔斯导师联盟［the Los Rios Supervisors Association (LRSA)］。

第三节 美国公立社区学院内部协商治理的评价

对美国公立社区学院内部治理的优劣得失进行客观、准确的评价，是借鉴其经验、规避其教训，从而更好地推动中国高校，尤其是高职院校治理结构优化升级的重要前提。

在评价之前，这里顺带简略介绍一下美国公立社区学院内部协商治理的特点。相对于受托人委员会而言，协商治理的特点没有那么地鲜明。从与四年制机构比较的角度看，公立社区学院的协商治理，更多地源于外在因素，而不是像四年制机构那样是内生发展的。四年制高校的协商治理，不仅比公立社区学院的历史要早，而且由于教师群体的学术影响力和社会影响力较大，其教师群体参与协商治理的深度和广度也要更甚。而美国公立社区学院协商治理，并非来自受托人委员会的治理自觉，而是以加州 AB1725 为代表的外在力量的法律意志。这是一个很显著的区别。正如 Thomas J. Nussbaum 所说，加州公立社区学院的协商治理是外加（externally-imposed）[1] 的。

关于美国公立社区学院内部协商治理的评价，国内学者多持比较正面的观点，除了上面讲到的一些文献，其他文献还有顺德职业技术学院院长夏伟（2015）[2] 在实地调研了 7 所美国社区学院后，撰文指出美国社区学院共同治理（原文如此，其英文翻译为 shared governance，同本文所指称的"协商治理"）实现了权力分享与集思广益，既是"主权在民"宪政思想的有效体现，也契合了社区学院"以社区为中心"的办学现实，其治理技术、协同机制等，十分值得我国高职院校学习借鉴。国外学者中，总体上持谨慎偏消极的态度者较多。比如，前面研究综述部分提到的 Gordon Dossett（2008）[3] 的研究。Gordon Dossett 精心选择并实地访谈两所社区学院，发现一所社区学院（clear college，化名，下同）的协商治理取得了明显的成功，而另外一所社区学院（bitter college）则遭遇了明显的失败，clear college 校长认为协商治理是一种信任行动（act of trust），对学校发展贡献颇大，而 bitter

---

[1] Thomas J. Nussbaum. Evolving Community College Shared Governance To better serve the public interest [DB/OL]（1995－01）(2017－09－20) https://files.eric.ed.gov/fulltext/ED397922.pdf, 12.
[2] 夏伟. 美国社区学院的"共同治理"模式及其启示 [J]. 职业技术教育，2015（24）.
[3] Gordon Dossett. An Act of Trust or a Great Big Old Amoebae: Shared Governance at Two Community Colleges [M]. VDM Verlag, 2008.

college 的校长则认为协商治理是会吞噬一切的变形虫（a Great Big Old Amoebae）。这是一个非常形象的比喻，尽管 Gordon Dossett 用的是化名，但是这个研究发现仍然为我们很好地理解和评价社区学院内部协商治理提供了非常具有启发和借鉴意义的生动素材。

一、美国公立社区学院内部协商治理的优势

从根本意义上说，内部协商治理对于美国公立社区学院的重要意义在于，增强了凝聚力，促进了协调一致。总体而言，协商治理在美国公立社区学院内部形成了 3 个层面的制度体系。

（一）约束性制度体系

这主要是指借由集体谈判形成的共识体系。这些共识体系，又被称为合同（contract）体系。这类体系是社区学院与教师、职员等群体通过集体谈判代理机构达成的法律约定，具有强制性约束力量。也就是说，这些合同是不容违背的。任何违反这类体系的行为，都可能招致法律诉讼。值得注意的是，这种合同是对社区学院方和教师、职员等雇员方面的双向约束，不仅规定了前者应该给后者提供的福利要求和工作条件，同时也规定了后者应该完成的工作量标准和绩效要求。前面部分着重分析了集体谈判及其相关合同对于教师、职员等雇员群体的权益救济意义，事实上集体谈判及其相关合同对社区学院方也是有法律意义的，那就是确保雇员的工作绩效不低于一定水平。尽管在诉讼实践中，社区学院方诉雇员方的案例较少，但这不说明集体谈判对于雇员没有约束力。相反，是因为雇员履行集体谈判合同已成为内在共识。若社区学院违反集体谈判合同，将面临相关诉讼。而且，代表雇

员利益的集体谈判代理机构也通常具有代理诉讼职能。这部分职能，将为这些组织带来额外的收益，所以这些机构通常是乐此不疲的。

(二) 鼓励性的制度体系

这主要是学术权力对社区学院内部治理的参与。学术的归学术，行政的归行政，是美国社区学院内部的普遍认知。行政权力的实现，有有形的组织体系加以保障，而学术权力的实现，更多地通过内部协商治理的非行政类机构，比如常设的学术评议会以及各种临时组建的委员会等。这些组织体系对于鼓励学术权力的参与，达到学术权力和行政权力的相对平衡是至关重要的。在社区学院历史中，其学术性是备受质疑的。而参照四年制的协商治理，对于社区学院彰显学术性具有重要意义。在加州，这主要体现为在学术与专业实务"主要依靠"和"达成一致"两种途径。在其他州，虽没有类似规定，但这种理念是普遍接受的。这种鼓励性的制度体系，虽没有类似集体谈判合同的强制性约束力量，但作为一种鼓励性制度，对社区学院的长远发展也是至为重要的。前面已经提到，加州规定在11项学术与专业事务中违反规定，将使某一所社区学院在州长社区学院委员会考虑经费分配时处于不利位置。这对社区学院来说，是有强大吸引力的。这种经济利益，是协商治理作为一种鼓励性制度体系的力量之源。

(三) 参与性的制度体系

这主要是指职员和学生群体所获得的参与机会。在加州，法律规定对于职员和学生群体的参与性，主要是提供体会，而不是确保结果，甚至达成一致。相对于职员和学生群体，社区学院方是有制度优势的。他们只需要提供一种参与的机会或渠道，而无需确保某种结果的达成。这也体现了职员与学生群体，与教师群体在社区学院内部协商治理的制度地位是不一样的。相对而言，第三个层面的制度体系对于社区学院方来说，履约的成本最低，在实践上是非常容易实现的。但无论如何，这对于公立社区学院的凝聚力提高也发挥了一定的促进作用。

上述三种制度体系，指向同一个治理结果，即增强社区学院内部的凝聚力。其实现机制是，一方面教师、职员和学生群体增加表达诉求、参与治理的可能性。另一方面，校长等管理层等也增强了危机感。先说第一方面。研究社区学院协商治理的著名学者 Alfred, Richard L (1998)[①] 在说明协商治理的优越性时指出，协商治理促进了各方的"buy-in"（原文为"Promotes greater" "buy-in" to decisions by all parties associated with the ability to influence the outcome）。各方的广泛参与，对于在美国高等教育体系竞争中处于劣势地位的社区学院来说具有重要意义。对外的竞争劣势，在一定程度上得到了内部参与主体协同的弥补。相对而言，四年制高等教育机构的协商治理更注重教师的学术权力，而公立社区学院协商治理则更注重职员、学生等群体的全员参与。这造成了公立社区学院内部更强的凝聚力。如果说，在机构内部，四年制机构的显著特点是制衡的话，那么公立社区学院的显著特点则是基于合作的凝聚。第二方面，协商治理造成了校长等管理层的危机感。前面已经提到社区学院的早期是实行家长式的治理方式的，强调命令与服从。随着时间的推移和发展的深

---

① Alfred, Richard L. Shared Governance in Community Colleges. Policy Paper. [DB/OL]. (1998-09)[2015-12-21] www. communitycollegepolicy. org/html/publications. htm. ED 439 766, p. 4.

入，社区学院内部治理方式开始更加注重参与和合作。一个重要的表现就是通过协商治理，管理层保有必要的危机感。这种危机感的来源是，"共识才能行动"的理念深入人心。尤其是在学术和专业事务上，校长等管理层尽管有权力决定预算和学院发展方向，但是在如何发展和论证预算科学性的环节上，以学术评议会为代表的教师群体有足够的发言权。这种关系可以说是一种制衡关系，也可以说家长式的管理方式越来越没有市场，取而代之的是协商与合作。这种管理层和教师等雇员的新型关系，既让教师获得了更大的参与感，也让管理层保持足够强度的警惕和谨慎。

二、美国公立社区学院内部协商治理的局限

应当看到，美国公立社区学院内部协商治理也有其与生俱来的局限性。甚至也可以说，这种局限性是其优越性和先进性一个硬币的另外一面。局限性主要体现在，参与主体的多元和扩大，使得决策过程变得冗长和缓慢。在一定程度上，这影响到了美国公立社区学院内部治理的效率。协商治理的局限性的发生机制是，各种利益主体复杂的博弈和互动过程拉长了内部治理的决策程序链条。割据（Balkanization）、地盘之争（turf wars），是 Thomas J. Nussbaum[①] 在分析公立社区学院内部协商治理局限性时用到的两个词语。这两个词语很形象地说明了问题所在。在公立社区学院的内部治理场域中，无穷无尽的博弈和妥协，消磨了管理层的发展雄心，也容易助长教师和雇员群体不合理的预期。问题的关

---

① Thomas J. Nussbaum. Evolving Community College Shared Governance To better serve the public interest［DB/OL］（1995-01）（2017-09-20）https://files.eric.ed.gov/fulltext/ED397922.pdf, 20、21.

键是，教师群体在社区学院的发展过程中并不总是代表先进性的发展方向。比如，前面提到的美国社区学院的职业化过程。这一过程是美国公立社区学院在整个高等教育体系中获得独立地位的重大事件，是历史趋势和发展方向所在。但教师群体总体上并不支持这一发展方向，原因是这动了他们的奶酪，他们要克服自身非常不愿意克服的发展惯性。他们的诉求是转学教育职能，而非职业教育职能。难得的是，在社区学院的发展过程中，有大批思想家和实干家超越了教师群体的狭窄利益视野，推动了美国公立社区学院的职业化进程。否则，美国社区学院的现状远没有现在这般美好。Thomas J. Nussbaum是一位对协商治理有精深研究的著名学者，更重要的是他同时还是加州社区学院系统的副学监（vice chancellor）。他认为协商治理的其他局限性还有代价高昂（more expensive to maintain）、造成不作为（inaction）、鼓励教师的不合理预期（perpetuate expectations which cannot be met）等。与Thomas J. Nussbaum类似，Richard L. Alfred（1998）[①]也对协商治理局限性进行了深入分析。他认为协商治理的主要问题有：使决策变慢（Slows decisionmaking）、降低管理效率（Hampers effective management）、增加了管理层的职责却消减了他们的权威（Adds to the responsibility of administrators while reducing their authority）、分散教师精力、冲击教学的中心地位（Makes teaching and learning a secondary responsibility）、鼓励极化现象和敌对关系（Encourages polarization and adversarial relations）等。这些观点，

---

① Alfred, Richard L. Shared Governance in Community Colleges. Policy Paper. [DB/OL]. (1998-09) [2015-12-21] www.communitycollegepolicy.org/html/publications.htm. ED 439 766, p. 5.

对于我们更全景、全面地认识协商治理有重要启发。美国学者的研究向我们表明，实际上没有一种完美的治理制度，关键是各种利弊权衡中基于自身的文化传统和现实国情选择合适的发展道路。从这个意义上说，没有一个放诸四海而皆准的治理结构。一个好的制度安排，一定是一个适合国情和发展诉求的制度安排。对于高职院校的内部治理来说，永远不存在一个最优解，重要的是找到一个适合自己的次优解。对于这种现象，一种可能的解释是，治理是组织性的而非结构性的（organizational rather than structural）[1]。

结束语：内部利益博弈及其对美国公立社区学院凝聚力的促进

在本章的最后，让我们再次回到本书的核心问题：是什么样的治理结构造成了美国公立社区学院的优秀和高效？从内部治理的角度出发，回答这一问题的答案是协商治理。通过对协商治理正反两方面的分析，可以得出结论的是：协商治理造成了美国公立社区学院内部的协调性和凝聚力。但同时，协商治理也不可避免地存在一些局限性。这对于我们正确认识并认真借鉴美国公立社区学院的治理经验具有重要的基础性意义。离开这一基础，对美国公立社区学院内部治理的经验进行盲目夸赞是没有意义的。而相反，过分强调美国公立社区学院的局限性，而对其先进治理经验置若罔闻、置之不理也不是科学的态度。

---

[1] Kenneth B. White. Shared Governance in California [J]. New Directions for Community Colleges, n102 p19-29 Sum 1998, p. 27.

如果说本书全篇的核心问题是美国公立社区学院的"花儿为什么这样红"，那么在内部治理层面我们可以看到，美国公立社区学院的花儿未必都是红的，至少不像我们很多人想象的那么红。

作为一种理念，协商治理无疑是先进的，但作为一种实践，协商治理无疑又是条件要求很高的，所以空洞地争论协商治理是优是劣是没有意义的，关键是找到发挥其先进性的条件制约是什么，同时又要明确造成其局限性的情况又是哪些。总体上看，协商治理是一种高成本的治理制度安排。在高校发展的初期是不适合的，实际上，在美国公立社区学院的发展初期，这种治理模式是不可能登上历史舞台的。协商治理，是在一定历史条件下才展现出全面实施的可能性的。这本身就说明协商治理是一种条件要求极高的先进理念。

从技术层面看，协商治理发挥先进性同时又规避局限性的关键前提是，成员内部各利益群体的信任感。前面提到的 Gordon Dossett（2008）的研究可作为一个重要的佐证材料。他的研究是基于实证分析和大量访谈的比较研究，通过一个实施协商治理成功的学院案例（clear college，化名，下同）和一个实施协商治理失败的学院案例（bitterroot college），展示了协商治理的条件性要求，那就是学院内部的文化认同和信任构建。缺乏这个关键条件，协商治理的局限性将掩盖其先进性，或者是大大制约先进性的发挥及其实现程度。在 Gordon Dossett 的案例分析中，bitterroot college 的校长对协商治理可以说不堪其扰，认为自己是在一所被上帝诅咒的学校里当了一个上帝诅咒的校长（God damned president in a God damned college）。其根本原因是，学院内部缺乏文化认同。这提示我们，协商治理作为一种先进的治理理念，其成本和条件要求都是很高的。

在理论基础部分，已经涉及了美国公立社区学院内部利益博弈的几对关系。分别是学术利益和行政利益的关系、劳方利益和资方利益的关系。应该说这是最基本的两方面关系，而事实上除此之外，还有其他纷繁复杂的博弈关系。这些博弈的结果，也许在一定程度上迟滞了美国公立社区学院的发展速度，但从另外一个角度看，也正是这些博弈为各方面主体宣示诉求争取利益提供了法定舞台和渠道。而这正是美国公立社区学院内部凝聚力的核心来源。对于一个高等教育属性越来越凸显的高中后教育组织来说，这种凝聚力对于公立社区学院的长远发展是至关重要的。

第八章 美国公立社区学院治理结构的特点与启示

内生、协调、适应性强是美国公立社区学院治理结构的特点。美国公立社区学院的治理结构并非某种人为设计的结果，更多的是通过漫长的历史演变过程自然形成的。协调性主要表现在美国公立社区学院治理场域中，尤其是外部治理场域中，相互之间抵触与矛盾的情况较少发生。美国公立社区学院治理结构是一种网状治理的多中心模式。美国公立社区学院治理结构对中国高职院校治理体系与治理能力现代化的启示是：治理结构更多的不是结构性的，而是组织性的；应该加强高职院校的绩效评估，并强化结果运用；完善职业教育标准体系，做优职业教育质量评价组织。应贯彻以人民为中心的发展思想，加强问责力度，建立高职院校提出机制，加强治理体系与治理能力现代化建设。

第一节 美国公立社区学院治理结构的特点

一、内生性

内生性是美国公立社区学院治理结构的首要特点。内生性是相对于设计性而言。总体上看，美国公立社区学院的治理结构并非某种人为设计的结果，更多的是通过漫长的历史演变过程自然达致的。内生性的主要表现在两个方面。第一，美国公立社区学院的治理主体与四年制高等教育机构没有本质区别。也就是说，美国公立社区学院的治理主体是内生于美国高等教育的整体中的。不管是受托人委员会，还是政府组织对美国社区学院的治理性影响，以及非政府组织在美国社区学院的重要作用，在四年制机构和社区学院之间没有本质区别。当然，这并不是说两者没有区别。两者的主要区别体现在技术或细节层面，而非结构层面。和社区学院的"外部治理力量—受托人委员会—内部治理力量"相类似，美国的四年制机构治理结构也遵循同样的逻辑。值得注意的是，在四年制机构的治理场域中，校友力量的影响非常强大。但由于美国公立社区学院校友的政治经济地位相对较低，而且作为一个集体非常分散，所以在美国公立社区学院的治理场域中校友的影响并不算大。从内部治理的角度看，教师的学术权力也没有四年制机构那么彰显。美国公立社区学院学术权力和行政权力的平衡关系，相对于四年制机构而言，更偏向于行政权力。另外，四年制机构的治理结构和社区学院治理结构的区别还体现在，后者对前者有依附性和滞后性。从协商治理的角度看，这表现得非常明显。美国四年制机构的协商治理早在20世纪60年代就开始发展，而过了20年后这一理念才在社区学院生根发芽，开花结果。

内生性的第二个方面表现是各种治理主体的相互独立、各自发展。从外部治理的角度看，在政府组织、非政府组织之上没有另外一种超级组织，而是基于自身的发展逻辑自然地形成了一种治理网络。在美国公立社区学院的治理场域中，没有人告诉政府组织该做什么，非政府组织该做什么，这些组织只是基于自身的政治利益和运行规则对社区学院事务进行治理。而且，政府组织和非政府组织有各自不同的愿景、使命与定位，尤其是非政府组织表现得更加明显。后期进入治理场域的集体谈判代理机构也是一样，通过治理市场细分而获得自身的定位和愿景，在治理实践中，把这种愿景与使命贯彻得非常彻底。这样就从总体上形成了美国公立社区学院治理结构的内生性特点。100多年前，似乎谁也不知道美国公立社区学院的治理结构会往什么方向发展，但事实是100年后美国公立社区学院确实拥有了完备的治理结构。

二、协调性

美国的高等教育组织被北京大学陈学飞教授认为是种种官僚因素、社团和专业的力量以及多种政治势力"奇妙的结合体"[①]。这个评价用在描述美国公立社区学院的治理结构也是适用的。美国公立社区学院治理结构整体上是内生的，各个治理主体相互是独立的，相互之间的协调就至关重要。因为，如果协调不足，相互之间就是你争我夺的治理竞争，最终的结果是多方不赢，满盘皆输。幸运的是，美国公立社区学院的治理结构表现出相当程度的令人称道的协调性。协调性主要表现在美国公立社区学院治理场域中，尤其是外部治理场域中，相互之间抵触与矛盾的情况较少发生。考察美国公立社区学院治理结构的历史演变，很少看到一方强烈反对的事情，却被另外一方强烈支持。也很少发现一方强烈支持的事情，而另外一方却强烈反对。对于促进美国社区学

---

① 陈学飞. 美国高等教育管理思想探究（下）[J]. 高等教育研究，1996（1）：94.

院发展，外部治理主体之间的差异，更多的是程度上的区别，而很少会是性质上的相互抵触。也就是说，外部治理主体都主张发展社区学院，但是具体策略上、支持力度上是不同的。

协调性背后的原因，可能是美国的实用主义哲学和高度发达的市场体系。有为才能有位，既是社区学院的生存法则，也是各个治理主体的生存法则。关于美国高等教育体系的协调型特征，也引发过美国高等教育研究专家伯顿·克拉克的思考。他指出，美国高等教育组织系统的协调分为几个层面：官僚制协调、政治协调、专业性协调和市场协调[1]。所谓官僚制协调，是指政府内部通过分层与分工的协调。政治协调，是公众利用各种诉求表达渠道传递自己的关切和诉求。专业性协调，是指各种教师利用自己的学术权力和专业性对学术事务和专业事务进行影响。市场协调包括几个层面：消费者市场、院校市场和劳动力市场。在这三个市场上都存在无形的协调力量，指挥着各种治理机构在自己的利益范围内正常运转而又不是各自为政。

对公立社区学院而言，官僚制协调和专业性协调的色彩比四年制机构尤其是研究型大学要轻得多。更多的是体现在政治协调和市场协调。美国社区学院是对市场高度敏感的机构。事实上，在美国有人批评社会学院过于敏感于社会需求，从而不被认为是高等教育机构。不管是劳动力市场、院校市场和消费者市场，社区学院都不具有优势地位，要想获得发展必须面向市场、服务需求。社区学院的这种特点，也不可避免地映射到其治理过程中。美国公立社区学院的治理场域，更准确的说法应该是治理市场，

---

[1] 陈学飞. 美国高等教育管理思想探究（下）[J]. 高等教育研究，1996（1）：95-96.

各种治理主体的互动与博弈通常是基于实用主义哲学的市场规则。关于政治协调，前面章节在分析受托人委员会时候结合两个案例，作了分析。通过案例，我们可以明显地看到公众利益的表达以及实现过程。可以说，是政治协调的一个生动体现。

三、适应性

从以上对美国公立社区学院治理结构历史演变轨迹的分析中可以看到适应性特征。适应的本质是因变而变。美国社区学院的适应性特征非常明显，这部分程度上是因为其内外治理结构的适应性。美国公立社区学院的治理结构在保持稳定性的同时，主体又不断更迭。比如，大学作为最早的治理中心，逐渐淡出了历史舞台，协会组织取而代之并发挥了重要作用。

美国公立社区学院治理结构的适应性表现在很多方面。

（一）这是一种网状结构。相互之间基于独立和平等的地位关系，根据不同的治理任务，形成了一个合作网络。网状结构的特点是等级性弱，而适应性强。网状结构的变形能力是最大的，这十分有利于根据需要进行调整。

（二）这是一种多中心治理模式而非单中心治理模式。在不同的历史时期，其中心作用的治理主体往往不是恒定的。比如，转学职能时期的大学或学院等四年制机构，以及职业化过程中协会组织的核心作用。

（三）这是一种系统性结构。经过漫长的时间演进，美国公立社区学院形成了完备的治理网络。各种治理主体应有尽有，各种治理手段层出不穷，有力地促进了美国社区学院的发展。

（四）这是一种合作性的结构。上面提到了市场性特征。市场不光是一种竞争性制度安排，更重要的，这包含了合作的成分。美国公立社区学院治理机构是一种合作性的模式，相互之间更多的不是零和博弈，而是相互促进、多方共赢的。当然，合作的基础是有完备的法律保障。各个治理主体都是按照其运行规则和普世法律原则发挥作用。比如，美国各州普遍存在的信息公开法案，对于美国公立社区学院内部协商治理的良性运转就起到了很好的促进和保障作用。

第二节　美国公立社区学院治理结构的启示

一、治理结构对美国公立社区学院的贡献

前面几章从治理主体的角度，分析了美国公立社区学院的治理结构。本书的核心问题：是什么样的治理结构造就了美国公立社区学院的优秀和卓越？应该说，美国公立社区学院的优秀与卓越是各个治理主体综合作用的结果。其基本机制是：政府组织为美国公立社区学院提供了规范性、认证组织为美国公立社区学院提供了发展性、社区学院群体性组织为美国公立社区学院提供了先进性、受托人委员会为美国公立社区学院提供了随动性、内部协商治理为美国公立社区学院提供了凝聚性。一个规范、有质量保证、对发展战略明确而坚定、内部凝聚力十足的学校体系，很难说不是成功的案例。美国公立社区学院的优秀与卓越，正是这五个方面综合作用的结果。

规范性的来源，与政府组织的严格问责有关。这既包括联邦政府对于运用联邦资金资助社区学院师生群体的合法性及适切性检查，也包括州政府层面的绩效问责。在地方政府层面，这体现

为社区居民对于事关公立社区学院发展的重大问题上的选票表达。可以从一个侧面来认识美国公立社区学院的规范性。美国公立社区学院多年来保持在1 000所上下,而公立四年制高等教育机构保持在700所左右。而公立社区学院的诉讼案例,却并不比四年制机构多,这说明公立社区学院的规范性更强。

发展性的来源,与认证组织的广泛影响力有关。由于联邦政府和州政府越来越多的资金投入社区学院,需要认证组织作为第三方进行质量评价。也正是在这个意义上,认证组织的认证结论才变得影响力巨大。也就是说,当认证组织的认证结论与政府层面的结论使用结合起来时,社区学院发展便获得了内在的发展性。发展性,表现在对社会公认的质量标准的恪守以及作为质量管理闭环对质量增进的持续关注。认证组织的认证程序时间跨度较长,这使得社区学院不得不把质量奉为核心价值观,不断提高办学质量。

先进性的来源,与各种社区学院群体性组织对社区学院发展方向、发展战略的研究与推动密切相关。而这些组织之所以照样做,更多的是为了在美国高等教育体系中谋取某种制度性利益。制度性利益[①]是史蒂文·布林特和杰罗姆·卡拉贝尔在运用新制度主义分析社区学院转型发展时使用的核心概念。比如在社区学院的职业教育化过程中,以美国社区学院协会(AACC)为代表的群体性组织就通过打造共识和认知为自身谋取了在高等教育治理场域中的更大话语权,并改善了社区学院的制度地位。

---

① 详见史蒂文·布林特,杰罗姆·卡拉贝尔. 制度的起源与转型:以美国社区学院为例[C] // 沃尔特·W. 鲍威尔,保罗·J. 迪马吉奥主编. 组织分析的新制度主义 [M]. 上海:上海人民出版社,2008:360 - 384.

随动性的来源，是美国公立社区学院的受托人委员会。作为一种制度安排，受托人委员会创造性地解决了公立社区学院应该以什么为导向的问题。前面章节在分析探讨时，已经提到当内部治理和外部需求发生矛盾时，社区学院的选择通常是牺牲内部利益，而满足外部需求。准确地说，是牺牲内部的短期利益，而满足外部的长远需求。因为从长远来看，社区学院的利益和外部社区的利益是一致的，社区学院除了服务社区之外没有严格意义上的所谓的自身的特殊利益。因为一旦社区学院不服务社区，也就不称其为社区学院。受托人委员会无论是任命或者选举产生，本质上都是一个政治过程。这也造成了社区学院的外向性特征，从而让社区学院表现出可贵的随动性。

凝聚力的来源，是美国公立社区学院的内部协商治理。尽管与四年制机构相比，美国公立社区学院协商治理起步较晚，但毕竟也已经有30年左右的历史了。由于学术评议会等代表教师群体学术利益的制度安排越来越受到重视，教师群体的利益诉求得到了相当程度的满足。在雇员和学生参与层面，尽管没有获得与教师群体相同的实质性参与地位，仅是获得了机会保障，但确实也比以往有很大进步。再加上各种集体谈判机构基于市场竞争机制，对教师与雇员会员权益的奋力维护并用合同加以固化，美国公立社区学院内部的凝聚力是较强的。在美国调研的时候发现，很多行政官员在一些正式的场合更多地反映美国公立社区学院的凝聚力来自学院使命与愿景，而在一些非正式场合，甚至是通过与一些职员的私下交流，却发现更大或者说更根本的原因是集体谈判合同的刚性约束力量。美国公立社区学院的内部凝聚力，更多的是一种基于契约的治理性力量，而较少是基于信仰的理念性力量。如果说集体谈判是给了教师和雇员群体安全感的话，那么对管理层而言，社区学院治理实践的发展趋势是给管理层更多危机感。前面章节提到的校长因教师群体的不信任投票而离职的案例并非鲜见。尽管受托人委员会属于内外治理结构之间的中间地带，但不能因此说受托人委员会对于社区学院的内部凝聚力没有贡献。受托人对公立社区学院优秀与卓越的贡献在于，受托人自身强烈的使命感。当然，这种使命感的背后是受托人普遍存在的选票考虑和选举压力。对于任命的受托人来说，使命感的背后是获取连任或州长好评的天然动机。当然，说美国公立社区学院是一个优秀和卓越的高等教育机构，并不是说它的优秀和卓越没有进一步提升的空间。事实上，也正是在这个意义上，中国高职院校的治理体系和治理能力现代化建设完全可以发挥后发优势，在借鉴中实现超越。

二、美国公立社区学院治理结构的启示

研究美国公立社区学院治理机构的根本目的不是崇洋媚外，不是不假思索地对国外经验盲目照搬和无谓夸赞，而是为加强中国高职院校治理体系和治理能力的现代化建设助力。从这个根本目的出发，在基本理清美国公立社区学院内外治理结构和说明治理结构对于社区学院优秀与卓越的贡献机理的基础上，下面聚焦美国公立社区学院治理结构的启示并对研究进行总结和展望。

（一）治理结构与教育类型并没有排他性联系

在本研究开始前，一个潜隐假设是：高职院校因为教育类型的不同，应该有自己专属、特有的治理结构。事实上，之所以选择社区学院作为研究对象，正是由于这是在美国高等教育体系中

与我国的高职院校性质最为接近的部分。随着研究的推进，逐渐发现社区学院的治理结构与四年制机构相比，并没有显著差异。无论是从治理理念，还是基本结构，都没有显著差异。治理理念都是外部控制，治理结构都是通过受托人委员会实现内外沟通。这引发了我的进一步思考：治理机构与教育类型之间有排他性联系吗？是否存在一种某种教育类型专属的治理结构？越来越多的材料表明，试图为某种教育类型找到专属的治理结构的努力是徒劳的。事实上，不仅不同类型教育机构的治理结构没有显著性差异，不同教育层次机构之间的治理结构也没有表现出显著差异。以中学治理和社区学院治理的比较分析为例，从认证标准的角度看，两者也没有显著差异。本研究得出的基本结论是：治理结构与教育类型之间并没有排他性联系。

但这不是说，社区学院和四年制机构的治理结构之间没有差异。两者的差异更多的是体现在技术层面，而非结构层面。正如Kenneth B. White 所说，与其说治理是结构性的不如说它是组织性的（organizational rather than structural）[1]。同样地，学者张维为[2]也主张超越民主与专制优劣的简单争论，问题的关键是良政与劣政的区别。良政与劣政也更多地体现在实施层面或技术层面，而不是结构或制度本身。所谓技术层面，是指治理实践的具体细节。比如，由于社区学院校长的任期通常较短，他们对内部治理的影响力有限。在学校战略管理层面，虽然校长负责为受托人委员会提供相关素材或供审议的草案，但由于任期较短，实质

---

[1] Kenneth B. White. Shared Governance in California [J]. New Directions for Community Colleges, n102 p19-29 Sum 1998, p. 27.
[2] 张维为. 民主与专制还是良政与劣政？[DB/OL]. (2012-11-09) [2018-02-12] https://www.guancha.cn/zhang-wei-wei/2012_11_09_108577.shtml.

上对学校发展战略方向，通常没有较深入的思考。从外部治理结构的视角看，前面分析受托人委员会的组成时，已经与四年制机构尤其是研究型大学进行了比较分析。不仅受托人委员会的总体规模要小，而且来源构成中对受托人个人的经济能力也要求不多。研究型大学的校长通常任期较长。哈佛大学校长的柯南特甚至担任校长一职长达40年。这使得他们有较强的意愿和更大的可能为学校发展的长远战略问题思考。在受托人委员会的构成上，研究型大学的受托人对个人经费筹措能力有较高要求。"give money, get money, or get out"的色彩更浓些。

既然社区学院和四年制机构的治理结构没有本质差异，那么接下来一个很自然的问题：两者的教育类型特征既然不是通过治理结构体现出来，那么又是通过什么体现的？高职教育被认为具有跨界特征，不可能自顾自地发展，必须要以需求为导向，开门办学。事实上，不光是高职教育，所有旨在服务的高等教育机构都必须面向需求办学，只不过面向的需求不同而已。学术需求也是社会需求的一种。那么社区学院的服务社会的特征是如何体现的呢？答案同样也在细节上。比如，受托人委员会的构成上。相当一部分比例受托人是通过选举产生的。尤其是在加州。其他州也有任命产生的，但是同样被认为是一个政治博弈的过程。四年制机构的受托人委员会中，校友同样也是选民群体。而校友在社区学院受托人选举中是不存在的。另外，由于社区学院的学区基因。在一些重大基建项目的建设经费是通过发行债券的方式获得的。前面已经提到，要发行债券必须要得到大部分社区居民的同意。类似的发展任务，在四年制机构，更多的是通过知名校友或资金实力雄厚的财团赞助的。这就造成了两者不同的服务取向。

服务是相同的理念，但服务的对象却是有区别的。如果说，社区学院和四年制机构在治理结构上有什么大的区别的话，那么学区基因应该是一个重要方面。

通过对美国公立社区学院治理结构的分析，我们可以看到：没有必要为中国的高职院校找到一种专属的治理结构。也就是说，从治理的视角出发思考谋划提升高职院校的组织绩效的思路，不是对其治理结构与传统大学无本质不同而耿耿于怀，而应该在具体的管理细节方面多花心思。这就牵扯到下面的几方面启示。如果第一条启示是"破"，下面两条启示便更多的是"立"。

(二) 加强对高职院校的绩效评估

绩效评估是治理实践的核心。所有技术层面的治理行为都与绩效评估有关。美国公立社区学院的优秀与卓越与美国社会各界普遍存在的重视绩效评估的倾向或者说共识有重要关系。

绩效评估的首要问题是谁来评。与中国高职院校的专家代表政府评估不同，美国公立社区学院的绩效评估中政府并不起主导作用。真正负责评估社区学院办学质量和绩效的是认证协会。但认证协会不掌握拨款资源，理论上没有任何经费影响力。事实上，美国公立社区学院的绩效评估更多的是靠政府和认证协议合作完成的。合作的基本模式是，政府仅作为认证结果的使用者和经费资源的分配者而存在，而对评估过程性内容并不关心。可能在评估标准层面，政府也是有所侧重的，但这主要是通过选择实现的。也就是说，政府对认证标准的选择更多的是一种市场行为。认证协会作为一种质量评估机构，相互之间也是有竞争的。除了六大核心认证协会组织（BIG SIX），还有很多非营利性的排名机构。比如前面提到的 ASPEN 机构。这些机构的排名结论对政府的经费拨款时间也是有重要参考意义的。也就是说，认证协会如果本身的绩效不佳，那么久而久之它的生存也会有问题。这种情形根植于美国的实用主义哲学，对社区学院的发展起到了很好的促进作用。绩效评估让好的社区学院脱颖而出，也让绩效不佳的社区学院倍感压力。

绩效评估另外一个重要问题是，绩效评估评什么？除了社区学院作为一个群体或个体应该受到良好的评估。同时，在社区学院内部也有针对职员甚至校长个人的严格的评估体系。这是美国社区学院保持优秀和优秀的实践基础。本人在2016年8月对美国布劳沃德学院的调研过程中，对校长办公室的负责人进行了访谈。该负责人展示了对校长评估打分的表格，可以看到事无巨细，评价十分严格和全面。另外，受托人委员会作为评价校长绩效的最高权力机构，对校长的职业生涯有直接和根本的影响，这使得校长的工作积极性通常是非常有保障的。前面提到了管理层的危机感，这种工作上的不安全感应该也是他们绩效水平较高的重要原因所在。

另外一个方面，是绩效评估的结论使用问题。美国公立社区学院数量并不是一直直线上升的。随着中国高等教育普及化时代的到来，中国高职院校线性增长的局面也会改变。根据教育部的数据，2017年我国高等教育毛入学率已经到达47.5%。距离马丁特罗标志的50%的临界点已经越来越近。所以，现在是时候该考虑高职院校的退出机制了。

绩效评估的相关法律法规体系也是必不可少的。要让绩效评估在阳光下运行。在研究过程中，本人对美国公立社区学院的信息公开力度印象非常深刻。公开也是一种重要的绩效正相关行为。

(三)完善职业教育标准体系,做优职业教育质量评价组织

在美国公立社区学院的治理场域中,各种治理主体的专业化程度令人印象深刻。首先是政府并非包打天下,只是做自己分内的事,既不越位也不缺位。在美国公立社区学院的治理场域中,美国社区学院的发展并非政府重视的结果,而是前提。也就是说,是因为美国社区学院在整体上表现出增进政府组织某种制度性利益的可能性,才使得政府组织对社区学院重视有加,而不是因为政府组织的重视才使得社区学院有了更大的发展。发展,对于美国社区学院来说,是一种内生动力,而不是外在强加的某种压力。立法机构,提供保障和社会公平正义。行政机构确保公共教育经费的科学合理分配,注重工作效率。除此之外,其他治理任务质量、发展方向类治理任务基本上都是非政府组织完成的。尤其是以美国社区学院协会 AACC 为代表的社区学院群体性组织,对美国社区学院发发展方向起到了至关重要的作用。

用新制度主义视角分析,会对这一作用有深刻的认识。社区学院职业化历程的重要性和基本过程、实现机理,前面章节已经有所分析。从某种程度上看,AACC 对社区学院职业化的推动是在纠偏甚至违逆教师和学生意愿的基础上实现的。也就是说,AACC 做了一件只有自己认为正确的事情,但这个事情恰恰符合时代要求和社区学院发展规律的正确事情。史蒂文·布林特和杰罗姆·卡拉贝尔[1]的研究认为,在推动社区学院职业化方面无论

---

[1] 详见史蒂文·布林特,杰罗姆·卡拉贝尔. 制度的起源与转型:以美国社区学院为例[C]//沃尔特·W. 鲍威尔,保罗·J. 迪马吉奥主编. 组织分析的新制度主义[M]. 上海:上海人民出版社,2008:360-384.

是用消费者选择范型（这种范型认为学生之所以需要职业教育，是因为相对于人文素质教育，职业教育的市场价值正在日益增加），还是商业（business）支配范型（这种范型任务是商业企业对"半专业化的"和技术性劳动力需求的日益增加促进了这种转型）都是解释不通，也与事实不符的。当时的学生并没有接受职业教育的强烈意愿，而且劳动力市场也是不欢迎的，但AACC本身却对此事深信不疑并坚定推动。最终，通过职业化运动社区学院获得了在美国高等教育体系中的独立地位，走上了发展的康庄大道。

这对中国高职教育的启示是，不能简单地期望通过政府重视就可以万事大吉。要不断完善职业教育标准体系，做优职业教育质量评价组织。标准，在高职教育质量提升中起着基础性作用。要按照专业设置与产业需求对接、课程内容与职业标准对接、教学过程与生产过程对接的要求，完善中等、高等职业学校设置标准，规范职业院校设置。要进一步完善教师和校长专业标准，提升职业院校教学管理和教学实践能力。持续更新并不断完善职业资格标准、课程标准、教学标准、实训条件建设标准等。同时，要大力发展第三方高职教育质量评价组织，让真正优秀的组织享受更多的社会名望和政策资源。事实上，在中国高职教育的发展历程中，"全国高职高专校长联席会议""中国高职高专网"等平台都对高职教育改革发展发挥了至为关键的作用，值得进一步发扬光大。各专业大类教学质量委员会，也对高职教育课程建设与专业建设提供了有效的支撑。这些经验都值得进一步传承。

三、研究总结与展望

至此,本研究接近尾声。应该说,通过美国公立社区学院治理结构的研究之旅,明确了原来想了解但不甚了了的很多内容,部分程度上回答了自己内心深处长久以来的疑问。不能说取得了什么成绩和创新,但为后续研究打下基础的初心是一直有的。因为在美国社区学院治理的研究领域,需要太多的深入、扎实的研究成果了。

从这一出发点出发,总是试图让此次研究言之有物,但可能是无形之中受外文资料和研究范式的影响,有些地方可能高度不够、失之琐细。希望说实话、有干货,但系统性、理论性不足。这为本次研究留下了很大的遗憾。希望后续可以在这方面做深入的分析和研究。

结束语:贯彻以人民为中心的发展思想,完善高职院校治理体系

中共十九大提出了以人民为中心的发展思想。在本书的最后,倍感这一重大战略思想对于发展高职教育和高职院校的重要。至少可以从 3 个层面理解以人民为中心的发展思想,即发展为了人民,发展依靠人民,发展对人民负责。

人民不应该是抽象的概念,高职院校应该对人民的需求更加敏感。像美国社区学院对"社区"二字的深刻理解一样,把人民置于发展的核心位置。上面提到了绩效评估,就是说发展要对人民负责。只有切实让那些不对人民负责的高职院校退出高等教育服务市场,才能鼓励真正对人民负责的院校实现更好的发展。高

职院校的治理结构在主体结构上可以与研究型大学相类似，但在具体的实施层面，必须严起来、实起来，完善职业教育标准体系，做优职业教育质量评价组织，切实加强绩效评估，不断提高办学水平。

参考文献

一、中文部分

1. 王廷芳. 美国高等教育史［M］. 福州：福建教育出版社，1995.
2. 续润华. 美国社区学院发展研究［M］. 北京：中国档案出版社，2000.
3. 万秀兰. 美国社区学院的改革与发展［M］. 北京：人民教育出版社，2003.
4. 王孙禺. 高等教育组织与管理［M］. 北京：高等教育出版社，2008.
5. 刘爱生. 美国大学治理：结构、过程与人际关系［M］. 北京：中国社会科学出版社，2017.
6. 伯顿克拉克. 高等教育系统——学术组织的跨国研究［M］. 王承绪，译. 杭州：杭州大学出版社，1994.
7. 史蒂文·布林特，杰罗姆·卡拉贝尔. 制度的起源与转型：以美国社区学院为例［C］//沃尔特·W. 鲍威尔，保罗·J. 迪马吉奥主编. 组织分析的新制度主义［M］. 上海：上海人民出版社，2008.
8. 詹姆士·N. 罗西瑙主编. 没有政府的治理［M］. 张胜军，

刘小林，等，译. 南昌：江西人民出版社，2001.

9. 毛澹然. 美国社区学院［M］. 北京：高等教育出版社，1989.

10. 卢洁莹. 美国社区学院治理及其理论基础［M］. 合肥：安徽教育出版社，2011.

11. 刘海峰. 科举考试的教育视角［M］. 武汉：湖北教育出版社，1996.

12. 滕大春. 美国教育史［M］. 北京：人民教育出版社，1994.

13. 蓝志勇，黄衍明. 美国地方政府管理［M］. 北京：科学出版社，2015.

14. George R. Boggs. The views from here: what's ahead for teaching and learning in community colleges［C］//田青雁. 美国高等教育体制改革之思考［M］. 北京：中国海洋大学出版社，2009.

15. 熊耕. 美国高等教育协会组织研究［M］. 北京：知识产权出版社，2010.

16. 王建成. 美国高等教育认证制度研究［M］. 北京：教育科学出版社，2007.

17. 王霞. 中国乡村治理主体多元化研究［D］. 吉林大学，2019.

18. 陈虎. 陇南市社区治理主体结构优化对策研究［D］. 兰州大学，2019.

19. 王丽. 美国社区学院快速发展的原因［D］. 山东师范大学，2002.

20. 李建荣. 美国社区学院演进与发展若干问题探讨［D］. 天津

大学, 2006.

21. 荣艳红. 美国联邦职业技术教育立法研究（1917—2007）[D]. 河北大学, 2008.

22. 牛蒙刚. 美国社区学院发展的政策因素研究 [D]. 山东师范大学, 2006.

23. 任钢建. 美国社区学院升学与就业双重功能研究 [D]. 西南大学, 2008.

24. 朱子君. 美国社区学院治理结构研究——以加州圣莫尼卡社区学院为例 [D]. 石河子大学, 2015.

25. 霍琳. 教育变革视角的美国社区学院治理研究 [D]. 北京师范大学, 2011.

26. 李琦. 美国地方政府破产原因探析 [D]. 吉林大学, 2013.

27. 冯映辉. 美国社区学院多元化教育经费投入研究 [D]. 郑州大学, 2016.

28. 王芳. 美国学区制度研究 [D]. 华东理工大学, 2010.

29. 牛蒙刚. 美国社区学院发展的政策因素研究 [D]. 山东师范大学, 2006.

30. 周志群. 美国社区学院课程变革与发展研究 [D]. 福建师范大学, 2010.

31. 李向丽. 美国西部社区学院认证制度初探 [D]. 上海师范大学, 2010.

32. 方乐. 美国政府与高等教育认证机构之间关系的研究 [D]. 上海师范大学, 2005.

33. 王绽蕊. 美国高校董事会制度的功能与效率研究 [D]. 北京师范大学, 2005.

34. 辛艳慧. 美国高校董事会特征研究［D］. 吉林大学, 2007.

35. 李亚. 美国社区学院的探析与启示［D］. 苏州大学, 2007.

36. 朱子君. 美国社区学院治理结构研究——以加州圣莫尼卡社区学院为例［D］. 石河子大学, 2015.

37. 熊小梁. 比照与借鉴——我国中小学教育工会的发展问题研究［D］. 南昌大学, 2012.

38. 翟海魂. 世界职业教育发展规律初探：一个历史的视角［J］. 河北师范大学学报（教育科学版）, 2006（2）.

39. 俞可平. 治理和善治引论［J］. 马克思主义与现实, 1999（5）.

40. "高校领导海外培训项目" 2009 年赴美国培训考察团. 美国高等教育治理模式考察报告［J］. 国家教育行政学院学报, 2010（2）.

41. 李立国. 大学治理：治理主体向治理规则的转向［J］. 江苏高教, 2016（1）.

42. 左崇良, 潘懋元. 美国高等教育治理的核心要义与内外格局［J］. 江苏高教, 2016（6）.

43. 周燕, 杨惠荣. 从"政府时代"走向"民间时代"——美国州政府在公立高等教育中作用弱化的启示［J］. 理论与改革, 2004（4）.

44. 翁士洪, 顾丽梅. 治理理论：一种调适的新制度主义理论［J］. 南京社会科学, 2013（7）.

45. 袁利平. 美国高等教育外部治理结构分析［J］. 现代大学教育, 2017（3）.

46. 吴越. 美国州级高等教育治理的权力结构演变与政府角色定

位［J］．高等教育研究，2017（4）．

47. 卢洁莹，马庆发．美国公立社区学院治理的基本特征——基于社区学院与政府和社会关系的视角［J］．职教论坛，2012（16）．

48. 邢广陆．美国社区学院的治理结构及启示："高职院校领导海外培训项目"赴美研修报告［J］．青岛职业技术学院学报，2012（2）．

49. 王宇．实现基层有效治理的路径探析——基于治理主体合法性和能效性的二个维度［J］．中共石家庄市委党校学报，2019（7）．

50. 甘永涛．美国加州社区学院治理结构的模式转换：从"政府时代"走向"平民时代"［J］．职业技术教育，2008（19）．

51. 董钊．世界一流大学治理结构探析——以 MIT 为例［J］．现代教育科学，2019（4）．

52. 邢广陆．美国社区学院的治理结构及启示："高职院校领导海外培训项目"赴美研修报告［J］．青岛职业技术学院学报，2012（2）．

53. 余承海，程晋宽．美国州政府的高等教育治理模式［J］．现代教育管理，2016（7）．

54. 陈学飞．美国高等教育管理思想探究：下［J］．高等教育研究，1996（1）．

55. 金灿荣．平淡中见精彩——评《美国地方政府的管理：实践中的公共行政》［J］．美国研究，1999（1）．

56. Charles R. Adrian. Local Government［C］//斯蒂芬·K·贝利编．美国政治与政府［M］．江炳伦，译．香港：今日世界

出版社，1976．

57．黄晓东．美国地方政府的结构及运作特点论析［J］．吉林大学社会科学学报，2009（1）．

58．王旭．专区：美国地方政府体系中的"隐形巨人"［J］．吉林大学社会科学学报，2005（5）．

59．卢洁莹．美国社区学院的治理模式初探［J］．职教论坛，2011（15）．

60．牛蒙刚，于洪波．美国社区学院独立地位的实现：过程与启示［J］．当代教育科学，2011（7）．

61．黄敏，杨凤英．第三方治理：美国高等教育协会组织的管理职能［J］．河北师范大学学报（教育科学版），2014（3）．

62．胡伟，石凯．理解公共政策："政策网络"的途径［J］．上海交通大学学报（哲学社会科学版），2006（4）．

63．熊耕．简析美国联邦政府与高等教育认证之间控制与反控制之争［J］．比较教育研究，2003（8）．

64．李成军．20世纪美国社会三大渐进改良力量之一——兼评《基金会：美国的秘密》［N］．上海证券报，2013-11-12（A07）．

65．罗尧成，肖纲领．高职院校理事会的职能定位与运行机制——美国社区学院董事会的经验借鉴［J］．高等教育管理，2016（1）．

66．刘爱生．美国大学董事会的法律地位、结构属性与中国的误读［J］．高等教育研究，2016（6）．

67．李漫红，苏明飞．美国社区学院董事会的管理模式及其借鉴［J］．北京市经济管理干部学院，2008（4）．

68. 于守海，李漫红（2007）．美国社区学院董事会的权力均衡及其启示［J］．沈阳师范大学学报（社会科学版），2007（3）．

69. 朱玉苗．《哈佛大学特许状（1650）》法理解析［J］．法治研究，2011（11）．

70. 刘爱生．美国大学董事会的法律地位、结构属性与中国的误读［J］．高等教育研究，2016（6）．

71. 王绽蕊．系统性：美国高校董事会制度的基本特征［J］比较教育研究，2010（8）．

72. 弗莱克斯纳．现代大学论：美英德大学研究［M］．徐辉，陈晓菲，译．杭州：浙江教育出版社，2001．

73. 郭为禄，林炊利．美国大学董事会的运行模式［J］．全球教育展望，2011（12）．

74. 甘永涛．美国加州社区学院治理结构的模式转换：从"政府时代"走向"平民时代"［J］．职业技术教育，2008（19）．

75. 鄢烈洲，李晓波，曹艳峰．我国独立学院治理研究［M］．武汉：武汉出版社，2009．

76. 刘文华．美国社区学院内部决策的影响因素［J］．现代教育科学，2011（4）．

77. 邢广陆．美国社区学院的治理结构及启示——"高职院校领导海外培训项目"赴美研修报告［J］．青岛职业技术学院学报，2012（4）．

78. 程晋宽，朱子君．美国社区学院治理结构中校长权力的制衡及启示［J］．职业技术教育，2014（11）．

79. 杨宏山．美国地方政府的财产税及其启示［J］．理论视野，2011（11）．

80. 夏伟. 美国社区学院的"共同治理"模式及其启示[J]. 职业技术教育, 2015 (24).

81. 王慧. 美国社区学院反向转学现象研究[J]. 成人教育, 2014 (4).

82. 陈学飞. 美国高等教育管理思想探究（下）[J]. 高等教育研究, 1996 (1).

83. 张维为: 民主与专制还是良政与劣政? https://www.guancha.cn/zhang-wei-wei/2012_11_09_108577.shtml.

84. Parris H. Glendening. Untitled Comments Made to the Association of Community College Trustees[C]//田青雁. 美国高等教育体制改革之思考[M]. 北京: 中国海洋大学出版社, 2009.

85. George R. Boggs. The views from here: what's ahead for teaching and learning in community colleges[C]//田青雁. 美国高等教育体制改革之思考[M]. 北京: 中国海洋大学出版社, 2009.

二、英文部分

1. Dorothy Jane Duran. Philanthropy and public policy: The W. K. Kellogg Foundation's influence on community colleges from 1960 to 1980[D]. University Of Texas at Austin, 1998.

2. Steven Brint, Jerome Karabel. The Diverted Dream Community Colleges and the Promise of Educational Opportunity in America, 1900–1985[M]. Oxford University Press, Inc., 1989.

3. Richardson, Richard C. , Jr. , Clyde E. Blocker, Louis W. Bender. Governance for the two-year college [M]. Prentice Hall, Inc. , Englewood Cliffs, New Jersey, 1972.
4. Levin, J. . Organizational change and the community college. [C] //J. Levin (Ed.), Organizational change in the community college: A ripple or a sea change? New Directions in Community Colleges [M]. no. 102 (pp. 1–4). San Francisco, CA: Jossey-Bass.
5. John S. Levin & Susan T. Kater. Understanding community colleges [M]. Taylor & Francis, 2013.
6. Barack Obama, "Remarks by the President on the American Graduation Initiative, " White House, July 14, 2009, http://www. whitehouse. gov/the _ press _ office/Remarks-by-the-President-on-the-American-Graduation-.
7. Community College League of California. Toward A State Of Learning _ Community College Governance — An Effective Bilateral Structure For A Diverse System [R]. [2015–07–08] http://www. ccleague. org/files/public/Publications/TowardStateLrng. pdf.
8. Nancy Joan Edwards. The public community college in America: Its history, present condition, and future outlook with special reference to finance [D]. Claremont Graduate School, 1982.
9. Randy W. Peebles. Interpretive Analysis of California Community College System Finance and Funding 1975–76 to

1992-93 [D]. Pepperdine University, 1995.

10. M. Cohen, Florence B. Brawer, Carrie B. Kisker. The American Community College 6th Edition [M]. Jossey-Bass, 2014.

11. John S. Levin, Susan T. Kater. Understanding community colleges [M]. Taylor & Francis, 2013.

12. Betheny Gross, Dan Goldhaber. Community College Transfer and Articulation Policies: Looking Beneath the Surface [R]. ERIC, ED504665, 2009.

13. Kisker, C. B., Wagoner, R. L., Cohen, A. M.. Implementing statewide transfer and articulation reform: An analysis of transfer associate degrees in four states. Los Angeles, CA: Center for the Study of Community Colleges, 2011.

14. Kevin J. Dougherty, Rachel Hare, Rebecca S. Natow. Performance Accountability Systems for Community Colleges: Lessons for the Voluntary Framework of Accountability for Community Colleges [R/OL], http://ccrc.tc.columbia.edu/media/k2/attachments/performance-accountability-systems.pdf, 2009.

15. Kevin J. Dougherty, Esther Hong. State Systems of Performance Accountability for Community Colleges: Impacts and Lessons for Policymakers [R/OL] http://achievingthedream.org/sites/default/files/resources/Policy _ brief-PerfAccountibility.pdf, 2005.

16. Mario Martinez. Community College Governance in Nevada:

An Evidence-Based Approach for Discussion, https://www.unlv.edu/sites/default/files/24/Lincy-CollegeGovernance-MartinezReport-CCGovernance.pdf, 2013.

17. Steven Brint, Jerome Karabel. The diverted dream: community colleges and promise of educational opportunity in America 1900 – 1985 [M]. Oxford University Press, 1989.

18. Barbara K. Townsend, Susan B. Twombly. Community Colleges Policy in the Future Context [M]. Ablex publishing, 2001.

19. Community College League of California. Toward A State Of Learning _ Community College Governance — An Effective Bilateral Structure For A Diverse System [R]. [2015 – 07 – 08] http://www.ccleague.org/files/public/Publications/TowardStateLrng.pdf.

20. Thomas J. Nussbaum. Evolving Community College Shared Governance to Better Serve the Public Interest [R]. ERIC, ED 397922, Jan 1995.

21. Davis G.. Issues in community college governance. [M]. Washington D. C.: American Association of Community colleges, 2000.

22. Richardson, Richard C., Jr., Clyde E. Blocker, Louis W. Bender. Governance for the two-year college [M]. Prentice Hall, Inc., Englewood Cliffs, New Jersey, 1972.

23. Richardson, Richard C., Jr., Clyde E. Blocker, Louis W. Bender. Governance for the two-year college [M]. Prentice Hall, Inc., Englewood Cliffs, New Jersey, 1972.

24. Zoglin, Mary Lou. Power and Politics in the Community College [M]. California: ETC Publications Palm Springs, 1976.
25. https: //scholar. google. com/scholar_case? case = 16128113053978803279&q = Leitner + v. + Westchester + Community + College, &hl = en&as_sdt = 2006&as_vis = 1.
26. Richardson, Richard C., Jr., Clyde E. Blocker, Louis W. Bender. Governance for the two-year college [M]. Prentice Hall, Inc., Englewood Cliffs, New Jersey, 1972.
27. Richardson, Richard C., Jr., Clyde E. Blocker, Louis W. Bender. Governance for the two-year college [M]. Prentice Hall, Inc., Englewood Cliffs, New Jersey, 1972.
28. Arthur M. Cohen. Governmental Policies Affecting Community Colleges: A Historical Perspective [C] // Barbara K. Townsend, Susan B. Twombly. Community Colleges Policy in the Future Context [M]. Ablex publishing, 2001.
29. Richardson, Richard C., Jr., Clyde E. Blocker, Louis W. Bender. Governance for the two-year college [M]. Prentice Hall, Inc., Englewood Cliffs, New Jersey, 1972.
30. Mary Lou Zoglin. Power and Politics in the Community College [M]. California: ETC Publications Palm Springs, 1976.
31. AACC. (1998a, August 3). About the Hope Scholarship and other tax benefits. http: //www. aacc. nche. edu/leg/HOPE/hopenews. htm.
32. Barbara K. Townsend, Susan B. Twombly. Community

Colleges Policy in the Future Context [M]. Ablex publishing, 2001.
33. Arthur M. Cohen. Governmental Policies Affecting Community Colleges: A Historical Perspective [C] // Barbara K. Townsend, Susan B. Twombly. Community Colleges Policy in the Future Context [M]. Ablex publishing, 2001.
34. Barbara K. Townsend, Susan B. Twombly. Community Colleges Policy in the Future Context [M]. Ablex publishing, 2001.
35. Arthur M. Cohen. Governmental Policies Affecting Community Colleges: A Historical Perspective [C] // Barbara K. Townsend, Susan B. Twombly. Community Colleges Policy in the Future Context [M]. Ablex publishing, 2001.
36. Richardson, Richard C., Jr., Clyde E. Blocker, Louis W. Bender. Governance for the two-year college [M]. Prentice Hall, Inc., Englewood Cliffs, New Jersey, 1972.
37. Arthur M. Cohen. Governmental Policies Affecting Community Colleges: A Historical Perspective [C] // Barbara K. Townsend, Susan B. Twombly. Community Colleges Policy in the Future Context [M]. Ablex publishing, 2001.
38. Mary Lou Zoglin. Power and Politics in the Community College [M]. California: ETC PUBLICATIONS Palm Springs, 1976.
39. Mary Lou Zoglin. Power and Politics in the Community College [M]. California: ETC PUBLICATIONS Palm Springs, 1976.
40. Arthur M. Cohen. Governmental Policies Affecting Community

Colleges: A Historical Perspective [C] // Barbara K. Townsend, Susan B. Twombly. Community Colleges Policy in the Future Context [M]. Ablex publishing, 2001.
41. Bogue, J. P. (1950). The community college. New York: McGraw Hill.
42. James L. Wattenbarger, Melvyn Sakaguchi. State Level Boards for Community Junior Colleges: Patterns of Control and Coordination [R/OL]. [2017-08-16] http://files.eric.ed.gov/fulltext/ED054770.pdf.
43. Stewart E. Sutin, Daniel Derrico, Rosalind Latiner Raby, Edward J. Valeau. Increasing Effectiveness of the Community College Financial Model: a Global Perspective for the Global Economy [M]. New York: Palgrave Macmillan, 2011.
44. Anthony G. Girardi and Robert B. Stein. State Dual Credit Policy and Its Implications for Community Colleges: Lessons from Missouri for the 21st Century [C] //Barbara K. Townsend, Susan B. Twombly. Community Colleges Policy in the Future Context [M]. Ablex publishing, 2001.
45. Stephen G. Katsinas. The Development of Two-Year Colleges in Ohio: the Tension Between State and Local Area Interests [J]. [2017-05-06] http://www.tandfonline.com/doi/abs/10.1080/106689299265106.
46. Chery D. Lovell, Catherine Trouth. Statewide Community College Governance Structures: Factors that Influence and Issues that Test Effectiveness [C] // J. C. Smart. Higher Education:

Handbook of Theory and Research [M]. Kluwer Academic Publishers, Netherlands, 2004.
47. Berdahl, Robert O. Statewide Coordination of Higher Education. Washington D. C. : American Council on Education, 1971.
48. M. Cohen, Florence B. Brawer, Carrie B. Kisker. The American Community College 6th Edition [M]. Jossey-Bass, 2014.
49. Richard C. Richardson Jr. , Gerardo E. de los Santos. Statewide Governance Structures and Two-Year Colleges [C] // Barbara K. Townsend, Susan B. Twombly. Community Colleges Policy in the Future Context [M]. Ablex publishing, 2001.
50. M. Cohen, Florence B. Brawer, Carrie B. Kisker. The American Community College 6th Edition [M]. Jossey-Bass, 2014.
51. Richard C. Richardson Jr. , Gerardo E. de los Santos. Statewide Governance Structures and Two-Year Colleges [C] // Barbara K. Townsend, Susan B. Twombly. Community Colleges Policy in the Future Context [M]. Ablex publishing, 2001.
52. Rick L. Garrett Degrees of Centralization of Governance structures in State Community College Systems [C] //Terrence A. Tollefson, Rick L. Garrett, William G Ingram. Fifty State Systems of Community Colleges: Mission, Governance, Funding and Accountability [M]. Overmountain Press, Johnson City, 1999.
53. M. Cohen, Florence B. Brawer, Carrie B. Kisker. The

American Community College 6th Edition [M]. Jossey-Bass, 2014.
54. Steven Brint, Jerome Karabel. The Diverted Dream Community Colleges and the Promise of Educational Opportunity in America, 1900 – 1985 [M]. Oxford University Press, Inc., 1989.
55. ario Martinez. Community College Governance in Nevada: An Evidence-Based Approach for Discussion [R/OL]. (2013 – 04 – 01) [2016 – 05 – 06] http://www.unlv.edu/sites/default/files/24/Lincy-CollegeGovernance-MartinezReport-CCGovernance.pdf.
56. Rick L. Garrett Degrees of Centralization of Governance structures in State Community College Systems [C] //Terrence A. Tollefson, Rick L. Garrett, William G Ingram. Fifty State Systems of Community Colleges: Mission, Governance, Funding and Accountability [M]. Overmountain Press, Johnson City, 1999.
57. Community College League of California. Toward A State Of Learning_ Community College Governance — An Effective Bilateral Structure For A Diverse System [R]. [2015 – 07 – 08] http://www.ccleague.org/files/public/Publications/TowardStateLrng.pdf.
58. Chery D. Lovell, Catherine Trouth. Statewide Community College Governance Structures: Factors that Influence and Issues that Test Effectiveness [C] // J. C. Smart. Higher Education: Handbook of Theory and Research [M]. Kluwer Academic

Publishers, Netherlands, 2004.

59. James L. Wattenbarger, Melvyn Sakaguchi. State Level Boards for Community Junior Colleges: Patterns of Control and Coordination [R/OL]. [2017 - 08 - 16] http: //files. eric. ed. gov/fulltext/ED054770. pdf.

60. Rick L. Garrett. Degrees of Centralization of Governance structures in State Community College Systems [C] //Terrence A. Tollefson, Rick L. Garrett, William G Ingram. Fifty State Systems of Community Colleges: Mission, Governance, Funding and Accountability [M]. Overmountain Press, Johnson City, 1999.

61. Richard C. Richardson Jr. , Gerardo E. de los Santos. Statewide Governance Structures and Two-Year Colleges [C] // Barbara K. Townsend, Susan B. Twombly. Community Colleges Policy in the Future Context [M]. Ablex publishing, 2001.

62. Cheryl D. Lovell, Catherine Trouth. Statewide Community College Governance Structures: Factors That Influence And Issues That Test Effectiveness [C] //J. C. Smart (ed.). Higher Education: Handbook of Theory and Research [M]. 2004 Kluwer Academic Publishers, Vol. XIX.

63. Cheryl D. Lovell, Catherine Trouth. Statewide Community College Governance Structures: Factors That Influence And Issues That Test Effectiveness [C] //J. C. Smart (ed.). Higher Education: Handbook of Theory and Research [M]. 2004 Kluwer Academic Publishers, Vol. XIX.

64. Terrence A. Tollefson. Community College Governance, Funding, and Accountability: A Century of Issues and Trends [J]. Community College Journal of Research and Practice, 2009 (33).

65. Aims McGuinness. Community College Systems Across the 50 States: Background Information for the Nevada Legislative Committee to Conduct an Interim Study Concerning Community Colleges [R/OL]. (2014 - 01 - 28) [2017 - 08 - 23] https://www. leg. state. nv. us/interim/77th2013/Committee/Studies/CommColleges/Other/28-January-2014/AgendaItemⅥ, NationalCenterforHigherEducationMcGuinness. pdf.

66. Mary Lou Zoglin. Power and Politics in the Community College [M]. California: ETC Publications Palm Springs, 1976.

67. 详见 Steven Brint, Jerome Karabel. The Diverted Dream Community Colleges and the Promise of Educational Opportunity in America, 1900 - 1985 [M]. Oxford University Press, Inc. , 1989.

68. https://leginfo. legislature. ca. gov/faces/billNavClient. xhtml? bill _ id = 201520160AB1995.

69. Anthony G. Girardi and Robert B. Stein. State Dual Credit Policy and Its Implications for Community Colleges: Lessons from Missouri for the 21st Century [C] //Barbara K. Townsend, Susan B. Twombly. Community Colleges Policy in the Future Context [M]. Ablex publishing, 2001.

70. M. Cohen, Florence B. Brawer, Carrie B. Kisker. The American Community College 6th Edition [M]. Jossey-Bass,

2014.

71. Aims McGuinness. Community College Systems Across the 50 States: Background Information for the Nevada Legislative Committee to Conduct an Interim Study Concerning Community Colleges [R/OL]. (2014 - 01 - 28) [2017 - 08 - 23] https://www.leg.state.nv.us/interim/77th2013/Committee/Studies/CommColleges/Other/28-January-2014/AgendaItemVI,NationalCenterforHigherEducationMcGuinness.pdf.

72. Kevin J. Dougherty. State Policies and the Community College's Role in Workforce Preparation [C] //Barbara K. Townsend, Susan B. Twombly. Community Colleges Policy in the Future Context [M]. Ablex publishing, 2001.

73. Illinois Community College Board. (1998). Operating budget appropriation and supporting technical data for the Illinois public community college system, fiscal year 1999. Springfield, IL: Author.

74. Texas Higher Education Coordinating Board. (1999). Public junior colleges 1998 - 1999 biennium, basis of legislative appropriations. Austin: Author. URL: www.thecd.state.tx.us/divisions/finance/J*rcolrates.htm.

75. Alicia C. Dowd, Linda Taing Shieh. Community College Financing: Equity, Efficiency, and Accountability [R/OL]. [2017 - 08 - 28] https://cue.usc.edu/files/2016/01/Dowd_CC-Financing_EquEffandAccount_NEA-Almanac_2013.pdf.

76. Community College League of California. Toward A State Of Learning _ Community College Governance — An Effective Bilateral Structure For A Diverse System [R]. [2015 - 07 - 08] http: // www. ccleague. org/files/public/Publications/TowardStateLrng. pdf.

77. Cheryl D. Lovell. The Growth of Community Colleges in the West Conditions and Public Policy Challenges [C] // L. F. Goodchild et al. . Public Policy Challenges Facing Higher Education in the American, Longanecker, 2014.

78. Steven Brint, Jerome Karabel. The Diverted Dream Community Colleges and the Promise of Educational Opportunity in America, 1900 - 1985 [M]. Oxford University Press, Inc. , 1989.

79. Mary Lou Zoglin. Power and Politics in the Community College [M]. California: ETC PUBLICATIONS Palm Springs, 1976.

80. Glenny, Lyman A. State Systems and Plans for Higher Education [C] //Logan Wilson. Emerging Patterns in American Higher Education, Washington, D. C. : American Council on Education, 1965.

81. Richardson, Richard C. , Jr. , Clyde E. Blocker, Louis W. Bender. Governance for the two-year college [M]. Prentice Hall, Inc. , Englewood Cliffs, New Jersey, 1972.

82. Barbara K. Townsend, Susan B. Twombly. Community Colleges Policy in the Future Context [M]. Ablex publishing, 2001.

83. Arthur M. Cohen. Governmental Policies Affecting Community Colleges: A Historical Perspective [C] // Barbara K. Townsend, Susan B. Twombly. Community Colleges Policy in the Future Context [M]. Ablex publishing, 2001.
84. Lombardi, J. (1968, October). Unique problems of the inner city colleges. Speech presented to California Junior College Association, Anaheim, CA. ERIC ED 026057.
85. Hurlbert, A. S. (1969). State master plans for community colleges. ERIC Clearinghouse for Junior Colleges Monograph Series (Number 8), Los Angeles.
86. Richardson, Richard C., Jr., Clyde E. Blocker, Louis W. Bender. Governance for the two-year college [M]. Prentice Hall, Inc., Englewood Cliffs, New Jersey, 1972.
87. Community College League of California. Toward A State Of learning Community College Governance — An Effective Bilateral Structure For A Diverse System [R]. [2015-07-08] http://www.ccleague.org/files/public/Publications/TowardStateLrng.pdf.
88. Richardson, Richard C., Jr., Clyde E. Blocker, Louis W. Bender. Governance for the two-year college [M]. Prentice Hall, Inc., Englewood Cliffs, New Jersey, 1972.
89. Richardson, Richard C., Jr., Clyde E. Blocker, Louis W. Bender. Governance for the two-year college [M]. Prentice Hall, Inc., Englewood Cliffs, New Jersey, 1972.
90. Richardson, Richard C., Jr., Clyde E. Blocker, Louis W.

Bender. Governance for the two-year college [M]. Prentice Hall, Inc., Englewood Cliffs, New Jersey, 1972.

91. Cohen, Arthur M. Managing community colleges: a handbook for effective practice [M]. San Francisco: Jossey-Bass publishers, 1994.

92. Zoglin, Mary Lou. Power and Politics in the Community College [M]. California: ETC PUBLICATIONS Palm Springs, 1976.

93. https://childandfamilypolicy. duke. edu/pdfs/pubpres/BriefHistoryofUS_DOE. pdf.

94. Richardson, Richard C., Jr., Clyde E. Blocker, Louis W. Bender. Governance for the two-year college [M]. Prentice Hall, Inc., Englewood Cliffs, New Jersey, 1972.

95. Steven Brint, Jerome Karabel. The Diverted Dream Community Colleges and the Promise of Educational Opportunity in America, 1900 - 1985 [M]. Oxford University Press, Inc., 1989.

96. Dorothy Jane Duran. Philanthropy and public policy: The W. K. Kellogg Foundation's influence on community colleges from 1960 to 1980 [D]. University Of Texas at Austin, 1998.

97. Steven Brint, Jerome Karabel. The Diverted Dream Community Colleges and the Promise of Educational Opportunity in America, 1900 - 1985 [M]. Oxford University Press, Inc., 1989.

98. M. Cohen, Florence B. Brawer, Carrie B. Kisker. The

American Community College 6th Edition [M]. Jossey-Bass, 2014Steven Brint, Jerome Karabel. The Diverted Dream Community Colleges and the Promise of Educational Opportunity in America, 1900 – 1985 [M]. Oxford University Press, Inc., 1989.

99. M. Cohen, Florence B. Brawer, Carrie B. Kisker. The American Community College 6th Edition [M]. Jossey-Bass, 2014.

100. Dorothy Jane Duran. Philanthropy and public policy: The W. K. Kellogg Foundation's influence on community colleges from 1960 to 1980 [D]. University Of Texas at Austin, 1998.

101. S. Renea Akin. Institutional Advancement and Community Colleges: A Review of the Literature [J]. International Journal of Educational Advancement, 2005 (6), 1: 65 – 75.

102. Thomas Luke Jones. The Community College Foundation Forest: Turning Real Property Into Real Revenue [D]. Mississippi State University, 2017.

103. Thomas Luke Jones. The Community College Foundation Forest: Turning Real Property Into Real Revenue [D]. Mississippi State University, 2017.

104. S. Renea Akin. Institutional Advancement and Community Colleges: A Review of the Literature [J]. International Journal of Educational Advancement, 2005 (6), 1: 65 – 75.

105. Dorothy Jane Duran. Philanthropy and public policy: The W. K. Kellogg Foundation's influence on community colleges from

1960 to 1980 [D]. University Of Texas at Austin, 1998.

106. S. Renea Akin. Institutional Advancement and Community Colleges: A Review of the Literature [J]. International Journal of Educational Advancement, 2005 (6), 1.

107. Dorothy Jane Duran. Philanthropy and public policy: The W. K. Kellogg Foundation's influence on community colleges from 1960 to 1980 [D]. University Of Texas at Austin, 1998.

108. Andrew Paradis. results from the 2014 CASE survey of community college foundations [R/OL]. (2015 - 02 - 01) [2016 - 12 - 18] http://files.eric.ed.gov/fulltext/ED571324.pdf.

109. Andrew Paradis. results from the 2014 CASE survey of community college foundations [R/OL]. (2015 - 02 - 01) [2016 - 12 - 18] http://files.eric.ed.gov/fulltext/ED571324.pdf.

110. M. Cohen, Florence B. Brawer, Carrie B. Kisker. The American Community College 6th Edition [M]. Jossey-Bass, 2014.

111. Mary Lou Zoglin. Power and Politics in the Community College [M]. California: ETC Publications Palm Springs, 1976.

112. Adam A. Morris, Michael T. Miller. A Comparison of Community and State College Leader Perceptions of Trustee Involvement in Decision-Making [DB/OL] (2014 - 08 - 15) [2016 - 09 - 20] http://files.eric.ed.gov/fulltext/

ED546888. pdf.

113. JoAnna Downey-Schilling. How Governing Boards Provide Oversight for Community Colleges: Understanding the Differences Between State-Appointed and Elected Boards [D]. Oregon State University, 2012.

114. Wheelan Belle Louise Smith. An Analysis Of The Role Perceptions Of Chief Executive Officers And Trustees In Texas Community College Districts [D]. The University Of Texas at Austin, 1984.

115. Mary Lou Zoglin. Power and Politics in the Community College [M]. California: ETC Publications Palm Springs, 1976.

116. JoAnna Downey-Schilling. How Governing Boards Provide Oversight for Community Colleges: Understanding the Differences Between State-Appointed and Elected Boards [D]. Oregon State University, 2012.

117. http://catalog.jjc.edu/content.php?catoid = 4&navoid = 69#History_of_the_College.

118. Edward J. Valeau, John C. Petersen. Systemic Change, Approval Processes and Governance: The Role of the Board of Trustees [C] // S. E. Sutin et al. Increasing Effectiveness of the Community College Financial Model: A Global Perspective for the Global Economy [M]. Palgrave Macmillan, New York, a division of Nature America Inc. 2011.

119. Cohen, Arthur M. Managing community colleges: a handbook

for effective practice [M]. San Francisco: Jossey-Bass publishers, 1994.

120. Cohen, Arthur M. Managing community colleges: a handbook for effective practice [M]. San Francisco: Jossey-Bass publishers, 1994.

121. Mary Lou Zoglin. Power and Politics in the Community College [M]. California: ETC Publications Palm Springs, 1976.

122. Edward J. Valeau, John C. Petersen. Systemic Change, Approval Processes and Governance: The Role of the Board of Trustees [C] // S. E. Sutin et al. Increasing Effectiveness of the Community College Financial Model: A Global Perspective for the Global Economy [M]. Palgrave Macmillan, New York, a division of Nature America Inc. 2011.

123. Cindra J. Smith, Ed. D., with updates by The League. Trustee Handbook [Z]. Community College League of California, Revised 2015, 2017 O S treet, Sacramento CA 95811 • (916) 444-8641 • www. ccleague. org.

124. Alamo Colleges District — Palo Alto College student Monica Scraper was named as an alternate student trustee. She will attend board meetings if Potter is unable to do so. 见: http://alamo. edu/district/board/student/.

125. Alamo_ Colleges _ SMD _ Red _ IllustrativePlan1 _ 36x44Revised _ Adopted _ 72611. pdf. http://alamo. edu/uploadedFiles/District/About _ Us/Trustees/pdf/maps/Alamo _

Colleges _ SMD _ Red _ IllustrativePlan1 _ 36x44Revised _ Adopted _ 72611. pdf.
126. M. Cohen, Florence B. Brawer, Carrie B. Kisker. The American Community College 6th Edition [M]. Jossey-Bass, 2014.
127. Cindra J. Smith, Ed. D., with updates by The League. Trustee Handbook [Z]. Community College League of California, Revised 2015, 2017 O S treet, Sacramento CA 95811 • (916) 444 - 8641 • www. ccleague. org.
128. Florida College System. Trustee Manual. 2nd Edition, September PDF https: //docplayer. net/6354297-Florida-college-system-trustee-manual-2nd-edition-september-2013. html.
129. Cohen, Arthur M. Managing community colleges: a handbook for effective practice [M]. San Francisco: Jossey-Bass publishers, 1994.
130. JoAnna Downey-Schilling. How Governing Boards Provide Oversight for Community Colleges: Understanding the Differences Between State-Appointed and Elected Boards [D]. Oregon State University, 2012.
131. Mary Lou Zoglin. Power and Politics in the Community College [M]. California: ETC Publications Palm Springs, 1976.
132. JoAnna Downey-Schilling. How Governing Boards Provide Oversight for Community Colleges: Understanding the Differences Between State-Appointed and Elected Boards [D].

Oregon State University, 2012.

133. Stewart E. Sutin, Daniel Derrico, Rosalind Latiner Raby, Edward J. Valeau. Increasing Effectiveness of the Community College Financial Model: a Global Perspective for the Global Economy [M]. New York: Palgrave Macmillan, 2011.

134. Adam A. Morris, Michael T. Miller. A Comparison of Community and State College Leader Perceptions of Trustee Involvement in Decision-Making [DB/OL] (2014 - 08 - 15) [2016 - 09 - 20] http: //files. eric. ed. gov/fulltext/ED546888. pdf.

135. Gordon Dossett. An Act of Trust or a Great Big Old Amoebae: Shared Governance at Two Community Colleges [M]. VDM Verlag, 2008.

136. Tierney. challenges for governance: a national report, ERIC, 2003.

137. Pamela L. Eddy. Community College Leadership: A Multidimensional Model for Leading Change [M]. Stylus Publishing, LLC, 2010.

138. Kenneth B. White. Shared Governance In California, 2003.

139. Stanley Olin Vittetoe. The outstanding community college president: a case study of four presidents [D]. Iowa State University, 2001.

140. Lewis, M. D. . The role of the community college president: A review of the literature from 1969 - 89. CA: Long Beach City College. (ERIC Document Reproduction Service No. ED

307 947).
141. GORGER A. A Handbook on the Community College in America Its History, Mission, and Management, GREENWOOD PRESS.
142. JOHN S. LEVIN. Understanding Community Colleges [M]. Routledge, New York, NY 10017, 2013.
143. Robert C. Cloud, Susan T. Kater. Governance in the Community College [M]. Jossey-Bass, 2008.
144. William G. Tierney. A Curtural Analysis Of Shared Governance: The Challenges Ahead, 2004.
145. Robert Birnbaum. The End Of Shared Governance: Looking Ahead Or Looking Back, 2004.
146. John S. Levin. What's the Impediment _ Structural and Legal Constraints to Shared Governance in the Community College, 2000.
147. Sue Kater, John S. Levin. Shared Governance in the Community College [DB/OL]. (2003-07-01) [2015-12-13] http://www4.ncsu.edu/~jslevin2/KATERJune041.DOC.
148. Twombly, S. B. (1995). Gendered images of community college leadership.
149. What messages they send. New Directions for Community Colleges, no. 89 (pp. 67-77). San Francisco, CA: Jossey-Bass. From John S. Levin & Susan T. Kater. Understanding community colleges [M]. Taylor & Francis, 2013.

150. John S. Levin & Susan T. Kater. Understanding community colleges [M]. Taylor & Francis, 2013.

151. Thomas J. Nussbaum. Evolving Community College Shared Governance To better serve the public interest [DB/OL] (1995 - 01) (2017 - 09 - 20) https: //files. eric. ed. gov/fulltext/ED397922. pdf.

152. Thomas J. Nussbaum. Evolving Community College Shared Governance To better serve the public interest [DB/OL] (1995 - 01) (2017 - 09 - 20) https: //files. eric. ed. gov/fulltext/ED397922. pdf.

153. Kathleen Manning. Organizational Theory in Higher Education [M]. Routledge, Taylor & Francis, 2013.

154. Kathleen Manning. Organizational Theory in Higher Education [M]. Routledge, Taylor & Francis, 2013.

155. M. Cohen, Florence B. Brawer, Carrie B. Kisker. The American Community College 6th Edition [M]. Jossey-Bass, 2014.

156. Kathleen Manning. Organizational Theory in Higher Education [M]. Routledge, Taylor & Francis, 2013.

157. M. Cohen, Florence B. Brawer, Carrie B. Kisker. The American Community College 6th Edition [M]. Jossey-Bass, 2014.

158. Clyde E. Blocker, Robert H. Plummer, Richard C. Jr. Richardson. The Two-Year College: A Social Synthesis [M]. PRENTICE-HALL, INC. ENGLWOOD CLIFFS, N. J. ,

1965.

159. Cindy frazier. www. argonautnewspaper. com.
160. Edward J. Valeau, Rosalind Latiner Raby. Building the Pipeline for Community College International Education Leadership [M]. International Education at Community Colleges, 2016.
161. Gardner, R. Gene; Brown, Hilton D. Personal Characteristics of Community College Presidents. ED 104 456.
162. IRIS M. WEISMAN AND GEORGE B. VAUGHAN. The Community College Presidency: 2006, ED 499825.
163. Thomas J. Nussbaum. Evolving Community College Shared Governance To better serve the public interest [DB/OL] (1995 – 01) (2017 – 09 – 20) https: //files. eric. ed. gov/fulltext/ED397922. pdf.
164. Sue Kater, John S. Levin. Shared Governance in the Community College [DB/OL]. (2003 – 07 – 01) [2015 – 12 – 13] http: //www4. ncsu. edu/~jslevin2/KATERJune041. DOC.
165. VCC-VCCFA 2012 – 14 FINAL. pdf http: //www. bcbargaining. ca/content/1035/VCC-VCCFA%202012 – 14%20FINAL. pdf.
166. Sue Kater, John S. Levin. Shared Governance in the Community College [DB/OL]. (2003 – 07 – 01) [2015 – 12 – 13] http: //www4. ncsu. edu/~jslevin2/KATERJune041. DOC.

167. Sue Kater, John S. Levin. Shared Governance in the Community College [DB/OL]. (2003 - 07 - 01) [2015 - 12 - 13] http: //www4. ncsu. edu/～jslevin2/KATERJune041. DOC.

168. Sue Kater, John S. Levin. Shared Governance in the Community College [DB/OL]. (2003 - 07 - 01) [2015 - 12 - 13] http: //www4. ncsu. edu/～jslevin2/KATERJune041. DOC.

169. Dr. Dianne G. Van Hook, Mr. Russell Waldon. DECISIONMaking AT COLLEGE OF THE CANYONS [Z]. COLLEGE OF THE CANYONS, http: //www. canyons. edu/Offices/Chancellor/Pages/DecisionMaking, 2014.

170. Bakersfield College Decision Making Document Nov. 16 2010.

171. Cerro Coso Community College ParticipatoryGovernanceModel.

172. Cosumnes River College Participatory _ Governance _ at _ CRC _ Handbook-Spring-15-FINAL _ 0.

173. Thomas J. Nussbaum. Evolving Community College Shared Governance To better serve the public interest [DB/OL] (1995 - 01) (2017 - 09 - 20) https: //files. eric. ed. gov/fulltext/ED397922. pdf.

174. Gordon Dossett. An Act of Trust or a Great Big Old Amoebae: Shared Governance at Two Community Colleges [M]. VDM Verlag, 2008.

175. Alfred, Richard L. Shared Governance in Community Colleges. Policy Paper. [DB/OL]. (1998 - 09) [2015 - 12 -

21] www. communitycollegepolicy. org/html/publications. htm. ED 439 766.
176. Thomas J. Nussbaum. Evolving Community College Shared Governance To better serve the public interest [DB/OL] (1995 - 01) (2017 - 09 - 20) https://files. eric. ed. gov/fulltext/ED397922. pdf.
177. Alfred, Richard L. Shared Governance in Community Colleges. Policy Paper. [DB/OL]. (1998 - 09) [2015 - 12 - 21] www. communitycollegepolicy. org/html/publications. htm. ED 439 766.
178. Kenneth B. White. Shared Governance in California [J]. New Directions for Community Colleges, n102 p19 - 29 Sum 1998.

后　记

有一句美剧的台词，此时此刻浮上脑海：Three ways to let someone disappear: to lie, to die and to be reborn。这三种情况在这篇博士学位论文长达 6 年的准备过程中，都出现过。即使是现在，仿佛也分不清楚到底是哪一种状态。

后记可能是唯一一个能让那些作为分母的选题曾经露脸的时候，此时此刻，还想起来了这样一些题目：新建本科院校转型发展及其课程实现研究、应用型本科院校课程变革研究、政治社会学视角中的美国公立社区学院协商治理研究、高职院校治理结构研究……这些题目同样带来过兴奋与激动，痛苦与迷茫。

感谢我厦门大学的恩师王伟廉老师，我儿子经常念叨的可敬可爱的王爷爷。王老师对我的关爱无以言表，几次来上海师大讲学，其实也是给我加油。虹桥机场送别王老师，还是一如厦门大学时一样怕我吃不饱，上海师大校园里的散步和长谈，来来回回的邮件……这篇论文也许还有不尽如人意之处。但在一个方面，我却很欣慰。那就是王老师曾经教导我的："如果同一个领域的后来者，如果能认为你的研究为他提供了很好的基础，那就是成功，就是价值所在。"美国公立社区学院治理，是一个重要的研究领域，但观点太多而资料太少。如果这篇论文所呈现的素材和探索，对后面的研究有所助力，我就觉得不虚此行，善莫大焉。

后记总是一个表达感谢的场合。国外的博士学位论文没有后记，他们是把感谢放在了扉页，通常是这篇博士论文献给某某某。这也许反映了中外教育研究的某些区别。本来想把感谢的话，也放在前面，但似乎感谢不是简单的"献给某某某"所能完全表达，因为要感谢的实在太多。

感谢导师何精华老师，博士论文从选题到提纲，从理论基础到字句推敲，都包含着何老师的心血，谢谢何老师！感谢胡国勇老师，如果没有胡老师的鼓励和指点，论文断然不会走到今天。胡老师是我对上海师大博士课程的记忆，让我学到了做人做事的道理。胡老师渊博的学识，对学术的执着，对学生的关爱，让我感动，让我敬佩。衷心谢谢胡老师！感谢李进校长、陈嵩老师、陈解放老师、关晶老师、马树超老师、惠中老师、夏人青老师、徐雄伟老师对论文的关心和指点，感谢教务李嘉玮老师、刘红老师的指导和帮助。没有所有老师的关心和帮助，论文是不可能完成的。还要感谢评阅老师和答辩专家，衷心感谢你们！

感谢我的父母、岳父岳母，无论是他们鼓励我坚持走下去，还是劝解我是不是该放弃，他们的初心是一样的：希望我过得更好。在博士论文写作的记忆中，有河南汝州的严冬，有江苏如东的酷暑，有可口的饭菜，有促膝长谈……衷心感谢你们！

感谢我的妻子沈小燕和我的儿子杨劭轩。在我写博士论文的过程中，他们默默地承受着压力、提供着支持。这篇微薄的博士学位论文，凝结着繁重的家务和缺位的父爱，属于我，也属于你们。

感谢我厦门大学读书时的室友，加州财政署的陈昊。正是由于昊子的牵线搭桥，我才有机会在 2015 年走进 Cosumnes River College（CRC），第一次直观地感受美国公立社区学院。如果没有这次访问所带来的冲击和震撼，可能把美国公立社区学院作为选题的念头早已经被结结实实的困难所冲散。感谢昊子一家在 Sacramento 的龙虾盛宴，你两个宝贝儿子的笑脸经常出现在你的微信朋友圈，也经常浮现在我的眼前。

感谢美国 Broward college 的好友 Scott Mason。2016 年在美期间，得到了 Scott 的周到照顾。直到今天，还十分还念和 Scott 一起去逛 Fort Lauderdale 的 Dollar Tree，一起畅谈交流买便宜货的心得体会，以及和 Alex Scott 和 Ray Scott 三人在鳄鱼湖度过的 kayak 时光，当然，也记得船翻之后那副永远留在美国的眼镜，以及后来只能靠着裸眼乘机、回国的经历。感谢在 Broward college 图书馆不厌其烦地帮我一页一页翻书供我拍照的黑人小朋友，你的笑容和友善经常让我温暖和怀念。希望看到我论文中第一手外文资料的后续研究者，也能像我一样，记得和感恩这个可爱的美国佛罗里达小男孩。

昨天晚上在东方艺术中心听音乐会，是 Lestari Scholtes 和 Gwylim Janssens 的钢琴音乐会。一开始欣赏不动，昏昏欲睡，感觉纯粹是为了陪妻子补偿儿子的 10 岁生日礼物，但随着乐章的延展，博士论文 6 年来的桩桩件件，开始在脑海中一一浮现。这个时候不仅不困，而且还越听越起劲了。演奏结束，莫名的感念，持续的鼓掌。回来的路上，心里在想这鼓掌，是给演奏家，给自己，也给未来的日子。

2019 年 11 月 10 日